Л. Толстой и Достоевский
- Жизнь

톨스토이와 도스토옙스키
– 인생

〈지식을만드는지식 고전선집〉은
인류의 유산으로 남을 만한 작품만을 선정합니다.
읽을 수 없는 고전이 없도록 세상의 모든 고전을 출판합니다.
오랜 시간 그 작품을 연구한 전문가가
정확한 번역, 전문적인 해설, 풍부한 작가 소개, 친절한 주석을
제공합니다.

Л. Толстой и Достоевский
- Жизнь

톨스토이와 도스토옙스키
– 인생

드미트리 메레시콥스키(Дмитрий С. Мережковский) 지음

이영범 옮김

대한민국, 서울, 지식을만드는지식, 2026

편집자 일러두기

- 이 책은 《Л. Толстой и Достоевский》(МОСКВА: НАУКА, 2000)를 저본으로 했습니다. 《톨스토이와 도스토옙스키》는 1권 인생과 예술, 2권 종교(Религия)로 구성되었습니다. 이 책은 1권 '인생과 예술(Жизнь и Творчество)' 중 1부 '인생(Жизнь)'을 옮겼습니다.
- 옮긴이 주는 주석 내용 뒤 '(역자 주)'를 붙였습니다. 별도 표시가 없는 주석은 원주입니다.
- 외래어 표기는 현행 한글 어문 규범의 외래어 표기법을 따랐습니다.
- 본문 앞에 수록된 이미지는 원전에는 없는 것으로, 비슷한 시기 두 작가의 사진입니다.

차 례

1862년 톨스토이.

1885년 톨스토이.

1863년 도스토옙스키.

1879년 도스토옙스키.

톨스토이와 도스토옙스키
ㅡ 인생

제1장

톨스토이와 도스토옙스키의 작품, 특히 톨스토이의 작품은 작가의 삶과 개성을 떼어놓고는 이해할 수 없을 정도로 밀접하게 연관되어 있다. 따라서 예술가, 사상가, 설교자로서 이들을 연구하기에 앞서, 그들이 어떤 사람이었는지 아는 것이 필요하다.

1870년대 말에서 1880년대 초, 러시아 사회 특히 비평계에서는 톨스토이에게 심각한 도덕적 · 종교적 대변화가 일어났다는 의견이 널리 퍼졌다. 이 변화는 그의 사생활뿐 아니라 정신적 · 작가적 활동까지 근본적으로 바꾸어 놓았으며, 마치 그의 존재를 둘로 나눈 것처럼 여겨졌다.

즉, 전반기의 톨스토이는 위대한 작가이자 인간이었지만, 여전히 인간적이고 러시아적인 열정과 비애, 의혹과 약점을 지닌 평범한 존재였다. 반면 후반기의 그는 역사적 관습과 문화적 조건에서 벗어나 새로운 차원의 존재로 나아간다. 그래서 어떤 사람들은 톨스토이를 '기독교적 고행자'[1)]라고 말하기도 하고, 또 다른 사람들은 '무신앙자'[2)]라고도 말하고, 또 다른 사람들은 '광신자'라고도 말하며, 또 다른 사람들은 최고의 도덕적 깨달음에 도달한 현자(賢者)인 소크라테스, 부처, 공자와 같은 '새로운 종교의 창시자'라고도 말한다.

1879년에 쓰인 《참회록》에서 톨스토이는 이 종교적 혁신의 통일성, 불변성과 결정적 의의를 확인하고, 심지어 강조하는 것 같다.

"5년 전부터 무언가 아주 이상한 일이 나에게 발생했다. 처음에는 내가 어떻게 살아야 하고, 무엇을 어떻게 해야 하는지를 모르는 것처럼 삶이 멈춰 버린 듯한 의혹의 순간이 나를 찾아오기 시작했다. 그래서 그만 안정을 잃고 우울해졌다. 그러나 이런 상태는 지나갔고, 나는 예전처럼 다시 살아갔다. 나중에는 이 회의적인 순간이 더 빈번하게 계속 같은 형태로 반복되었다. 이 삶의 중단은 항상 '무엇 때문이지? 그래서 그다음에는?'이라는 똑같은 의문으로 표현되곤 했다. 나는 살고 또 살다가, 걷고 또 걷다가, 낭떠러지에 도착해서야 파멸 이외에 아무것도 없다는

---

1) 러시아어 '포드비즈니크(подвижник)'는 '고행자' 외에 '영웅이나, 헌신자', '순국자' 등을 뜻한다. (역자 주)

2) 러시아어 '베즈보즈니크(безбожник)'는 '무신앙자' 외에 '무신론자', '반종교선전자', '불신자' 등을 뜻한다. (역자 주)

것을 확실히 안 것 같았다. 전력을 기울여 삶에서 멀리 벗어나려고 노력했다. 그래서 그때 행복한 인간이던 나는 매일 저녁 옷을 벗고 혼자 있던 방에서 끈을 치워 버렸다. 장롱들 사이의 횡목에다 목을 매지 않기 위해서였다. 또 나는 삶에서 벗어나는[3] 너무 간단한 방법에 유혹되지 않도록 총을 휴대하고 다니는 것도 중단했다."

톨스토이는 평범한 신자들과 친근해지고, 노동자 민중과 가까워짐으로써 자신이 자살로부터, 이 절망으로부터 구출되었다고 생각한다.

"이렇게 민중과 교제하면서 약 2년을 지내자 나에게 커다란 변화가 발생했다. 말하자면 우리 계층의 삶, 즉 부유한 학자들의 삶이 혐오스러워졌을 뿐만 아니라 모든 의미를 상실했음을 깨달은 것이다. 우리의 모든 행동과 판단, 과학과 예술 이 모든 것이 나에게 새로운 의미로 나타난 것이다. 나는 이 모든 것이 하나의 장난에 불과하다는 것과, 여기서 의미를 찾을 수 없다는 것을 깨달았다."

"나는 자신을 증오했고 진리를 알게 되었다. 이제 모든 것이 나에게 명료해졌다."[4]

---

3) 자살하게 하는. (역자 주)

4) "5년 전부터 … 이제 모든 것이 나에게 명료해졌다." : 《참회록》, 제1

톨스토이의 전기 작가 중 가장 정직하고, 그래서 가장 고귀하며 가장 신뢰할 만한 톨스토이의 처남 S. A. 베르스[5]는 자신의《회고록》에서 1880년대의 이 "대변화"에 대해 언급한다. 그는 "대변화"가 "레프 니콜라예비치[6]의 모든 정신 활동과 외적인 삶을 변화시킨 것 같았다"라고 다음과 같이 말한다.

"마지막 10년 동안 발생한 그의 모든 개성의 변화는 진정한 의미의 **완전하고 근본적인** 변화다. 그의 삶과 모든 사람에 대한 관계와 모든 살아 있는 것에 대한 관계뿐 아니라 그의 모든 사고 활동이 변화되었다. **레프 니콜라예비치(톨스토이)라는 존재가 이웃 사랑 이념의 화신이 되었다.**"

톨스토이의 아내인 소피야 안드레예브나 공작부인의

장.

5) 스테판 안드레예비치 베르스(러시아식 이름, 부칭, 성의 순서. 이 책에서 러시아 이름은 이렇게 표기할 예정임. 원문에는 베르스 안드레예비치 스테판으로 표기되어 있음. : 역자 주)는 톨스토이의 아내인 S. A. 톨스타야의 남동생. 1893년 스몰렌스크에서 출판된 책《톨스토이 백작에 관한 회상(1891년 10월과 11월의)》의 저자.

6) 톨스토이의 이름 · 부칭 · 성은 '레프 니콜라예비치 톨스토이'다. (역자 주)

증언도 그처럼 결정적이다.

"지금 레보치카[7]의 말을 듣고 네가 알았으면 좋겠어!" 라고 그녀는 1881년 초 남동생에게 (보낸 편지에) 쓰고 있다. "그이가 많이 변했어. 그이가 크리스천이 됐는데, 가장 진지하고 확고한 기독교 신자가 된 거야."[8]

이처럼 강력하고 신뢰할 만한 증언들을 의심하기란 어려울 것이다. 우리가 지닌 훨씬 더 믿을 수 있는 근거(출처)가 있다면, 아마 톨스토이의 예술 작품일 것이다. 이 예술 작품들은 처음부터 끝까지 50년간의 거대한 일기이자 끝없이 자세한 "고백"이다. 모든 시대와 민족의 문학에서 톨스토이처럼 사적이고 개인적이며, 때로는 자기 삶에 대해서 특별한 신중함을 요구하는, 섬세하고 민감한 문제들에 대해서조차도 그렇게 놀라울 만큼 관대하고, 거리낌 없으며, 노골적일 정도로 솔직한 태도로 드러낼 작가는 없을 것이다. 그는 해야만 할 모든 것을 우리에게 소개했던 것 같다. 그래서 그가 자신에 대해 알고 있는 모든 것을 우리

---

7) 레보치카(Левочка) : 톨스토이의 이름인 레프의 애칭. (역자 주)

8) "네가 알았으면 좋겠어! … (톨스토이가) 가장 진지하고 확고한 기독교 신자가 된 거야." : S. A. 톨스타야의 편지가 인용되고 있다. 각주 5)에 소개된 베르스의 책 (4부 또는 4장).

도 알고 있다.

50대, 이미 노령기에 접어들기 직전의 그에게 일어난 종교적 대변화의 진정한 의미를 파악하자면, 이 변화가 예술적이면서도 고의적이지 않고, 오히려 무의식적으로 이루어진 하나의 고백이라는 점에 주목하지 않을 수 없다.

20세의 청년일 때 쓴 첫 작품 《유년 시절》, 《소년 시절》, 《청년 시절》[9]에서 그는 열네다섯 살 때의 생생한 회상을 이야기하고 있다.

"내가 고독하며 자기 자신 안에 집중된 도덕적 삶을 살던 그 1년 동안, 인간의 소명에 관한 문제, 내세에 관한 문제, 영혼의 불멸에 관한 모든 추상적인 물음들이 이미 내 앞에 제기되었고, 어린아이처럼 미숙하고 연약한 나의 정신은 미숙함에서 비롯된 온갖 열정을 다해, 인간의 이성이 도달할 수 있는 최고 단계라 할 수 있는 그러한 문제들을 명확히 이해하려고 애썼다."[10]

---

9) 자전적 중편소설 3부작 《유년 시절》, 《소년 시절》, 《청년 시절》(1825~1857)의 첫 번째 중편은 톨스토이가 24세에, 마지막 중편은 29세에 집필했다.

10) "내가 고독하며 자기 자신 안에 집중된 도덕적 삶을 살던 그 1년 동안, … 인간의 이성이 도달할 수 있는 최고 단계라 할 수 있는 그러한 문제들을 명확히 이해하려고 애썼다." : 《소년 시절》 제19장.

어느 봄날 아침 톨스토이는 하인이 창틀 떼는 일을 도우면서 뜻밖의 기쁨과 기독교적 헌신에 감동했다.

"나는 니콜라이에게 이 봉사를 해 주면서 자신을 몹시 괴롭히고 싶었다. '과거의 나는 얼마나 타락했는가, 그리고 나는 장차 얼마나 선하고 행복한 사람이 될 수 있으며, 또 지금도 그럴 수 있는가!' 나는 이렇게 중얼거리며, '지금 이 순간 당장, 한시도 지체하지 말고 다른 사람이 돼, 전혀 다른 방식으로 삶을 시작해야 해'라고 스스로에게 말하고 있었다."[11)]

전 인류를 교정하고, 모든 악과 인간의 불행을 없애는 것이 그에게는 "실행하기 쉬운 일"로 여겨졌다. 그래서 "평생에 걸친 의무와 일에 관한 예정표를 쓰기로" 결심하고, 자기 삶의 목적과 정말로 항상 벗어나지 않으며 행동할 규칙들을 서면으로 진술하겠다고 결심했다. 그는 즉시 2층 자신의 방으로 가서 서화 용지 한 장을 꺼내 괘선을 긋고, 자기 자신과 가까운 사람들(이웃)에 대한 의무와 하나님에 대한 의무를 나누어 적기 시작했다.

---

11) "나는 니콜라이에게 이 봉사를 해 주면서 자신을 몹시 괴롭히고 싶었다. … '지금 이 순간 당장, … 전혀 다른 방식으로 삶을 시작해야 해'라고 스스로에게 말하고 있었다." : 《청년 시절》 제2장.

톨스토이는 그에게 일어나고 있던 모든 것의 심각성과 병적인 비정상성을 의심하지 못한 것처럼 우울하고 기분 나쁘고 그럼에도 지나치게 피상적인 조소를 머금으며 자신의 당시 생각들, 사도 야고보의 말에 따르면 두 갈래로 갈라진 생각들[12)]을 이야기하기 시작했다. 그래서 이상한 인상이 얻어졌다. 마치 그의 내부에 두 마음, 두 사람이 존재하는 것 같았다. 한 사람은 죽음에 대한 기독교적인 생각 때문에 고통에 익숙해지기 위해 "무서운 고통에도 불구하고 앞으로 쭉 뻗은 양손에 타티셰프(Татищев) 사전들을 들고 5분씩 견디거나 창고로 들어가 벗은 등에 밧줄로 고통스레 채찍질하곤 했다." 그래서 자기도 모르게 두 눈에서 눈물이 나오곤 했다. 또 다른 사람은 죽음에 대한 생각들로 인해 매시간, 매분 죽음이 그를 기다리고 있다는 것을 갑자기 상기한 후, 모든 일을 버리기로 결심했다. 약 사흘을 "침대에 누워 어떤 장편소설을 읽고, 마지막 남은 몇 푼으로 산 크로노보산(産) 꿀을 넣어 만든 '프랴니크'란 당밀 과자를 먹는 일만 했다."[13)] 지각 있고 선하며 약한 레

---

12) "… 사도 야고보의 말에 따르면, 두 갈래로 갈라진(분열된) 생각들" : "두 갈래로 갈라진 생각을 지닌 사람은 자기의 모든 길에서 확고하지 못하다."(〈야고보서〉 1장 8절)

프 톨스토이는 온화해지고 있고, 뉘우치고 있으며, 자신과 자신의 부도덕성에 대한 증오를 지니고 있었다. 다른 톨스토이는 지각없고, 악하며 강했다. 그는 자신을 전 인류의 행복을 위해 새로운 진리를 발견하는 위대한 인간으로 여기며, 다른 사람들을 자신의 가치 기준으로 바라보며 우월감을 느낀다. 나아가 그는 자기 자신에 대한 경멸과 자책조차, 특별하고 치밀하며 음탕한 교만에서 오는 만족으로 경험한다.

톨스토이는 소년 시절의 생각들을 이야기하면서 그러한 생각들의 토대에 네 가지 감정이 있었다는 결론에 도달했다. 첫 번째 감정은 "상상 속 여자에 대한 사랑", 즉 육체의 쾌락이다. 두 번째 감정은 인간적인 "사랑의 사랑", 즉 긍지와 정신의 쾌락이다. 세 번째 감정은 "허영심이 강한 특별한 행복에 대한 희망인데, 이 희망은 광기로 변하곤 했을 정도로 강하고 굳건한 희망이다." 네 번째 감정은 자신에 대한 증오와 후회였다.

그러나 본질상 이 감정은 넷이 아니라 둘이다. 왜냐하

---

13) "무서운 고통에도 불구하고 앞으로 … 마지막 남은 몇 푼으로 산 크로노보산(産) 꿀을 넣어 만든 '프랴니크'란 당밀 과자를 먹는 일만 했다." : 《소년 시절》 제19장.

면 앞의 세 감정은 하나의 감정으로 결합하기 때문이다. 즉, 첫 번째 감정은 자신에 대한 사랑에서 출발하며, 자기 **육체**와 **육체적** 생활, **나**(**자아**) 전체에 대한 사랑과 결합한다. 반면 두 번째 감정은 자신에 대한 혐오와 증오, 타인이나 하나님을 사랑하지 않는 태도에서 비롯되며, 본질적으로는 **오직** 자신에 대한 증오일 뿐이다. 두 경우 모두, 첫 번째 감정의 토대와 매우 대립적인 이러한 감정들의 결합은 **나**(**자아**)와 직결되며, 극단적으로 승인되거나 극단적으로 거부되기도 한다. 결국 모든 것은 자아에서 시작해 자아에서 끝나며, 사랑과 증오 역시 **나**(**자아**)라는 고리, 즉 순환 구조 속에서 이해되어야 한다.

그래서 다음과 같은 질문이 생긴다. 두 개의 결합하고 혼합되는 레프 니콜라예비치 톨스토이 중에서 대체 누가 더 진실하고 진정하고 영원한가? 즉, 벗은 등을 밧줄로 채찍질하는 톨스토이인가, 아니면 죽음에 관한 생각을 잠재우고, 하늘 아래 모든 일이 헛되고 헛되다는 것과 정신의 지침에 관한 생각을 잠재우며, 죽은 사자보다 살아 있는 개가 더 낫다는 생각을 잠재우며, 크로노보산 꿀이 들어간 쾌락주의적 당밀 과자를 먹는 톨스토이인가? 자신을 사랑하는 톨스토이인가, 아니면 자신을 증오하는 톨스토이인가? 자신의 모든 사상과 감정 및 욕망을 기독교적으로 시작하는 톨스토이인가, 아니면 그것들을 이교도적으로 끝내는 톨스토이인가? 아니면, 아마 이것이 그에게 가장 무서운 것이 될 것인데, 그 양자가 똑같이 진실하며, 똑같이 진정하며, 똑같이 영원한 것인가?

어쨌든 톨스토이는 이처럼 자신을 판단하고 있다. 즉, (심오한) "사색"이라고 부르는 소년 시기의 생각들을 이렇게 판단하는 것이다. 그는 이 첫 작품[14]에서 《참회록》의 일부 페이지에서보다 자신을 더 준엄하고 정직하게 판단하고 있다. 나중에 《참회록》의 유명하고, 매우 강렬히 참회하며 자책하는 일부 페이지에서조차 자신을 결코 그처럼 판단하지 못했을 정도다.

"나는 이 모든 고통스러운 정신적인 작업에서 내 속의 의지력을 약하게 만든 정신의 교묘한 이탈 외에는, 그리고 신선한 감정과 명확한 판단을 파괴한, 끊임없이 정신을 분석하는 습관 외에는 아무것도 꺼내지 못했다. 내가 추상적인 사색에 빠지는 경향은, 가장 단순한 생각을 붙들고서도 그것을 끝내 출구 없는 분석의 순환으로 몰아가며 내면의식을 비대하게 키우는 방식이었다. 나는 내 마음을 끄

---

14) 자전적 중편소설인 《유년 시절》, 《소년 시절》, 《청년 시절》. (역자 주)

는 문제 자체에 대해서는 생각하지 않고, 오히려 내가 이미 생각하고 있던 '생각'에 대해 생각하고 있었다. 나는 '지금 나는 무엇을 생각하고 있는가?'라고 자문했고, 곧바로 '나는 내가 생각하고 있다는 사실을 생각하고 있어. 그렇다면 이제 나는 무엇을 생각하고 있는 걸까? 나는 내가 생각하고 있다는 것을 내가 생각하고 있다는 사실을 생각하고 있는 셈이야'라고 스스로에게 대답했다. 그 과정에서 나는 종종 올바른 판단력을 잃곤 했다."

톨스토이는 종이에 괘선을 긋기 위해 자를 찾지 못하자 대신 라틴어 사전을 사용하다가, 실수로 잉크를 사전 위에 가늘고 길게 번져 고인 잉크 자국 위에 흘려 버린다. 그는 이 사소한 사고를 자신이 지켜 오던 '삶의 습관', 곧 자기 규율이 처음으로 균열을 드러낸 순간으로 받아들이며, 이에 대해 다음과 같이 우울하게 말한다.

"내 생각에서 나온 뭔가를 삶에 적용하고 싶을 때, 모든 게 정신 속에서는 그처럼 아름답고 선명하게 나오는데, 왜 종이 위와 (대체로) 삶 속에서는 그처럼 추하게 나오는 것일까?"

그러나 이러한 현상은, 아직 완전한 정신적 자각에 이르지 못한 유년기의 사고와 양심의 미숙함이 성인기에 접어들며 자연히 소멸하는 과정에 불과한 것일까? 아마도 그렇지 않을 것이다. 최소한 스물네 살의 청년으로서 《유년 시절》, 《소년 시절》을 집필하던 당시의 그는, 동심이 나이와는 무관하게 지속되며 그 지워지지 않는 흔적이 인간의 삶 전체에 남는다는 사실을 이미 다음과 같이 의식하고 있었을 것이다.

"만약 내가 고령까지 살아야 할 운명이고, 내 이야기가 나이를 따라간다고 하면, 나는 내가 70세 노인이 되면 지금처럼 어린애와 같은 꿈을 꾸는 게 불가능할 것이라는 점을 확신했다."[15]

이 소박하고 평온한 말들 속에야말로, ─ 만일 톨스토이의 기독교적 겸허에 대해 말할 수 있다면 ─ 그의 이후의 요란하고 열정적인 수많은 참회적 고백들 전체보다 더 큰 기독교적 겸허가 깃들어 있는 것은 아닐까? 훗날 그가 말했듯이, 온 세상 앞에서 자신에 대해 "나는 기생충이다, 나는 창녀이며, 사기꾼이고 도둑이며 살인자다"[16]라고 말

---

15) "내 생각에서 나온 뭔가를 삶에 적용하고 싶을 때, 모든 게 정신 속에서는 그처럼 아름답고 선명하게 나오는데, … 지금처럼 어린애와 같은 꿈을 꾸는 게 불가능할 것이라는 점을 확신했다." : 《청년 시절》 제3장, 5장.

16) "… '나는 기생충이다, 나는 창녀이며, 사기꾼이고 도둑이며 살인자다'" : 《참회록》 제2장 "나는 전쟁에서 사람들을 죽였고, 결투를 걸어 사

해 버리는 것이, 양심의 고요 속에서 자기 힘의 실제적인 분량을 인정하는 것보다 오히려 더 쉬운 일이 아니었던가? 나는 지금도 내 노년의 사유 속에서, 내 소년기의 사변 속에서 그랬던 것과 마찬가지로 여전히 어린아이에 불과하다. 내 안에 내재한 예술적 천재성의 무한한 힘에도 불구하고, 하나님을 향한 나의 탐구에서 나는 지도자도 아니고, 예언자도 아니며, 새로운 종교의 창시자도 아니다. 나는 다만 내 시대의 모든 사람과 마찬가지로, 연약하고 길을 잃은 채 병적으로 분열된 인간일 뿐이다.

톨스토이의 작품 순서는 그의 실제 생활 습관에 완전히 부합한다. 《지주의 아침》[17]은 다음에 이어지는 작품의 한 장(章)과 같으며, 거대한 일기의 연속이다. 드미트리 네흘류도프 공작은 다른 사람이 아니라 《유년 시절》, 《소년 시절》, 《청년 시절》의 주인공인 니콜라이 이르테니예프와도 같은 사람이다. 대학교를 중퇴한 이르테니예프는 인간의 모든 지식이 헛되다는(무익함) 것을 깨닫고, 평범

람들을 죽음으로 몰았으며, 방탕한 생활을 했고, 남을 속이곤 했다. 거짓, 절도, 온갖 형태의 간통, 음주, 폭력, 살인…"

17) 톨스토이의 단편 〈지주의 아침〉(1852~1856)은 1856년 잡지 《조국의 수기》 제12호에 처음 발표되었다.

한 민중을 돕기 위해 한 마을에 지주로 정착했다. 이르테니예프와 마찬가지로 네흘류도프에게서도 그러한 도덕적 · 종교적 대변화가 발생한다.

"…내가 알고 있었고, 믿고 있었고, 사랑해 왔던 모든 것은 어리석은 짓이었어"라고 그가 중얼거린다. "사랑과 자기희생(헌신)만이 자선과는 무관한, 참된 행복이야."

그러나 현실은 네흘류도프를 만족시키지 못한다. 그는 스스로에게 묻는다. '이 꿈들은 과연 어디에 있는 걸까?' 하고 그는 생각한다. '이 길에서 행복을 찾고 있다고 여긴 지도 벌써 1년이 넘었는데, 난 도대체 무엇을 찾은 거지? 사실 난 간혹 자기만족을 느낄 수 있다고 느끼지만, 그것은 어떤 **무미건조하고 지나치게 이지적인**, **즉 합리적 차원에 머무는 만족**에 불과해.'

네흘류도프는 자신의 모든 바람에도 불구하고, 자신이 사람들에게 진정한 선행, 곧 자선을 베풀 수 없다는 확신에 이른다. 농부들 또한 지주 귀족이 지닌 기독교적 감정에 대해 불신을 보인다. 지주의 선행과 미덕을 복음 서적 의미의 선행과 연결하려는 시도는 실패로 돌아가며, 그 결과로 남는 것은 본질상 어린애 같은 경험의 왜곡된 결론, 즉 젊은 농부 일류시카에 대한 병적이고도 무익한 질투뿐이다. 이 질투는 단지 그의 정신력에 국한되지 않고, 체력과 건강, 활력, 나아가 사유와 양심의 평온한 상태에 대한 꿈에 이르기까지 확대된 병적이고 무익한 질투다.

톨스토이 전기에서[18] 우리는 다음 사실을 알 수 있다. 톨스토이는 네흘류도프처럼 야스나야 폴랴나 농부들과 관계 맺기에서 실패를 경험한 후 지주로서 자신의 능력에 실망했다. 그 결과 그는 전쟁의 명예와 영광에 대한 낭만적인 꿈에 몰두하게 되었고,《카자크인들》의 주인공 올레닌과 마찬가지로 산악지대 카자크인들의 원시적 삶의 매력에 관한 꿈에 매료돼 마을을 떠나 포병 하사관으로 입대해 코카서스로 향했다.

이르테니예프나 네흘류도프와 마찬가지로 올레닌은 자신을 무한한 자유를 가진 사람으로 인식한다. 이는 1840년대 젊고 부유한 지주 귀족의 독특한 러시아적 자유다. 그에게는 어떠한 "육체적 눈도, 정신적인 눈도 없다. 그래서 그는 모든 것을 할 수 있었고, 그에게는 아무것도 필요 없었고, 아무것도 그를 구속하지 않았다. 그에게는

---

18) 중편소설, 핵심 주제는 문명 대 자연, 귀족적 자아의 해체, '자연적 삶'에 대한 동경과 그 한계, 러시아 제국의 주변부(코카서스)에 대한 시선이며, 후기 작품(《전쟁과 평화》,《안나 카레니나》 등)으로 가기 전 톨스토이 사상의 출발점을 보여 주고, 낭만주의적 이국성과 사실주의적 관찰이 결합된 전환기적 작품. (역자 주)

가족도, 조국도, 신앙도, 결핍도 없었다. 그는 아무것도 믿지 않았고, 아무것도 인정하지 않았다. 지금까지 **그는 자기만을 사랑했고**, 사랑하지 않을 수 없었다. 왜냐하면 그는 자신에게서 하나의 좋은 사람을 기대하고 있었고, 자기 자신에게 더 환멸을 느낄 겨를이 없었기 때문이다."

그는 아무것도 믿지 않고 아무것도 인정하지 않는 인물이지만, 그럼에도 어딘가 사람 좋은 자신만은 어린아이처럼 극단적이고 냉소적인 애정으로 사랑하고 있다. 그러나 그동안 충분히 주목받지 못했던 이 포병 하사관은, 카자크 마을 주민들 간의 자신의 소박한 생활을 전 인류의 문화적 삶과 대조하며, 그것을 자신의 '철학적 발견'으로 제시한다.

"예전에는 그 속에서 살았고, 거기서 격앙하곤 했는데, 이제는 참을 수 없이 혐오스러워지고 우스꽝스러워진 거짓이 분명히 보였다."

"자네들이 얼마나 혐오스럽고 불쌍한지!" 그는 모스크바의 친구들에게 이렇게 쓴다. "자네들은 무엇이 행복인지, 무엇이 삶인지 전혀 모르고 있어. 언젠가는 인위적이지 않은, 곧 자연의 아름다움 속에서 살아 봐야 하네. 내가 매일 눈앞에서 보고, 또 깨닫고 있는 게 무엇인지 직접 보고 이해해 볼 필요가 있는 거지. 말하자면, 인간이 영원히 도달할 수 없을 만큼 깊은 산속에 쌓인 눈, 그리고 창조주의 손에서 막 벗어난 듯한 원초적 아름다움 속에 서 있는, 당당한 최초의 여인 같은 존재 말일세. 그렇게 된다면 자네들과 나 가운데 누가 자신을 타락시키고 있는지, 또 누가 진실 속에서 살고 누가 거짓 속에서 살고 있는지가 분명해질 걸세. 자네들이 유혹 속에 빠져 살아가는 모습이 내게 얼마나 혐오스럽고, 추악하게 보이는지 자네들도 알았으면 좋겠네!"

"사람들은 자연이 살아가듯 살고 있다네. 말하자면 사람들은 죽어 가고, 태어나고, 성관계하고, 다시 태어나고, 서로 싸우고, 마시고, 먹고, 즐기고, 다시 죽어 가고, 다시 죽어 가고 있는 거지. 자연이 태양, 풀, 동물, 나무에게 부과한 그 변함없는 조건들 외에는 어떤 조건도 없는 거지. 그들에겐 다른 법칙들이 없어…. 행복이란 자연과 더불어 존재하는 것이야."[19)]

중편소설의 진정한 주인공인 늙은 카자크인(코카서스인) 예로시카 아저씨가 이 원시적 지혜를 구현한다. 그는 톨스토이의 고유 의식에서 가장 어둡고, 가장 비밀스럽

---

19) "자네들이 얼마나 혐오스럽고 불쌍한지! …행복이란 자연과 더불어 존재하는 것이야." : 톨스토이의 중편 《카자크인들》 제33장.

고, 어쩌면 열린 적이 없던 존재에 관한 깊은 곳을 엿볼 가능성을 주는 가장 위대하고, 완전히 창조된 인물 중 하나다. 여기서 톨스토이의 내부에서 영원히 싸우는 두 인물 중 한 인물이 예술적으로 완성된 명료성, 거의 의식적인 명료성을 가지고 최초이자 최후로 등장하는 것 같다.

이 인물은 끊임없이 행동하지만, 자신에 대해서는 거의 말하지 않으며, 자기의식을 훨씬 덜 드러내는 존재다. 어린아이 같은 눈빛과 노동으로 깊이 팬 노인의 억센 주름, 청년의 근육을 동시에 지닌 그는 캅카스산 포도주 치히리와 보드카, 화약 냄새와 말라붙은 응혈이 뒤섞인 진한 냄새를 풍기는 거대한 얼굴을 하고 있다. 바로 이 거인 같은 얼굴, 곧 예로시카 아저씨의 얼굴에서 우리는 매우 잘 알고 있다고 생각하면서도 아직도 제대로 알지 못하고, 끝내 해명되지도 않은 톨스토이라는 존재가 때때로 어렴풋이 모습을 드러내는 것을 보게 된다.

그의 삶도 반야만적인 체첸족의 삶처럼 "자유, 무위,[20)]강도 행위에 대한 사랑"으로 충만해진다. 그가 자신에 대해서 솔직하고 당당하게 말한다. "나는 건달, 술꾼, 도둑,

---

20) 빈둥거림이나 게으름. (역자 주)

사냥꾼이다… 나는 유쾌한 사람이며, 모든 사람을 사랑한다. 나는 예로시카다!”

이 사람은 무의식적인 러시아 철학자이자 냉소적 인간이다. 그는 자신을 마치 러시아 지주 올레닌처럼 무한히 자유로운 인간으로 느낀다. 그는 바로 이처럼 아무것도 인정하지 않으며, 아무것도 믿지 않는다. 그는 인간의 법 밖에서, 선과 악의 밖에서 살고 있다. 타타르인(달단인) 이슬람교 신자들과 보수적인 러시아 정교 신자들은 그와 똑같이 조용하면서도 경멸적인 조롱을 불러일으킨다.

“내 생각에는 모두 같다. 하나님은 인간에게 기쁨을 주기 위해 모든 것을 만들었다. **어디에도 죄가 없다.** 짐승에게서라도 예를 들어 보라. 짐승은 타타르족의 갈대숲에서도 살고 있으며, 우리의 갈대숲에서도 살고 있다. 하나님이 준 것을 먹고 있다. 그런데 우리 동료들은 이를 위해 우리가 프라이팬을 핥을 것이라고 말한다. 나는 모든 게 하나의 속임수[21]라고 말한다. 인간은 죽게 마련이며, (무덤의) 풀은 자라는 법이다. 이게 전부다.”

그에게는 태고의 지혜, 곧 인간 이전의 지혜가 깃들어

21) 거짓이나 위선. (역자 주)

있다. 그것은 숲과 사냥, 목축을 관장하는 반인반수의 목신(牧神), 즉 그리스 신화의 판(Pan)[22]이나 사티로스와 같은 존재가 지닌 깊고도 선명하면서 동시에 어두운 정신에 가깝다. 그는 자기 나름으로 선하고 온화한 존재가 될 수 있으며, 살아 있는 모든 것, 곧 하나님의 모든 피조물을 사랑한다. 바로 이 지점에서 그의 사랑은 기독교적 정서를 환기한다. 아마도 이교의 마지막 무의식적 심층에는 기독교로 향하는 미래 변화의 시작이 잠재해 있을 것이다. 다시 말해, 디오니소스적 바쿠스 축제의 기원, 곧 인간과 모든 존재의 아버지인 목신의 융합, 개인적 이익의 포기, 나아가 자기 소멸로 향하는 충동이 그 안에 이미 포함되어 있기 때문이다. 그러나 이러한 일차적이고 야생적인, 말하자면 **이교적 기독교**와, 이차적이며 문화적으로 형성된 기독교적 의식 사이에는 역사적일 뿐 아니라 심리학적으로도 커다란 격차가 존재함을 잊어서는 안 된다. 만약 양자가 서로 접근한다면, 그것은 언제나 최고의 극단들이 가끔 맞닿는 방식으로서만 가능할 것이다.

예로시카 아저씨는 흔들리는 촛불 위를 날아다니다가

22) 목신과 사티로스의 형상. (역자 주)

촛불 속으로 떨어지는 나방들을 쫓고 있다.

"바보, 바보야! 어딜 날아가는 거니? 바보! 멍청이네!"

"그는 몸을 일으키더니 자신의 굵은 손가락들로 나방들을 따라가기 시작했다."

이 순간 예로시카 아저씨의 온화한 미소는 아시시의 성 프란치스코[23]의 미소를 닮지 않았을까?

그리고 그에게서는 응고된 피의 냄새가 난다. 아마도 (그 피는) 짐승의 피일 뿐 아니라 인간의 피이기도 할 것이다. 왜냐하면 이 늙은 '도둑'의 양심 속에서는 살해가 하나의 동일한 도덕적 행위로 구분되지 않기 때문이다. 자연이 그러하듯, 그는 깊은 동정심을 지니는 동시에 잔인하기도 하다. 그러나 그는 이러한 모순을 스스로 느끼지도, 이해하지도 못한다. 그에게는 훗날 선과 악으로 분리될 것이 아직 원시적인 일치 상태, 무의식적인 조화 속에 뒤섞여 있기 때문이다.

올레닌 역시 그처럼 기독교로 방향을 바꾸려 해도 끝내 그렇게 될 수 없는 자기 내면의 본심 속에서, 예로시카 아저씨가 지닌 냉소적 지혜와 동일한 응답, 곧 반향을 찾

---

23) 아시시의 성 프란치스코(1181/1182~1226) : 프란치스코 수도회(Ordo Fratrum Minorum, O.F.M.)의 창립자.

고 있다. 숨소리조차 들리지 않을 만큼 고요한 적막 속에서, 남쪽의 우거진 숲과 삶의 풍부한 여유 한가운데서 그는 문득 신 앞에서 비기독교적인 자기 부정을 의식한다. 그것은 반은 동물적이고 반은 신적인 자연과의 합일로서, 오늘날 사람들에게는 광기로 보일지도 모를 체험이다. 그러나 이는 고대인들에게 **만물의 신**, 판(Pan)의 공포로 표상되었던, 공포와 환희로 충만한 성스럽고도 야만적인 지혜에 해당한다.

"그러자 올레닌은 어린 시절의 습관처럼 무심코 십자성호를 긋기 시작했고, 마치 **누군가**에게 감사라도 하듯, **모든 존재**에 대한 사랑에서 솟아나는 이유 없는 행복감을 갑자기 느꼈다. 그는 앵앵거리는 모깃소리를 들으며 이렇게 생각한다. '저들 하나하나가 바로 나와 같은, 똑같이 특별한 드미트리 올레닌이야.' 그 순간 그는 자신이 더 이상 러시아 귀족도, 모스크바 사교계의 일원도, 누구의 친구나 친척도 아니라는 것을 분명히 깨닫는다. 지금 주변에 살아 있는 사람들과 마찬가지로, 그는 단지 하나의 모기이거나, 꿩이거나, 사슴일 뿐이었다. '저들처럼, 예로시카 아저씨처럼 나 역시 조금 살다가 죽겠지.' 그리고 그는 스스로에게 진실을 말한다. '그 뒤에는 풀만 자랄 거야.'"

그러나 그의 내면에는 두 인간이 공존하고 있었다. 이

르테니예프나 네흘류도프와 마찬가지로, 이 두 번째 올레닌은 끊임없이 같은 말을 되풀이한다. "사랑이란 자기희생이야. 자신을 위해 사는 건 가치가 없어. 타인을 위해 살아야 해." 그는 숲의 요정들과 사티로스들이 상징하는 초인간적 지혜를, 절제되고 유익하며 합리적인 '기독교적' 미덕들과 조화시키려 애쓴다. 그 결과 그는 마리야나에 대한 자신의 사랑을, 카자흐 병사 루카시카의 그녀에 대한 사랑을 위해 희생한다. 그러나 이 자기희생은 이르테니예프의 '삶의 법칙'이나 네흘류도프의 지주적 기독교에서와는 달리, 아무런 결과도 얻지 못한다.

"내가 마리야나를 잠시 사랑했다고 해서 내게 무슨 잘못이나 죄가 있겠는가." 절망의 순간, 그는 자신도 모르게 이렇게 놀라운 고백을 내뱉는다. "나는 자기희생 속에서 내 사랑을 구하려 했다. 마리얀카[24]와 카자흐 병사 루카시카가 누리는 사랑의 기쁨을 떠올려 보았지만, 그것은 오히려 내 사랑과 질투만을 자극했을 뿐이었던 거야. … 사실 나는 내 의지로 그녀를 사랑한 게 아니야. 어떤 자연발생적이고 무의식적인 힘이 나를 통해 그녀를 사랑했을 뿐

---

24) 마리야나의 애칭. (역자 주)

인 거지. 온 하나님의 세계, 온 자연이 이 사랑을 내 정신 속으로 밀어 넣으며 '사랑하라'고 말하고 있는 것 같아. 나는 예전에 자신이 새로운, 곧 기독교적인 신념에 관해 써 왔던 것을 떠올린다. 이 신념이 자신의 내면에서 어떤 노력 속에 형성되었는지, 그것을 인식하면서 얼마나 큰 기쁨을 느꼈는지, 또 자신을 통해 삶의 새로운 길이 열리는 듯 보였는지를 아무도 알 수 없었다. 나에게 이 신념보다 더 귀중한 것은 없었다. 그런데… 사랑이 다가오자, 이제는 이 신념도 사라졌고, 그것을 잃은 데 대한 후회조차 남아 있지 않아! 내가 **그토록 일방적이고 냉정하며 추론적인 상태**를 귀중히 여겨 왔다는 사실조차 이제는 이해할 수 없어. 아름다움이 나에게 다가와, 한때 매우 중대하게 여겼던 모든 내면의 일들을 하찮은 것으로 만들어 버렸고, 그것이 사라진 데 대한 애석함조차 남기지 않았던 거야. 자기 부정은 모두 무의미하고 헛된 말일 뿐이야. 그건 다 교만이고, 필연적인 불행으로부터의 도피처이고, 타인의 행복에 대한 질투에서 벗어나기 위한 구실에 불과해. 타인을 위해 살고, 선을 행하라니! 무슨 목적으로? 이따금 내 영혼 속에는 **오직 자기 자신에 대한 사랑만**이 존재할 뿐이야."

단지 자신에 대한 사랑, 그것으로 모든 것이 시작되고,

모든 것이 끝난다. 자신에 대한 사랑 또는 증오, 오직 이 두 가지 감정만이 유일하고 중요한 축이다. 때로는 숨겨져 보이지 않고, 때로는 명료하게 드러나며, 바로 이 축 위에서 모든 것이 회전한다. 톨스토이의 초기 작품들, 아마도 가장 진실한 작품들 속에서, 모든 것이 이러한 방식으로 움직이는 듯하다.

그렇다면 이러한 구조는 최초의 작품들에서만 나타나는 것일까?

제2장

귀족 출신 포병 하사관 올레닌은 시종무관이 되려는 꿈을 가지고 있었다. 이와 마찬가지로 레프 니콜라이 톨스토이 백작 역시 시종무관이 되고, 나아가 성 게오르기우스 십자가 훈장을 받으려는 꿈을 지니고 있었다. 실제로 베르스는 "캅카스에서 복무 시 레프 니콜라이(톨스토이)는 성 게오르기우스 십자가 훈장을 간절히 받고 싶어 했다"라고 전하고 있다. 톨스토이는 크림 전쟁 발발 당시 처음에는 실리스트리아 부근에 배치되었다[25]가 나중에 세바스토폴로 옮겨 제4능보의 적이 침입하지 못하도록 돕는 강력한 블록바리케이드에서 사흘간 주야로 포격을 받았다. 그는 이 과정에서 큰 용기를 발휘하며 공격에 직접 가담하곤 했다.

---

25) "캅카스에서 복무하던 레프 니콜라이는 이후 크림 전쟁 발발 시기, 실리스트리아 부근에 배치되었다." : 베르스, 《실리스트리아》, p.11. (실리스트리아는 다뉴브강 연안의 불가리아 항구 도시다. 《실리스트리아》는 종말론적 역사관을 상징으로 형상화한 상징주의 철학적 장시. : 역자 주)

그는 나중에, 당시 자신이 가진 전쟁 관련 야심과 공명심을 장편《전쟁과 평화》속 안드레이 볼콘스키 공작의 비밀스러운 생각을 통해 솔직하게 표현했다. 그는 러시아의 나폴레옹이 되려는 꿈을 꾸는 인물로, 톨스토이가 가장 애착을 가진 주인공 중 한 사람이다.

"만일 내가 이걸 바라고, 명예를 원한다면…." 안드레이 공작은 아우스터리츠 전투 이전 혼잣말을 했다. "유명해지고, 사람들에게 사랑받고 싶다는 바람이 정말 비난받을 일일까? 내가 이걸 원하고, 이것 하나만을 위해 산다는 게 잘못일까? 절대로 아무에게도 말하지 않겠지만, 하나님 맙소사! 만약 내가 아무것도 사랑하지 않고, 오직 명예나 인간의 사랑 같은 것만을 좋아하지 않는다면, 나는 대체 무엇을 해야 할까? 죽음, 상처, 가족의 상실 등은 내게 아무것도 무서운 게 아니야. 그리고 많은 사람도 내게 귀중하지 않고 사랑스럽지도 않아. 아버지, 누이, 아내는 내게 가장 사랑스러운 사람들이지만, 아무리 끔찍하고 부자연스럽더라도 나는 명예의 순간, 사람들 앞에서 승리의 순간, 그리고 나에 대한 사람들의 사랑을 위해 그들 모두를 기꺼이 내어주겠어."

레프 니콜라이(톨스토이)는 안드레이 공작이 간절히 원했던 성 게오르기우스 십자가 훈장에도 흥미를 보였지만, 베르스가 "어느 상관의 개인적 성향 때문에"라고 단언하듯, 결국 그것을 받지 못했다. 이 실패는 그에게 마음의 상처를 크게 남겼지만, 동시에 "용감함에 대한 그의 관점을 바꾸었다"라고 베르스는 솔직히 단언한다. 어느 날 레프 니콜라이는 "자신의 교만과 허영심"을 직접 베르스에게 고백했다. "그는 젊은 시절 전쟁 관련 실패를 겪은 후, 작가로서 위대한 명예를 얻었으며, 이 명예가 자신에게 가장 큰 기쁨이자 행복이었다고 내게 말했다. 그의 말에 따르면, 그는 자신이 작가이자 귀족이라는 사실을 유쾌하게 의식했다." 가끔 그는 웃으며 이렇게 덧붙이기도 했다. "포병대에서 장군이 되진 못했지만, 대신 문학에서 장군이 되었어."

이 고백에서 드러나는 다소 거친 말투와 부족한 자기절제는 톨스토이 본인과는 거의 관련이 없어 보인다. 실제로 톨스토이라면, 십중팔구 심지어 농담이나 은밀한 상황에서도 더 섬세하고 겸손하게 표현했을 것이다. 그러나 다른 측면에서 보면, 우리는 베르스가 악의적이거나 날카로운 기지를 발휘해 이야기를 꾸며낼 재능이 없다는 사실을 발견할 수 있다. 오히려 톨스토이라는 위대한 친척이 있음에도, 베르스는 솔직하고 소박한 마음가짐으로 톨스토이의 전기를 썼다. 톨스토이가 보이는, 말하자면 '서투르지만 경건한' 태도는 그의 주인공에게는 때로 지나친 절제보다 해로울지 모르지만, 연구자에게는 오히려 모든 지혜보다 더 값진 통찰을 제공할 수도 있다.

그렇다 할지라도 그는 나중에 자기 작품들 속에서 그처럼 영원히 가차 없이 복수했던 전쟁과 전쟁에서의 용기에 환멸을 느끼고 나서, 포병대 중위로 퇴역하고, 상트페테르부르크로 갔다가 그다음에는 외국으로 갔다. 베르스는 이렇게 언급한다. "톨스토이는 상트페테르부르크가 전혀 마음에 들지 않았다. 그는 상트페테르부르크의 상류사회에서 아무런 활동도 할 수 없었다. 물론 그는 벼슬길도 간청하지 않았고, 많은 재산도 없었고, 당시에는 작가로서의 위대한 명예도 아직 얻지 못하고 있었다."

톨스토이는 농노 해방의 해[26]에 외국에서 돌아온 후, 야스나야 폴랴나에서 농지 조정 업무와 마을 학교 운영에 참여하기 시작했다. 한때 그는 이 활동에 전 생애를 바치고 여기서 평온한 삶을 살아야겠다고 생각했다. 그러나 사람들에게 선을 행하려 했던 과거의 시도들에서처럼, 점점 더 그는 학교에서도 실망을 느끼게 되었다. 결국 그는

26) 1861년. (역자 주)

아이들과의 관계 속에서 스스로 표현하듯이, "범죄적인" 무엇인가를 발견하게 되었다.

"나는 내가 농민 자녀들의 순수하고 아직 분화되지 않은 정신을 타락시켰다고 여겼다. 내 안에는 어렴풋하지만 분명한, 어떤 신성 모독에 대한 후회가 있었다. 나는, 이미 지치고 상상력이 고갈된 게으르고 음탕한 노인들이, 상상력을 자극하기 위해 아이들에게 외설스러운 그림을 흉내 내도록 강요하는 모습을 떠올렸다."[27]

이 증언은, 그의 다른 증언들처럼 진실하긴 하지만, 절제되지 않고 때로는 병적일 만큼 지나치다. 당시 그의 학교 근무 일지 중 하나를 보면, 그는 아이들에게 신경 쓰기보다는 오히려 자기 자신에게 집중하고 있었음이 분명하다. 그는 나중에 자신의 교육 잡지에서 톨스토이, 푸시킨, 괴테의 작품보다 더 완벽하다고 평가한 글을 페디카와 세

---

27) "나는 내가 농민 자녀들의 순수하고 아직 분화되지 않은 정신을 타락시켰다고 여겼다. … 상상력을 자극하기 위해 아이들에게 외설스러운 그림을 흉내 내도록 강요하는 모습을 떠올렸다." : 톨스토이의 논문 〈누가 누구에게서 글쓰기를 배워야 하는가 – 농촌 아이들이 우리에게서인가, 아니면 우리가 농촌 아이들에게서인가〉(1862)에서 인용[이 논문은 1862년 잡지 《야스나야 폴랴나》에 발표된 톨스토이의 논문 형식의 에세이(교육론)임: 역자 주]

니카에게 쓰게 하며, 아이들을 대상으로 자신의 정신을 담은 지나치게 중요한 경험을 실험하고 있었다. 이는 동시에 아이들에게는 자신의 정신이 담긴 지나치게 위험한 경험이 되었다. 그는 마치 그리스 신화의 나르키소스처럼, 깊고 깨끗한 샘의 거울 속에 비친 자기 모습에 도취한 듯했다. 아이들 속에서, 아이들에게는 치명적이고 무서운 이 교사는 오직 자기 자신만을, 자기 한 사람만을 사랑하고 있었던 것이다.

그는 《참회록》에서 고백하고 있다. "일이 순조롭게 진행되는 듯했지만, 나는 정신적으로 아주 건강하지 못하다는 것과 이 일 역시 오래 계속되지 못할 것이라고 느꼈다."

그에게서는 이미 도덕적인 커다란 변화가 준비되고 있었다. 그는 이렇게 말한다. "나는 육체적인 병보다 더 큰 정신적인 병에 걸려 버렸다. 그래서 나는 모든 것을 내던지고, 신선한 공기를 마시며 말젖을 먹는 동물적인 삶을 살기 위해 바시키르인들이 사는 초원으로 떠났다."[28]

그는 돌아와 소피야 안드레예브나 베르스와 결혼했다.

삶의 안정을 얻으려는 그의 이전의 모든 시도, 곧 네흘

---

28) "나는 … 병에 걸려 버렸다. (중략) 동물적인 삶을 살기 위해 … 떠났다." : 《참회록》 제3장.

류도프의 지주로서의 자선 활동, 카자흐 마을에서의 간소한 생활, 전쟁, 학교 운영은 모두 일종의 향락적인 삶의 태도, 다시 말해 전문적 헌신이 결여된 딜레탕트적 태도에 불과했다. 이 말의 가장 넓고도 고전적인 의미에서 그것은 단지 '자기가 좋아서 하는 일'이다. 왜냐하면 그는 평생 예로시카 아저씨처럼 무엇보다도 먼저 위대한 애호가, 그것도 끝없이 다양한 것들에 매혹되는 애호가였기 때문이다.

그러나 결혼이라는 것은 애호도 장난도 아니고 그의 삶에서 제일 중요한 일이었으며, 열정을 쏟고 싶을 뿐 아니라 실제로 열정을 쏟은 일이었으며, 늘 갱신하고 바꾸는 일이자 거룩하고 무서운 일이었다.

그는 34세였고 그녀는 18세였다. 결혼식이 끝나자마자 그들은 야스나야 폴랴나로 떠났다. 거기서 거의 외출도 하지 않은 채 약 20년을 보냈다. 완전한 은둔 상태에서 전혀 지루해하지도 않은 채 아무도 필요로 하지 않으면서 보냈다. 이는《전쟁과 평화》와《안나 카레니나》를 집필한 톨스토이에게 가장 충만한 시기였으며, 그의 문학적 능력이 전성기에 도달하고 최고도로 발달한 시기였다. 이 시기를 회고하며 소피야 안드레예브나의 남동생 베르스는 다음과 같이 적고 있다. "남편에 대한 그녀의 사랑은 끝이 없었다. 부부 사이의 친밀한 관계, 우정과 상호적 사랑은 내게 부부간 행복의 모범이자 이상이 되었다. 그녀의 부모가 '소냐[29]는 더 이상의 행복을 바라서는 안 돼!'라고 말한 데에는 모두 그럴만한 이유가 있었다."

우리는 페트의 《회고록》에서[30] "온몸에 흰옷을 입고, 허리춤에 무거운 열쇠들이 달린 커다란 줄을 맨" 나타샤 또는 키티를 보게 되는데, 이는 러시아 지주 문화에서 가장 나무랄 데 없고 완벽한 여성의 형상 중 하나다. 그녀는 평범하고 조용하며 항상 유쾌하다. 그리고 그녀는 대체로 임신 중이었다. 열세 명의 자녀를 낳았기 때문이다. "그녀는 《전쟁과 평화》를 일곱 번이나 고쳐 썼다. 동시에 부엌의 상세한 일들까지 가정주부로서 잡다한 일들을 하면서도 자녀들이 열 살이 될 때까지 먹이고, 가르치고, 옷을 꿰매어 주었다"라고 베르스는 말한다. 그들 부부에게 둘째 딸이 태어났을 때, 엄마는 병이 나서 사경을 헤매게 되었다. 그럼에도 몇 번이나 젖을 먹이려고 시도했지만, 그럴 수가 없었다. 다른 여자가 그녀의 딸에게 젖을 먹이게 되

---

29) 소냐는 소피야의 애칭이다. (역자 주)

30) "… 페트의 《회고록》에서 …" : A. A. 페트가 1890년 모스크바에서 출판한 저서 《나의 회고록》.

었다. 그녀는 이 모습을 보자 질투로 울다가 즉시 유모를 내보내 버렸다. 그리고 아기는 젖병을 물고 키워졌다. “레프 톨스토이는 이 질투를 자연스러운 것으로 생각했으며, 아내의 자식 사랑에 감동했다.”

자식에 대한 사랑과 자녀의 출산이라는 표현, 곧 이스라엘의 신으로부터 “너희는 생육하고 번성하며 땅에 충만하라”는 언약을 받은 구약성서의 언어는 아브람과 이삭, 야곱[31]으로 이어지는 족장들의 전통을 자연스럽게 환기한다. 이러한 성서적 연상은 여기에서 결코 지나치게 과장된 것으로 느껴지지 않는다. 우리가 톨스토이의 가정적 행복을 어떻게 평가하든 간에, 그것이 완전히 이상적인 것이 아니었다 하더라도, 적어도 하나의 완성된 형태를 이루고 있었다는 점은 부정하기 어렵다. 그것은 아름다운 것이었으며, 민중의 시각에서라면 풍요롭고 화려한 것으로 불렸을 법한 것이었다. 더욱이 그것은, 살아 있다고도 죽어 있다고도 말하기 어려운 당시 러시아 사회, 즉 완전히 붕괴하지는 않았음에도 내부에서 부식되어 가고, 가족을 파괴하는 ‘카라마조프적인 독’에 의해 불구가 된 사회 속

---

31) 창세기 1장 28절.

에서, 다른 무엇보다도 희귀한 현상이었다. 그런 사회 속에조차 완전하고 견고하며 조화로운 무엇인가가 실제로 존재했다는 사실에 대해서는, 결국 동의하지 않을 수 없다.

우리는 연약하면서도 대담하고, 미래를 향해 지나치게 탐욕스럽게 돌진하는 존재로서, 과거가 이미 완결해 놓은 형식들의 가치를 좀처럼 제대로 평가하지 못한다. 그것은 곧 '장엄함'이며 '고상함'이고, 모든 인간 문화의 끈질긴 동물적 · 식물적 뿌리들이다. 이 뿌리들은 지하의, 익숙하고도 살아 있는, 생물적인 어둠과 따뜻함 속으로 깊이 뻗어 있으며, 바로 그로부터만 ― 온갖 '회색 이론들'에 거슬러서 ― '황금의 생명의 나무'는 영원히 푸르러질 수 있다.[32] 그렇기 때문에 《전쟁과 평화》의 에필로그에서 니콜라이 로스토프가 내뱉는 그 말들이, 어쩌면 단지 지나치게 솔직할 뿐인데도, 우리에게는 냉소적으로 거칠고 속물적인 것으로 보이는 것이다.

---

32) "… 온갖 '회색 이론들'에 거슬러서 ― '황금의 생명의 나무'는 영원히 푸르러질 수 있다." : 괴테의 비극 《파우스트》(〈파우스트의 서재〉 제1부)에서 가져온 의역(변형 인용)이다. ('삶의 황금 나무'란 추상적 이론에 대립하는, 생명 그 자체의 충만함과 지속성을 상징하는 비유적 표현임 : 역자 주)

"이 모든 시와 황당무계한 이야기는 다 이웃의 행복이야. 나는 내 자식들이 거지가 되지 않기를 바라. 내가 살아있는 동안 우리 재산을 안정적으로 유지해야 해. 그게 전부야."

피에르 베주호프는 마치 자신이 '사색'을 통해 온 러시아 사회와 더 나아가 전 세계에 새로운 방향을 부여할 사명을 지닌 듯 스스로를 상상하며, 니콜라이 로스토프를 오만한 시선으로 바라본다.

(콘스탄틴 드미트리예비치) 레빈[33] 역시 작은 이르테

---

33) 레빈은 톨스토이의 장편《안나 카레니나》의 핵심 인물로, 작가 자신의 삶과 사상이 가장 직접적으로 투영된 인물이다. 그는 지방에 영지를 소유한 러시아 귀족 지주로, 도시 사교계와 관료 사회로부터 거리를 두고 농촌에 뿌리내린 삶을 산다. 그는 진지하고 내성적이며 도덕적으로 엄격하다. 끊임없는 자기성찰과 의심 속에서 살아가는 인물이다. 그의 사상적 특징은 농업 · 노동의 의미에 대한 실천적 사유, 합리주의 · 과학주의 · 진보 사상에 대한 회의, 삶의 목적, 죽음, 신앙에 대한 실존적 질문이다. 키티와의 결혼은 레빈에게 사상적 방황이 생활과 가정 속에서 잠정적 해답을 얻는 계기가 된다. 그는 안나 카레니나의 비극과 대조되는 인물로서, 도덕적 · 존재론적 가능성을 구현한다. 그는 사유를 통해 세계를 구원하려 하기보다, 선하게 살려는 결단 속에서 삶의 의미를 발견한다. 또 그는 피에르 베주호프와 마찬가지로 끊임없이 질문하는 인물이지만, 그 탐구가 전쟁과 역사가 아니라 노동 · 가정 · 일상의 차원에서 이루어진다는 점에서 차이를 보인다. (역자 주)

니예프처럼 인류의 구원이 비교적 실행하기 쉬운 일이라고 믿는다. 그는 사회 개혁을 꿈꾸며, 니콜라이 로스토프가 더 솔직하게 '자기 재산의 정리'라고 부른 문제, 즉 경제를 정리하면서 깊이 숙고한다.

레빈에게 이 문제는 단순히 개인적인 사안이 아니다. 그것은 공동의 행복에 관한 문제이며, 모든 경제와 모든 민중의 지위가 근본적으로 변화해야 한다는 요구로 확장된다. 가난 대신 공동의 풍요로움이, 불화와 반목 대신 화합이 자리해야 하며, 이는 무혈혁명이자 가장 위대한 혁명으로서 처음에는 군에서 시작되어, 이어 현으로, 러시아 전체로, 나아가 세계의 작은 영역들로 확대되어야 한다는 것이다. 그럼에도, 레빈도 피에르 베주호프도 비록 말로는 인정하지 않지만, 실제로는 니콜라이 로스토프가 말한 방식 그대로 행동하며 살아가고 있다. 《참회록》에서 톨스토이는 특유의 솔직함으로, 자신이 특별히 사랑했던 이 주인공들의 가장 부끄러운 마지막 비밀을 폭로한다. 그것은 그들이 모두 거대한 사상과 이상을 말하면서도, 결국 삶에서는 다음과 같이 로스토프적인 방식으로 살았다는 사실이다.

"이 시기 내 삶의 모든 것은 가정과 아내와 자식들에게 집중되어 있었고, 동시에 증가하는 생활비에 대한 걱정에도 집중되어 있었다. 이전에는 이미 보편적 완성, 곧 진보에 대한 갈망으로 바뀌어 있던 나 자신의 완성에 대한 열망이, 이제는 가족을 가진 인간으로서 가능한 한 더 훌륭해지려는 확실한 갈망으로 바뀌어 버린 것이다."[34)]

그는 심지어 《전쟁과 평화》와 《안나 카레니나》를 집필하던 이 시기에도, 자신에게는 가족과 함께 가능한 한 더 훌륭해지기 위해 그렇게 살아야 한다는 것이 유일한 진실이었음을 확신하고 있었다. 바로 이러한 이유에서 그는 예외적으로, "자신의 물질적 상황을 개선하기 위한 수단으로서" "작가라는 직업에 전념했음"을 스스로 인정한다.

베르스는 톨스토이가 사냥이나 짧은 사무적 여행을 마치고 집으로 돌아오면서 매번 자기 흥분을 "모든 게 집에서 순조롭기만 하면 좋을 텐데!"라고 표현했다고, 이야기한다.

이것은 속물근성이 아니다. 훨씬 심오하고 원시적이다. 자연의 영원한 목소리이자, 짐승에게 굴을 파게 하고, 새에게는 둥지를 틀게 하고, 인간에게는 벽난로의 불을 지

---

34) "이 시기 내 삶의 모든 것은 가정과 아내와 자식들에게 집중되어 있었고, … 가능한 한 더 훌륭해지려는 확실한 갈망으로 바뀌어 버린 것이다." : 《참회록》 제6장.

피게 하는 삶의 억누를 수 없는 본능이다.

"결혼한 지 두 주일이 되었습니다"라고 (편지에서) 쓰고 있다. "저는 행복합니다. 그리고 새로운, 완전히 새로운 인간이 되었습니다…. 지금 어떻게 글을 쓸 수 있겠습니까. 그건 지금 보이지 않는 여러 노력 때문이죠. 심지어 눈에 보이는 여러 노력 때문이죠. 게다가 저는 집안 살림하느라 다시 꼼짝도 하지 못하고 있습니다. 저와 함께 소냐도 그렇지요. 우리에겐 관리인도 없어서 소냐가 사무소 일도 보고 현금 출납부도 기록한답니다. 저에겐 양봉장도 있고, 양 떼도 있고, 새 정원도 있고, 양조장도 있거든요."[35]

톨스토이는 야스나야 폴랴나와 펜자의 영지를 매입하기 위해, 그리고 말 사육장을 지을 사마라의 영지 6000데샤티나[36]를 매입하려고 바쁘게 일하고 있었다. 그는 바시키르 암말 약 100마리를 사들여 풍부한 말젖을 얻을 걸 기대하면서 그 말들을 매우 빨리 달리는 말이나 승마용 말, 영국 말이나 다른 품종의 말들과 교배시켰다. 야스나야의

---

35) "결혼한 지 두 주일이 되었습니다 … 새 정원도 있고, 양조장도 있거든요." : 야스나야 폴랴나에서 톨스토이가 1862년 10월 9일 A. A. 페트에게 보낸 편지.

36) 1데샤티나(десяти́на)는 1917년 혁명 이전 토지 면적의 공식 단위로 약 1.092헥타르다. (역자 주)

곳간지기 할멈은 톨스토이가 살이 많이 찌고, 빳빳한 털이 하나도 없고, 짧은 다리를 가진 특별한 종류의 돼지들을 지나치게 좋아하는 것에 대해 말한다. "그분은 특히 독립적인 작은 우리 속에서 한 쌍씩 짝지어 있던 자기 돼지 300마리를 흐뭇하게 바라보곤 하셨죠. 이때 백작님은 아주 작은 더러움도 참지 못하셨어요. 아침에 돼지우리 곁을 지나가시면서 매우 만족해서 큰 소리로 말씀하시곤 했죠. '정말 훌륭한 시설이야! 최고의 시설이야!' 그 대신 만일 아주 작은 더러움이라도 발견하면 난리를 치시죠. 화가 나서 큰 소리를 지르기 시작하시는 거예요. 백작님은 성질이 아주 급하신 나리셨거든요."[37)]

톨스토이 집의 가정교사였던 안나 세이론은, 악의적으로 의도된 흔적이 역력하고 경솔하며 수준이 낮은 인상을 주는 자신의 저서 《톨스토이 백작의 집에서 지낸 6년》(상트페테르부르크, 1895)에서 조소적인 어조로 다음과 같이 말한다. 그는 이 책을 여러 메모를 모아 엮은 수기 형식으

---

37) " 그분은 특히 …자기 돼지 300마리를 흐뭇하게 바라보곤 하셨죠. … 백작님은 성질이 아주 급하신 나리셨거든요." : 안나 세이론의 저서 《톨스토이 백작의 집에서 지낸 6년》(상트페테르부르크, 1895)에서 인용.

로 출판했다. 세이론은 그 안에서 톨스토이 부부가 마치 자식들을 돌보듯이 우수한 새끼 돼지들을 돌보고 있다고 비아냥거린다. 이 농담은 분명히 부적절하다. 그러나 우리가 알고 있듯이, 훌륭한 주인이 시간을 들여 스위스 보모, 독일 보모, 영국 보모들에게 둘러싸인 자기 자식들을 정성껏 돌보았듯이, 그가 자기 새끼 돼지들을 돌본다고 해서 그것이 무슨 문제란 말인가? 여기에는 고상한 것과 저급한 것의 구분도 없고, 감사해야 할 것과 경멸해야 할 것의 구분도 없다. 톨스토이의 가정에서는 마치 살아 있는 하나의 신체처럼, 모든 게 완전하고 질서 있게 자리 잡고 있다. 그 안에서 사람과 동물과 식물은 모두 예외 없이 서로를 위해 존재한다.

심지어 톨스토이가 레빈과 마찬가지로 어둡고 따뜻한 침소를 돌보고, 자신의 새끼 돼지들을 돌보면서, 그것을 마치 인류의 이익이나 복지에 기여하는 행위인 것처럼 스스로 합리화하고 있었다고 하더라도, 이것이야말로 "처음에는 작은 영역에서 시작하여, 나중에는 군과 주, 러시아와 전 세계로 확산되는 무혈의, 그러나 가장 위대한 혁명"이 아니고 무엇이겠는가? 사실 그는 거창한 이념을 따른 것이 아니라, 동물적인 삶의 심오하고도 확실한 본능, 다시 말해 살아 있으려는 감각을 따랐을 뿐이다. 돼지우리와 유아실, 종마장과 포도주 양조장, 그리고 소피야 안드레예브나의 장부(帳簿)들까지, 이 모든 것은 눈에 보이거나 보이지 않는 노력의 집합이며, 자연의 의지에 순응하는 하나의 과정이다. 그것은 곧 둥지의 결합이자, 화려한 둥지 만들기라 할 수 있다.

무엇보다도 먼저, 여기에는 삶에 대한 위대하고도 소박한 사랑이 있다. 이 사랑은 괴테에게도 있었던, 영원한 어린아이 같은 삶의 환희다. 베르스는 다음과 같이 말한다. "레프 니콜라예비치(톨스토이)는 매일 하루의 아름다움을 찬미했다. 그는 아주 완전히 '위대한 이교도'의 정신으로 자주 이렇게 덧붙이곤 했다. '하나님은 정말 많은 부를 가지고 계셔! 그분에겐 모든 날이 무언가로 인해 서로 달라.'"

"보기 드문 무더위다." 톨스토이는 페트에게 이렇게 편지한다.

"목욕과 과일이 나를 내가 좋아하는 지적인 게으름의 상태로 이끌었습니다. 나는 두 달 동안 잉크로 손을 더럽히지도 않았고, 생각으로 마음을 더럽히지도 않았습니다. 오래전부터 올해처럼 신의 세계에서 기쁨을 느낀 적이 없었습니다. 나는 서서 입을 벌린 채 넋을 잃고 바라보며, 혹시라도 무엇을 잃어버릴까 봐 두려워하고 있습니다."[38]

이 편지는 그가 자살에 대해 생각하며 《참회록》을 구상하고 있던 시기에 쓴 것으로, 그의 생애에서 가장 고통스럽고 두려운 해 가운데 하나에 해당한다.

아마도 톨스토이는 베르스가 회상하는 그 바시키르 민속축제의 순간보다 더 자연스러웠던 적이 결코 없었을 것이다. 그때 그는 그 어느 때보다도 자기 자신이었으며, 마치 신이 그를 창조했을 때 부여한 본래의 모습 그대로 존재하고 있었던 것처럼 보인다. 또 그는 그 순간에야말로 위대한 화가의 자질을 지녔던 것처럼, 그리고 그 어느 때보다도 자신을 닮아 있었던 것처럼 보인다. 바시키르 족장 무함메드샤 로마노비치[39]를 통해 톨스토이 백작은 자신의 사마라 영지에서 약 50베르스타[40] 떨어진 곳에서 야외 경마대회를 개최할 것임을 공고했다. 그는 황소 한 마

---

38) "보기 드문 무더위다. … 혹시라도 무엇을 잃어버릴까 봐 두려워하고 있습니다." : 야스나야 폴랴나에서 톨스토이가 1874년 6월 24일 A. A. 페트에게 보낸 편지.

39) 무함메드샤 로마노비치 : 라흐메툴린 무함마드와 동일인이다. 그는 바시키르 · 타타르계 무슬림 인물로, 제국 러시아 시기의 문서 · 회고록 · 지방 기록에 등장하는 실존 인명의 전형적 형식을 따른다. 이후 기록에서는 이름이 '라흐메툴린' 또는 '무함마드'로 축약되어 나타나기도 한다. (역자 주)

40) 약 53킬로미터. (역자 주)

리, 말 한 필, 소총 한 정, 시계 하나, 할라트 한 벌 등을 상품으로 준비했다. 평탄한 지형이 선택되었고, 길이 약 5베르스타[41]에 이르는 거대한 원형 공간이 조성되었다. 그 위에는 경주 구역을 표시하는 표주(標柱)들이 세워졌다. 손님 대접을 위해 양들과 말 한 마리도 마련되었다. 지정된 날, 우랄 코사크인들과 러시아 농부들, 천막과 마유를 가지고 오거나 심지어 양들을 끌고 온 바시키르인들과 키르기스인들까지 수천 명이 모여들었다. 나래새로 뒤덮인 거친 대초원에는 천막들이 길게 늘어서 있었고, 다양한 민족의 사람들로 활기가 넘쳐흘렀다. 방언으로 '시시카' 즉 '혹처럼 솟은 원추형 연회 단[臺]' 위에는 양탄자와 두꺼운 펠트 천이 깔려 있었고, 그 위에 바시키르인들이 무릎을 꿇고 원을 이루어 앉아 있었다. 원의 한가운데에서는 한 바시키르 청년이 커다란 가죽 부대에서 마유를 따라 사람들에게 한 잔씩 돌렸다. 잔은 서로 돌려가며 마셨다.

연회는 이틀 동안 계속되었다. 그것은 즐거운 축제였을 뿐만 아니라, 동시에 위엄과 품위를 지닌 행사였다. 베르스의 말에 따르면, 그 이유는 레프 니콜라예비치가 "군

---

41) 약 5.3킬로미터. (역자 주)

중이 품위를 지키도록 할 수 있었기 때문"이었다.

이 축제는 초원의 하늘 아래, 대초원의 나래새 물결 위에 펼쳐진 어떤 고대의 전원적 풍경, 하나의 목가적 장면을 떠올리게 한다.

지금도 그 자신과 다른 사람들은 70세의 톨스토이 얼굴을 엄격하고 감각적인 얼굴에서, 거칠고 투박한 농부의 얼굴에서, 부드러우면서도 강한 정신력이 엿보이는 얼굴에서 현대적이고 온순한 얼굴로, 참회하는 얼굴로, 영적인 얼굴로 만들려고 헛되이 노력하고 있다. 나는 그의 얼굴에서 사막의 우물들 사이에서 자기 가축 떼를 몰고 다녔으며, 바다의 모래보다 더 많은 후손을 (얻게 돼) 기뻐했던 고대 족장 중 한 사람의 영적인 신성함이 아닌, 다른 신성함, 즉 멋있는 풍채의 위엄을 보게 될 것이다.

톨스토이는 《참회록》에서 전도자[42]의 말을 인용해 다음과 같이 말한다. "나의 큰 사업들을 시작하였고, 내가 나를 위하여 집을 짓고, 포도나무를 심었다. 나는 정원과 숲을 만들었고, 그 가운데에 각종 과일나무를 심었다. 나는 집에 남녀 종들을 두었으며, 나에겐 식구처럼 사는 사람들

42) 구약성경의 전도서의 전도자. (역자 주)

이 있었다. 나보다 먼저 예루살렘에 있던 모든 사람보다 내가 큰 가축[43]과 작은 가축[44]을 더 많이 가졌다. 그래서 나는 위대한 자와 부자가 되었다. 내 지혜도 여전했다. 무엇이든지 내 눈이 원하는 것들을 내가 금지하지 않았으며, 무엇이든지 내 마음이 즐거워하는 것을 내가 막지 않았다."[45]

어느 날 솔로구프 백작이 레프 니콜라예비치(톨스토이)에게 이같이 말했다.

"친애하는 작가님, 당신은 정말 행복하신 분입니다! 운명이 당신에게 인간이 꿈꿀 수 있는 모든 걸 주었으니까요. 훌륭한 가정, 사랑스럽고 사랑하는 부인, 세계적인 명성, 건강 등 모든 걸 말입니다."[46]

---

43) 주로 소. (역자 주)

44) 주로 양, 돼지 등. (역자 주)

45) "톨스토이는 … 다음과 같이 말한다. '나의 큰 사업들을 시작하였노라' … 무엇이든지 내 마음이 즐거워하는 것을 내가 막지 않았다." : 구약성경 전도서 2장 4~7절. 이 구절은 톨스토이의 《참회록》 제6장에서 인용되고 있다.

46) 블라디미르 알렉산드로비치 솔로구프(Владимир Александрович Сологуб, 1813~1882), 백작, 작가. "어느 날 솔로구프 백작이 레프 니콜라예비치(톨스토이)에게 이같이 말했다."(세르게옌코) [톨스토이의 일화 · 증언을 전하는 회고 · 전기 문헌의 저자 세르게옌코(П. А. Сер-

사실 이것은 내적으로는 아니지만 외적으로는, 우리 시대에서 가장 행복한 삶이었다.

"만일 어떤 여자 마법사가 와서 내 소원을 이루어 주겠다고 말한다면, 나는 무엇을 말해야 할지조차 모르겠다"라고 톨스토이는 고백한다.[47]

그러나 바로 이 지점에서 톨스토이는, 가능한 한 행복의 절정에 도달한 인간을 신들이 시기하여 결국 그에게도 죽음이 임박했음을 알리듯, 반대편에 놓인 "밤의 골짜기"를 힐끔거리며 바라보곤 했다. 그것은 깜짝 놀라게 하는 큰 음성이 아니라, 마치 운명의 세 여신이 나지막이 속삭이는 듯한 방식으로 다가오는 불행, 곧 죽음이나 사별이라는 상실의 예감이었다.

그는 "마치 살고 또 살았고, 걷고 또 걸어서 마침내 벼랑에 이르러, 이제 파멸 외에는 아무것도 남아 있지 않다는 사실을 분명히 알게 된 것처럼 느꼈다"라고 말한다. 그는 솔로몬 왕처럼, 모두 다 헛되며 영혼의 고통이라는 것,[48] 그리고 지혜로운 자나 어리석은 자나 다르지 않게

---

reeнко)를 가리키는 약칭 표기로 이해됨: 역자 주]

47) "만일 어떤 여자 마법사가 와서 … 나는 무엇을 말해야 할지조차 모르겠다"라고 톨스토이는 고백한다." : 《참회록》 제4장.

죽음을 맞이한다는 사실을 깨달았다.

"나는 나를 기다리고 있는 것 앞에서 공포를 느끼고 있었으며, 이 공포가 상황 그 자체보다 더 무섭다는 것을 알고 있었지만, 끈기 있게 끝을 기다릴 수 없었다… 어둠의 공포가 지나치게 커서, 가는 밧줄이나 탄환으로부터 오는 공포에서 가능한 한 즉시 벗어나고 싶었다."[49]

"밤의 골짜기"로 내려가기 시작하는 산길인 삶의 이 마지막 전환점에 대해 말하기 전에, 마치 삶에 대한 사랑처럼 항상 아주 강한 감정인 죽음의 공포에 대해 말할 필요가 있다. 왜냐하면 아마도 그 감정이 오로지 이 사랑의 반대쪽이었기 때문이었던 것 같다.

---

48) "… 헛되며 영혼의 고통 …" : 구약성경의 전도서 1장 14절.

49) "나는 나를 기다리고 있는 것 앞에서 … 공포에서 가능한 한 즉시 벗어나고 싶었다.": 《참회록》 제4장.

제3장

“나는 모든 살아 있는 존재의 피치 못할 죽음에 커다란 의의를 부여하는 사람들을 유감스럽게 생각한다. 우리는 사실 **일시적인 것을 영원한 것으로 만들기 위해** 살고 있기 때문인데, 아마 우리가 이것도 저것도, 즉 죽어야 할 것도, 불사의 것도 평가할 수 있을 때만 그것이 달성되는 것 같다.” 이 말은 괴테 《잠언과 반성》 제2부의 인용이다.

《파우스트》의 결론에서 괴테는 이 생각을 훨씬 더 짧고 명료한 말로 표현한다.

모든 일시적인 것은(Alles Vergängliche)
단지 비유일 뿐이다(Ist nur ein Gleichnis)[50)]

“모든 일시적인 것은 단지 비유일 뿐이다”라는 것은 형식일 뿐이며 상징일 뿐이다. 우리는 반드시 **연결해야**만

---

50) “Alles Vergängliche / Ist nur ein Gleichnis” : 괴테의 비극 《파우스트》의 제2부 〈신비의 합창(Мистический хор)〉 인용

한다. 괴테가 말했듯이, 그는 "이것도 저것도 평가한다." 즉, 우리는 단절된 것이 아니라 서로 연관된 것들을 결합해야 한다.(여기서 상징은 '결합하다', '긴밀히 결합하다', '연결하다'를 의미한다.) 우리는 영원성의 의미를 비영원성과 연결해야만 한다. 일시적인 것, 죽어야 할 것을 멸시하지 않으면서, 그 속에서 불사의 것, 영원한 것과 결합해야 한다. 지상적인 것을 끝까지, 마지막 한계까지 이해하고 사랑해야만, 비지상적인 것을 얻을 수 있다. 그렇지 않고서는 다른 방법으로는 그것을 얻을 수 없다. 우리는 단순한 육체가 아니라, 살과 피로 구현된 생생한 존재임을 기억해야 한다. 우리에게 신에게 다가가는 다른 계단이나 등산로는 없다. 오직 '비유', '현상', '상징'을 통해서만, 가장 현실적이고 생생한 형태로 신에게 이를 수 있는 것이다.

왜냐하면, 신의 신비는 단지 정신과 말의 신비만이 아니라, 살과 피의 신비이기도 하며, 우리에게 신의 말씀이 성육신이 되었기 때문이다. 내 살을 먹지 않고 내 피를 마시지 않는 자는 영원한 생명을 가지지 못한다.[51]" 따라서

---

51) "내 살을 먹지 않고 내 피를 마시지 않는 자는 영원한 생명을 가지지 못한다." : 요한복음 6장 53, 54절에서 연합하여 인용. (성경전서 개역

단순히 살이 없음이 아니라, 살을 통해 살의 이면에 존재하는 것에 이르는 것이다. 여기에 가장 위대한 상징이 있고, 가장 위대한 연결이 존재한다. 오, 아주 소수자에게만 접근이 가능하다!

모든 지상적인 것, 즉 일시적인 것의 신성성과 부패하는 것의 불멸성에 관한 괴테의 이 말은 절망과 공포에 대한 훌륭한 답이다. 또 레프 톨스토이가 《참회록》에서 자기 절망의 가장 심오한 표현으로 인용한, 헛되고 헛된 것[52]과, 열반에 관한 내용은 사캬무니(석가모니)[53]와 (구약성경) 전도자의 말에 대한 탁월한 답변이 된다.

고대 그리스인들과 (새로운 그리스인인) 괴테가 솔로

개정판에는 "53 예수께서 이르시되 내가 진실로 진실로 너희에게 이르노니 인자의 살을 먹지 아니하고 인자의 피를 마시지 아니하면 너희 속에 생명이 없느니라 54 내 살을 먹고 내 피를 마시는 자는 영생을 가졌고 마지막 날에 내가 그를 다시 살리리니"로 쓰여 있음. 본문 인용문의 '영원한 생명(жизнь вечная)', 즉 '영생(永生)'은 톨스토이나 종교 비평 등의 철학·신학적 문맥에서는 '영원성의 참여', '영원한 삶의 차원'으로 해석되기도 함. (역자 주)

52) "… 훌륭한 답 … 자기 절망의 가장 심오한 표현" : 《참회록》 제6장.

53) 사캬무니(Сакья-муни)는 산스크리트어 Śākyamuni의 음역이며, '샤카족(사캬족)의 성자'란 뜻으로, 서양 철학 · 문학 텍스트(러시아어 · 독일어 등)에서는 석가모니(釋迦牟尼)를 '사캬무니(Sakya-muni)'로 흔히 표기함 . (역자 주)

몬 왕이나 레프 톨스토이보다 지상의 향락을 덜 중시했다니 정말 놀랍지 않은가. 그러나 죽음의 공포가 그들에게서 향락의 의미를 완전히 없애지는 못했다. 오히려, 이와는 반대로 가장 검은 비로드가 다이아몬드의 반짝임을 강화하는 것과 똑같이, 심연의 가장 검은 어둠과 공포가 인생의 매력을 더욱 높이는 역할을 했다. 그들은 이 어둠에서 얼굴을 돌린 게 아니라, 승리하기 위해서 마치 일부러 바라보며 맞서듯, 인간의 운명 속 어둠을 직시했다. 가장 어둡고 숙명적인 인간의 운명에서만 나타나는, 가장 대담하고 심오한 통찰이 바로 비극이다. 이러한 비극이 그리스 세계의 가장 찬란한 시기에 창조된 것은 결코 우연이 아니다. 스핑크스의 수수께끼를 풀지 못한 오이디푸스의 절망은, 석가모니와 솔로몬 왕의 절망보다 훨씬 깊고 무한하다.

이와 동시에, 바로 여기 파르테논 신전[54]이 보이는 곳에서, 언젠가 사람들에 의해 세워진 모든 건축물 중 가장 기쁨에 넘치는 듯한 건축물에서, 포도주와 황홀경의 신 디오니소스를 기리는 극장에서, 사망한 자 중 가장 행복한

54) 파르테논 신전은 아테네의 아크로폴리스 언덕 위에 위치하며, 처녀 여신 아테나(아테나 파르테노스)에게 바쳐진 신전이다.

사람들이 이 마지막 공포와 절망 앞에서도 향락을 즐기고 있었다. 니체는 묻는다. "향락에 대한 갈망과 넘치는 건강, 그리고 인생의 충만 속에서도, 인간은 모든 잔인하고 수수께끼 같은 것에 끌리는 독특한 감수성을 지니고 있지 않은가? 훌륭한 적처럼 무서운 것을 기대하며, 가장 날카로운 시선으로 이를 마주하는 용기와 유혹적인 과감함이 바로 인간 정신의 독특한 힘이 아닐까?"[55)]

자유(의지)의 비극인 《프로메테우스》[56)]와 인식의 비극인 《파우스트》는, 죽음의 공포와 삶의 신비에 맞서는 인간의 '유혹적인 대담함'으로 가득 찬 도전이었다. 강한 자들 가운데서도 가장 강한 자들만이, 진지한 자들 가운데서도 가장 진지한 자들만이, 러시아인 가운데 가장 강하고 가장 현명한 푸시킨이 다음과 같이 노래한 이 환희를, 벌을 받지 않은 채 공포 속에서 체험할 수 있다.

환희가 있도다.

---

55)"니체는 묻는다. '… 가장 날카로운 시선으로 이를 마주하는 용기와 유혹적인 과감함이 바로 인간 정신의 독특한 힘이 아닐까?'" : 《비극의 탄생》(자기비판에 대한 시도, 제1부).

56) 《프로메테우스》 : 아이스킬로스의 《결박된 프로메테우스》.

무서운 전투와 암울한 심연의 극한 속에서도,
분노한 대양 속에서도,
아라비아의 태풍 속에서도,
역병의 행차 속에서도.
파멸로 위협하는 모든 것, 그 모든 것이
죽어야 할 가슴을 위해 품고 있도다
형언할 수 없는 기쁨을.
…………………………………………
그러므로 역병이여, 그대를 찬미하노라!
무덤 같은 어두움은 우리에게 두렵지 않으며,
그대의 부름 또한 우리를 당황케 하지 못하리라![57)]

그러나 이 '무덤 같은' 어두움에 대한 과도한 공포가 나타나고, 육체적 부패와 이 지상의 모든 것의 하찮음을 지나치게 명석하고 냉정하게 자각하게 될 때, 그것은 한 문화가 지니고 있던 생명을 살찌우는 훌륭한 샘들이 이미 고갈되었거나 오염되었으며, 그 안에서 삶의 힘이 쇠퇴하고 있음을 알리는 최초의 징후다.

---

57) "환희가 있도다. / 무서운 전투와 암울한 심연의 극한 속에서도, …"
: 푸시킨은 비극 《역병 기간 중의 향연》(1830)에서 인용.

겉으로 보기에 《오이디푸스》에서 드러나는 소포클레스의 절망은 《전도서》의 솔로몬이 말하는 절망과 서로 닮아 있는 듯 보인다. 그러나 실제로 이것들은 서로를 마주 보고 서 있는, 정반대의 두 극에 해당한다. 하나는 상승이고, 다른 하나는 하강이다. 하나는 시작이고, 다른 하나는 끝이다. 불타의 (전기 경전) 《라리타비스타라(Лариттавистара, Lalitavistara)》에서[58]나 솔로몬의 《전도서》에서 들려오는 것은, 죽은 이를 되살리는 영의 목소리가 아니라, 다만 죽어가는 육체의 목소리일 뿐이다. 포만한 쾌락주의자들의 고뇌 속에는, 로마적 쇠퇴의 삶**에 대한 혐오** 속에는[59], 장미꽃들과 성대한 식탁의 잔들 사이에 놓인 철학적 해골 속에는, 헬레니즘의 정신과 육체에 이질적이고 거친 육체성과 영혼과 신을 상실한 문화가 마침내 도달한 노쇠한 물질주의가 존재한다. 가장 순수하고 완전한 기독교는 완전한

---

58) "불타의 (전기 경전) 《라리타비스타라(Лариттавистара, Lalitavistara)》에서" : 《라리타비스타라(Лариттавистара, Lalitavistara)》는 불타의 생애에 관한 전설적 이야기들 가운데 하나(기원전 2~4세기에 성립). (이 문장은 불교와 성경의 구약적 지혜문학을 '무상과 소멸의 인식'에 머무는 사유로 대비하며, 그에 반해 기독교적 성육신 · 부활 사유의 결여를 강조하는 평가적 진술이다: 역자 주)

59) teadium vitae (라틴어) : отвращение к жизни(삶에 대한 혐오).

헬레니즘과 마찬가지로, 삶을 신뢰하고 죽음을 두려워하지 않으며, 덧없는 것을 영원한 것으로 만드는 법을 알고 있다. 들에 핀 백합들이 내일 시들어 불 속에 던져질지라도, 오늘날 하나님 나라의 자녀들은 다음 사실을 기뻐한다. "솔로몬 왕조차도 그 모든 영화 속에서 이들 가운데 하나만큼도 차려입지 못하였다."[60] 알베르나산의 환시에서 십자가의 고통을 겪은 뒤 태양의 찬가를 노래하는 아시시의 프란치스코의 미소는, 오이디푸스 비극의 피비린내 나는 공포 이후에 포도주의 신이자 환희의 신, 디오니소스에게 바치는 찬가를 노래하는 소포클레스의 미소를 떠올리게 한다. 여기에서도, 저기에서도 유아와 같은 맑음, 최후의 지혜가 지닌 침묵이 있다. 다만 길의 한가운데에서 멈춰 선 이들은, 이미 예전의 자신도 아니고 아직 미래의 자신도 아니어서, 한쪽 언덕을 떠나면서도 다른 쪽에 닿지 못한 채, "괴테의 말대로, 지상의 하찮음을 관조하는 가운데 절망적으로 길을 잃는다."[61] 죽음에 대한 과도한 공포

---

60) "… 솔로몬 왕조차도 그 모든 영화 속에서 이들 가운데 하나만큼도 차려입지 못하였다." : 마태복음 6장 29절. (성경전서 개역개정판에는 "29 그러나 내가 너희에게 말하노니 솔로몬의 모든 영광으로도 입은 것이 이 꽃 하나만 같지 못하였느니라"로 쓰여 있음: 역자 주)

61) "괴테의 말대로, 지상의 하찮음을 관조하는 가운데 절망적으로 길

는 거의 늘 종교가 지닌 무력함과, 그 안에서 기쁨이 말라 버렸음을 드러내는 징후다.

《유년 시절》에서 톨스토이는 어머니의 죽음에 대한 어린아이의 인상을 묘사한다. 아이는 관 속에 누워 있는 어머니를 바라본다.

"나는 그것이 그녀의 얼굴이었다는 것을 믿을 수 없었다. 나는 그 얼굴을 더 유심히 들여다보기 시작하다가 그 속에서 친숙하고 사랑스러운 이목구비를 조금씩 알아보기 시작했다. 그것이 그녀였다는 사실을 확신하자 나는 무서워서 몸을 부르르 떨었다. 하지만 왜 감긴 두 눈이 그렇게 움푹 들어갔을까? 이 무서운 창백함은 무엇 때문이며, 왜 한쪽 뺨의 투명한 피부 아래에 거무스름한 반점이나 있을까?"

"(중략) 추도식이 끝났다. 고인의 얼굴이 드러나 있었다. 우리를 제외한 모든 참석자가 한 사람씩 잇따라 관에 다가가더니 정중하게 입맞춤하기 시작했다… 마지막의 한 여인은 다섯 살 먹은 예쁜 여자아이를 안고 온 어떤 농부 여인이었는데, 고인과 작별 인사를 하러 다가왔다. 왜

을 잃는다." : 괴테의 《격언과 사색》에 수록된 〈윤리적 아포리즘〉에서 인용함.

그녀가 그 아이를 이리 데리고 왔는지는 하나님만 아신다. 그때 나는 무심코 젖은 손수건을 떨어뜨려서 그것을 주우려 했다. 하지만 고개를 숙이자마자 나는 무섭고 날카로운 비명에 깜짝 놀랐다. 내가 백 년을 살며 결코 잊지 못할 공포의 순간을 떠올린다면 내 몸에 차가운 소름을 돋게 한 그 비명이 바로 그런 것이었다. 내가 고개를 들었을 때 농부 여인은 관 옆 걸상 위에 서서 조그만 두 손을 내저으면서 겁에 질린 작은 얼굴을 젖히고 부릅뜬 두 눈을 고인의 얼굴 쪽으로 돌린 후 무섭고 미친 듯한 비명을 지르고 있는 어린 소녀를 간신히 팔에 안고 있었다. 나는, 지금 생각해 보면, 나를 깜짝 놀라게 했던 그 목소리보다 훨씬 더 무서운 비명을 지르고 방을 뛰쳐나갔다."

그 미친 듯한 비명은 그 이후로 레프 톨스토이의 작품들 속에서 결코 잠잠해진 적이 없었다고 말할 수 있다. 이후 레프 톨스토이의 작품 속에서 결코 멈춘 적이 없었다. 그는 자신의 공포로 한 세대 전체의 영혼을 감염시켰다. 만약 우리 시대의 사람들이 아직 한 번도 경험하지 못한 수치스러운 경련과 함께 죽음을 두려워한다면, 만약 우리 모두의 심장 깊은 곳, 핏속, 살 속에 단테가 지옥의 호수에서 얼어붙은 죄인들에 대해 "그때 냉기가 내 몸속을 통과했고, 그것이 지금도 내 몸속을 통과하며, 내가 그들을 떠올릴 때 그것이 통과하고 있다"[62]라고 말한 뼛속까지 스며드는 냉기, 즉 이 '차가운 전율'이 있다면, 우리는 이 모든 점에서 톨스토이에게 크게 빚지고 있는 셈이다.

그러나 그는 니콜라이 이르테니예프의 어머니 죽음 이야기를 빌려 쓰고 있으며, 이는 자신의 기억에서 비롯된 것이 아니다. 레프 니콜라예비치(톨스토이)의 어머니는 그가 세 살 무렵에 세상을 떠났다. [63]그래서 그는 그녀를 기억할 수 없었고, 그녀의 임종에도 참석하지 못했다. 그러나 소설《유년 시절》의 주인공을 통해 그는 죽음의 공포를 그토록 무섭고, 거의 냉소적이며, 혐오스러운 진실로 묘사하고 있다. 그 죽음의 공포는 타고난 것이었으며, 즉 그 한 개인에게 고유한 것이었으며, 의식이 처음으로 빛을 본 순간과 함께 깨어나서 그의 내면에 자리 잡아, 그 이후로 결코 떠나지 않았다.

여러 해가 지난 뒤, 성인이 되어 의식이 완전히 빛 속에서 깨어났을 때 그는 자신의 영혼 속에서 그 공포를 다시

---

62) "… '그때 냉기가 내 몸속을 통과했고, 그것이 지금도 내 몸속을 통과하며, 내가 그들을 떠올릴 때 그것이 통과하고 있다'" : 단테의《신곡》중〈지옥편〉제34곡에서 인용.

63) "… 레프 니콜라예비치(톨스토이)의 어머니는 그가 세 살 무렵에 세상을 떠났다. …" : 참조. 베르스, p.5.

발견하며, 공포 앞에서 큰 무력함을 느끼거나 심지어 유년 시절보다 훨씬 더 고립된 상태에 놓이기도 했다.

그는 1860년 10월 17일, 니스 근교 이에르에서 페트에게 니콜라이 형의 죽음에 대해 다음과 같이 쓴다.

"9월 20일에 형님은 문자 그대로 제 팔에 안겨 돌아가셨습니다. 제 인생에서 어떤 것도 그런 인상을 준 적이 한 번도 없었죠. 죽음보다 더 나쁜 건 아무것도 없다고 그가 제게 말했을 때, 그의 말이 옳았다는 것과, 그리고 결국 죽음이 모든 살아 있는 존재의 피할 수 없는 끝이라고 생각한다면, 삶 그 자체보다 더 나쁜 게 아무것도 없다는 사실을 인정해야 합니다. 결국 니콜라이 니콜라예비치 톨스토이가 한때 그랬듯이 아무것도 남아 있지 않는다면, 모든 걱정이 무슨 필요가 있을까요? 그는 죽음의 임박을 느낀다고 결코 한 번도 말하지 않았지만, 저는 그가 한 걸음 한 걸음 죽음을 추적하다가 살 시간이 아직 얼마 남아 있는지를 아주 잘 알고 있었다는 걸 알고 있어요. 죽기 몇 분 전까지 그는 잠시 졸았어요. 그러다 갑자기 벌떡 일어나더니 공포에 질린 채 '이게 뭐지?'라고 중얼거리더군요. **그는 자신이 아무것도 아닌 걸로 바뀌는 걸 보았던 겁니다.** 하지만 만약 그도 무엇을 붙잡아야 할지 모르고 있었다면, 제가 대체 무얼 찾겠어요? 물론, 훨씬 덜(찾겠죠)."[64]

그 솔직함 때문에 놀랍고 무서운 이 편지에서 무엇보다도 더 충격적인 것은 솔직하고, 무의식적이며, 극히 냉소적이고 거칠게 드러난 물질주의, 영혼 없는 육체성이다. 죽음은 "무(無)로의 전환"이라는 점에 대해 어떤 망설임도 전혀 없고, 가능성 있는 질문이나 의심도 전혀 없으며, 심지어 어떤 비밀도 없다. 그 공포는 끝없고, 무익하며, 생명의 샘들 자체를 무의미하게 파괴하고, 말려 버리는 심한 두려움이다. 이는 유대교 이단자들처럼, 15세기의 러시아 니힐리스트들이 다음과 같이 말한 것이다. "그렇다면 그 천국이란 무엇인가? 그렇다면 재림이란 무엇인가? 그렇다면 죽은 자들의 부활은 무엇인가? 그런 것은 없다. 죽은 자는 그곳에서 그저 끝이다." 또는, 예로시카 아저씨의 말처럼 "난 죽을 것이고, 풀은 자랄 것이다." 죽음은 창도 없는 벽이며, 러시아적인 "황량한 공허"다.

25년 후에 기독교도로 개종한 지 이미 오래 지나서, 그

---

64) "9월 20일에 형님은 문자 그대로 제 팔에 안겨 돌아가셨습니다. … 제가 대체 무얼 찾겠어요? 물론, 훨씬 덜(찾겠죠)." : 톨스토이의 이 편지는 A. A. 페트의 저서 《나의 회상》(모스크바, 1890년, 제1부)에 따라 인용한 것이다.

는 《이반 일리치의 죽음》에서 동물적이고 무의미한 바로 이 공포감 자체를 표현했다.

"그[65]는 다시 공포와 홀로 남았다. 그는 **공포**와 눈을 마주하고 있지만, **그것**을 처리할 수 없다. 단지 **그것**을 바라보고 몸을 떨 뿐이다."

우리는 전 생애에 걸쳐, 실제로 많은 위험한 사건에서 레프 톨스토이가 육체적 용기와 심지어 용감함을 보여 주었다는 걸 알고 있다. 그는 세바스토폴의 무서운 네 번째 능보(稜堡)에서 총알들의 휘파람 소리를 즐거워하다시피 들었다. 그는 생명의 힘으로 죽음의 공포를 이겨냈다는 걸 즐기곤 했다. 그가 어느 날 퍄티고르스크 코사크 마을에서 가까운 거리에서 맞닥뜨린 광기 있는 늑대에게 총을 쏘았을 때도, 사냥 중 암컷 곰 밑에 깔렸는데 그 곰이 그를 거의 짓밟을 뻔했지만, 머리뼈 가죽이 찢어지지 않아서 "살점이 갈기갈기 찢겨 양 눈 위에 걸려 있고", 눈 위에서 "양이 사람들에게 도살되었을 때처럼"[66] 많은 피가 솟구

---

65) 이반. (역자 주)

66) "… 어느 날 퍄티고르스크 코사크 마을에서 … '양이 사람들에게 도살되었을 때처럼'…" : 이 에피소드는 1859년 1월 20일 자 내용으로 A. A. 페트의 저서 《나의 회상》(모스크바, 1890년, 제1부)에서 페트에 의해 언급되었으며, 또한 베르스에 의해서도 회고된다. 또한, 단편 〈속박

쳤을 때도, 죽음에 대해서 거의 생각하지도 않았다. 그런데 그는 짐승 밑에서 빠져나와 상처도 잊고, 고통도 느끼지 못하면서, 단지 온몸을 덜덜 떨면서 예로시카 아저씨를 강하게 연상시키는 사냥꾼의 분노에 사로잡혀 "곰이 어디에 있어? 어디로 갔지?"라고 외쳤다. 아니, 그에게 죽음에 대한 공포는 육체적인 겁이나 소심함 때문에는 절대로 일어나지 않는다. 이 공포는 때로는 어쩌면 겁이 많음과 같아 보이지만, 더 내적이고 심오한 것이며, 원래 모든 동물적인 속성에도 불구하고 여전히 추상적이며, 말하자면 형이상학적이다.

그리고 이 갑작스러운 검은 틈들이 그의 영혼과 그의 작품들 속에서 생명에 대한 가장 위대한 사랑과 나란히 만나고 있다는 것 때문에 더 무섭다. 이는 마치 위에는 가장 푸르고 가장 싱싱한 풀과 가장 선명한 꽃들이 덮여 있어 멀리서 나그네를 손짓으로 부르지만, 나그네가 한 발로 그것들을 밟자마자 넘어지게 되고, 진흙탕에 빠지고 마는 것처럼 그것들은 구원의 창처럼 보이지만 실은 인간을 속이는 늪의 **창**[67]**들**과 같다.

의 사냥〉(1886)에서도 언급된다.

67) "속이는 늪의 창들(обманчивые болотные окна)"에서 러시아어 '오

자동차의 모든 바퀴가 갑자기 차축에서 빠지고, 조화가 혼돈으로 변하는 겨우 보이는 이 작은 털은 대체 무엇일까? 그의 영혼을 해롭게 만드는 이 한 방울의 독은 어디서 오며, 그래서 생명의 가장 달콤한 꿀이 쓴 쑥이 되는 것일까?

그가 표현했듯이, 그는 "감정의 신선함과 이성의 명료함"을 파괴했다. 당시 그는 죽음에 대한 공포로 인해, 때로는 불교적인 참회에서 자신의 벌거벗은 등을 밧줄로 채찍질하기도 했다. 또는 솔로몬의 절망 속에서, 수업을 포기하면서 크로노보산 꿀을 넣은 당밀 과자를 먹기도 했다.

이처럼 죽음의 병적인 공포를 불러온 생각들, 즉 자신의 짧은 "사색들"을 기억하면서, 그는 "부자연스럽게 발생한 의식 속에서" 그 사색들의 이유를 발견했다. 실제로 레프 톨스토이의 내적인 삶을 전체 기간에 걸쳐 연구하면,

---

크노(окно)'는 '창(창문)'이란 뜻이지만, 여기서는 (구원으로 보이는 틈, 초월로 이어질 것 같은 개방, 희망의 통로보다는) 환상, 기만, 가짜 출구, 즉 '속이는 창들', '허위의 출구들'로 쓰임. '속이는 늪의 창들'은 늪이 마치 출구를 제공하는 것처럼 보이지만 실제로는 더 깊이 빠뜨리는 허위의 개방 또는 거짓 출구, 허위의 길을 뜻하는 고급 상징어임. 저자인 상징주의 시인 메레시콥스키는 이처럼 상징어를 자주 사용하므로 그의 책을 번역하기도 어렵고 독자가 이해하기도 어려움. (역자 주)

그의 영적 발전에서 의식적 측면과 무의식적 측면 사이의 불일치와 불균형을 발견하지 않을 수 없다. 그러나 이러한 불일치가 의식의 과도한 힘에서 비롯되었다고 보기는 어렵다.

예를 들어, 괴테가 가진 것보다 훨씬 강력한 의식의 힘이 있어도, 그것은 정신적 · 지적 삶의 질서를 파괴하지 않고 오히려 강화했다. 따라서 레프 톨스토이의 도덕적 · 종교적 발전에서 나타나는 나약함과 병약함의 근원은 의식의 과잉이 아니라, 오히려 의식의 결핍과 불완전성에 있다. 그의 의식은 극도로 날카롭고, 예민하며 긴장되어 있었지만, 모든 것을 이해하거나 통찰하는 것은 아니었다. 의식은 내부에서 태양처럼 빛나는 것이 아니라, 외부에서 빛나는 등대와 같다. 등대-의식의 광선이 아무리 밝고 길어도, 그 안의 무의식적 자연의 세계는 깊은 심해처럼 빛이 닿지 않는 어둠 속에 여전히 남아 있다.

중요한 점은, 그의 의식은 무의식적 삶과 완전히 다른 방향에서 발전했기 때문에, 그의 내면에는 늘 두 사람이 존재하는 것처럼 보였다. 항상 두 사람 중 한 사람은 다른 사람이 원하지 않는 것을 원했다. 이러한 내적 불협화음과 분열은 처음에는 거의 보이지 않지만, 시간이 지나면서 점점 심해진다. 마치 종의 균열처럼, 균열이 생길수록 소리는 더 크고 강해진다. 그리고 소리가 커질수록, 그것은 점점 더 고통스럽고 참기 어려운 상태가 된다.

우리가 알고 있듯이, 70대 말에 그를 거의 자살에 이르게 했던 죽음에 대한 공포의 발작은 첫 번째도 아니었고, 마지막도 아니었으며, 하여튼 유일한 사건도 아니었던 것으로 보인다. 15년 전, 그는 형 니콜라이의 사망 당시 무언가 비슷한 경험을 했다. 그는 자신이 병들었다고 느꼈고, 형이 죽음을 맞이했던 바로 그 병, 폐결핵에 걸렸다고 생각했다. 가슴과 옆구리에는 지속적인 통증이 있었다. 그는 치료를 위해 대초원으로 떠나 마유(馬乳), 즉 쿠미스를 섭취해야만 했다. 실제로 이 치료로 그는 건강을 회복했다.

예전에는 정신적이거나 육체적인 질병의 이러한 평범한 발작이 어떤 정신적이거나 도덕적인 격변에 의해서가 아니라, 단지 활력으로, 이 활력의 넘침과 도취로 치유되었다. 올레닌은 세바스토폴 포탄 아래의 레프 톨스토이와 마찬가지로 죽음에 관한 생각 시 "젊음의 전능한 신의 현존"을 인식한다.

대체 왜 70대 말의 바로 이 격변이 그에게 마치 유일한 의미라도 되는 것처럼 그렇게 결정적인 의미를 지니고 있었던 걸까? 그 자신은 이를 영적인 이유로 설명한다. 그러나 이전의 격변들에서와 마찬가지로 여기에도 육체적 원인이 있지 않았을까? 노년기 직전의 사람들이 자신의 모든 정신적인 요소뿐만 아니라 육체적인 요소로써 지금까지는 산에 올라갔는데, 이제는 내려가기 시작한다는 걸 느낄 때, 그들에게 고유한, 독특한 감정이 있지 않았을까?

그는 《참회록》에서 자기 인생의 바로 이 시기에 대해, 즉 자신의 60대 초에 대해 말한다. "내 안에서 성장이 멈췄을 때, 나는 발달하는 것이 아니라 내 근육이 약해지고 있으며, 이가 빠지고 있다는 것을 느꼈다."

여기서 매우 육체적인 불평, 거의 아나크레온의 불평[68]과 같은 것이 들린다. 그러나 아나크레온의 명료함은 없다.

> 희박해졌도다, 희박해졌도다
> 내 머리의 영광이던 곱슬머리,
> 잇몸의 이빨도 약해졌고,

---

68) "아나크레온의 불평" : 아나크레온(BC 570~BC 478)은 고대 그리스의 시인으로, 그의 작품에서는 삶의 감각적 즐거움을 누리는 동기, 노년에 대한 두려움, 죽음의 예감과 같은 주제가 주로 나타난다. 그의 작품을 본떠 창작된 시들은 후기 고대, 르네상스, 계몽주의 시대에 걸쳐 "아나크레온식 시"로 발전했다.

눈의 불빛도 꺼졌도다.[69]

마치 레빈이 밤에 불쾌한 여관방에서 혼자 있는 것처럼, 그의 형 니콜라이가 죽어 가는 그곳에서, 니콜라이 레빈의 죽음은 니콜라이 톨스토이의 죽음을 강하게 떠올리게 한다. – 다가오는 노년이라는 감각, 뼛속까지 스며드는 전율 같은 이 생생한 공포에 사로잡힌 그는, 온몸의 존재로 갑자기 깨닫는다. "무엇이 끝이고, 무엇이 죽음인가(что кончится, что — смерть)."[70]

"그는 촛불을 켜고 조심스럽게 일어나 거울로 가서 자기 얼굴과 머리카락을 살펴보기 시작했다… 그렇다, 관자놀이에는 희끗희끗한 머리카락이 있었다. 그는 입을 벌렸다. 뒤쪽 이가 썩기 시작했다. 그는 근육질의 팔을 드러내 보았다. 그렇다, 힘이 많이 남아 있다. 그러나 그곳에서 남은 폐로 숨을 쉬는 그의 형 니콜렌카[71]에게도 건강한 몸

---

69) "… 희박해졌도다, 희박해졌도다 / 내 머리의 영광이던 곱슬머리, … " : 푸시킨의 송시 56 〈아나크레온을 본떠〉(1835)에서 인용.

70) 이 문장은 존재의 종말과 죽음의 경계를 묻는 철학적 · 문학적 질문의 형식의 표현이다. 문맥(톨스토이 · 종교적 성찰)상 실존적 물음으로 읽히는 표현임. (역자 주)

71) 니콜라이의 애칭. (역자 주)

이 있었다."

"삶이 흐른다는 말은 대체 무슨 뜻일까?" 1894년 레프 톨스토이는 이렇게 썼다. "삶이 흘러간다는 것은 머리카락이 빠지고, 이가 썩고, 주름이 생기며, 입에서 냄새가 난다는 의미다. 심지어 모든 것이 끝나기도 전에, 모든 것이 끔찍하고 혐오스럽게 되기 전에, 번진 연지, 하얀 분, 땀, 악취, 추함이 눈에 보인다. 내가 섬겼던 것은 대체 어디에 있는가? 아름다움은 대체 어디 있는가? 아름다움은 모든 것이다. 그런데 그것조차 없고, 아무것도 없다. 삶도 없다."[72)]

1881년의 편지에서, 백작 부인 소피야 안드레예브나는 남동생에게 레프 니콜라예비치가 완전히 변했으며 "가장 진실하고 확고한 기독교인이 되었다"라고 단언하면서, 또한 그가 "백발이 되었고, **건강이 약해졌으며**, 예전보다 더 조용하고 우울해졌다"라고 알리고 있다.

그의 전 생애를 관통하는 큰 정신적 변화는 신체적 건강, 즉 힘의 증감과 충만과 퇴조의 과정과 밀접하게 연결된다. 이러한 변화는 백발과 주름살, 썩은 이, 구취, 말라

---

72) "삶이 흐른다는 말은 대체 무슨 뜻일까? … 삶도 없다." : 톨스토이의 《기 드 모파상 작품 서문》(1893~1894)에서 인용.

서 굳어진 근육 등 외적 징후와도 맞닿아 있어 매우 주목할 만하다.

"젊음의 전능한 신"은 사라지고, 삶에 대한 도취도 사라졌다. 그는 이렇게 고백한다. "삶에 취해 있는 동안만 살아갈 수 있다. 하지만 정신이 깨어나면, 이 모든 것이 단지 속임수, 어리석은 속임수임을 피할 수 없다. 지금이 아니라 내일, 사랑하는 사람들에게도, 나에게도 질병과 죽음이 찾아오며, 결국 악취와 구더기 외에는 아무것도 남지 않을 것이다."[73]

그의 의식적인 삶과 무의식적인 삶의 양분이나 모순, 즉 처음에는 거의 눈에 띄지 않았던 이 균열이 점점 깊어지다가, 《참회록》에서 말하는 저 (금방 사람을 삼킬 듯) 입을 크게 벌린 "심연"까지 도달해서야 그는 "파멸 외에는 눈앞에 아무것도 없다는 것을 분명히 보았다."

"그리고 무엇보다 최악이었던 것은 죽음이, 즉 **그것**이 그(이반 일리치)가 무언가를 하도록 하기 위해서가 아니라, 단지 그가 죽음을 바라보게 하려고, 단지 죽음을 두 눈으로 똑바로 바라보게 하려고 그의 주의를 자신에 돌렸다

---

73) "삶에 취해 있는 동안만 살아갈 수 있다. … 악취와 구더기 외에는 아무것도 남지 않을 것이다." : 《참회록》 제4장.

는 점이다. 그래서 그는 아무것도 하지 않으면서 말로 다 형언할 수 없는 고통을 당했다." 그리고 그는 "그것과 단 둘이 남아 있었다. **그것**과 눈을 맞댄 채 홀로 **그것** 앞에 서 있었지만, 그것을 두고 할 수 있는 일은 아무것도 없었다. 그저 그것을 바라보며 서서히 차가워질 뿐이었다."

"그리고 그는 이 상태에서 벗어나기 위해 위안을 찾았고, 다른 가림막들, 또 다른 차폐물들을 찾아 나섰다. 그런 가림막들은 나타나 잠시 그를 구해 주었다. 그러나 곧 그것들은 무너진다기보다 오히려 비쳐 보이기 시작했다. 마치 그것을 가로질러 **그것**이 스며드는 것처럼, 아무것도 그것을 가려 막을 수 없었다."

그때 마지막 공포가 찾아왔고, "그는 가능한 한 빨리 올가미나 총알로 그 공포에서 벗어나고 싶었다."[74] 그만큼 공포는 강렬하고 압도적이었다.

테르툴리아누스는 인간의 영혼은 "본래 여성 크리스천이다"라고 주장한다. 그러나 그리스도인 여성의 모든 영혼이 그럴까? 그들 중 어떤 영혼은 이교도로 태어나지 않을까? 바로 레프 톨스토이가 그러한 영혼, 즉 "타고난 이

---

74) "… '그는 가능한 한 빨리 올가미나 총알로 그 공포에서 벗어나고 싶었다.'" : 《참회록》 제4장.

교도 여자"를 가지고 있는 것 같다.

만약 그의 의식 깊이가 그의 자연발생적이거나 원시적인 삶의 깊이와 일치했다면, 그는 결국 자신의 여성 이교도 영혼을 두려워하거나 부끄러워할 필요가 없으며, 그것이 그의 하나님에 의해 주어졌다는 것을 이해하게 될 것이다. 또 마치 천성적으로 기독교적인 영혼을 가진 사람들이 끝없는 자기희생과 자기 부정 속에서 자신의 하나님을 발견하듯이, 그는 자신에 대한 두려움이 없을 것이고 무한한 사랑에 대한 자신의 믿음을 발견할지도 모른다.

그러나 그의 의식과 무의식적인 요소 간 깊은 불일치나 불균형으로 인해 두 요소 중 하나만 그에게 남겨졌다. 또는 그가 전반부의 삶에서 그랬듯이 자신의 의식을 자신의 본능에 맡기거나, 또는 반대로 그가 후반부의 삶에서 시도하려고 노력했듯이 자신의 본능을 의식에 맡기려 했다. 후자의 경우, 온갖 자기애, 온갖 삶과 고립적인 개성의 발전은 무언가 육체적인, 동물적인 것인데, 따라서 이는 범죄적이고 악하고 악마적이며, 존재해서는 안 되는 것이며, 그래서 그는 그것의 파괴가 최고의 유일한 선이라는 결론에 필연적으로 도달해야만 했다. 실제로 그는 이 결론에 도달했으며, 자신의 영혼을 구하기 위해 그 영혼을 끝까지 증오하고 파기하기로 결심했다. 《참회록》을 쓰고 있을 때, 그는 이미 그 결론에 완전히 도달한 것처럼 보였고, 완전한 진리를 발견해서 더 이상 아무것도 추구할 것이 없는 것 같았다. 그는 결론부에서 이미 자신이 아니라 다른 사람들을 비난하고 판단하며, 모든 인간 문화를 "장난질"로 부르며, 이 문화에 속하는 사람들을 "기생충"으로 부른다. 그는 직설적으로 말한다. "나는 자신을 증오했다… 이제 모든 것이 분명해졌다."

그러나 《참회록》을 쓴 지 3, 4년이 지나자, 이 '분명함'은 점차 다시 흐려지고 혼란해졌다.

이미 1882년, 모스크바 인구 조사 시 랴핀 하숙집을 시찰한 후, 그는 개인적인 기독교 자선단체의 도움을 받아 처음에는 모스크바를, 나중에는 러시아를, 결국 온 인류를 구하기 위해 지인들인 부자들에게 단결을 호소하곤 했다. 그러나 그의 양심은 편치 않았다. 1812년도의 라스톱친 호소문의 운율을 떠올리게 하는, 레프 톨스토이답지 않은 언어로 쓰인 이 매우 복잡한 호소문에서는 부자연스러움과 불확실성, 그리고 미세한 틈새로 드러나는 덜그럭거리는 거짓의 기운이 느껴진다. "우리 바보처럼, 남자답게, 농부처럼, 기독교적으로 민중에게 의지해 봅시다. 그들을 일으켜야 하지 않겠는가. 형제들이여, 당장 친구가 됩시다."75)

가난한 사람들을 위해 모금하면서, 아는 집들을 돌아다니며 세상 구원을 위한 자신의 새로운 계획을 설명할 때, 그는 자기 말을 듣는 사람들의 표정을 통해 마음이 거북해지는 것처럼 느꼈다. "그들은 내가 헛소리하고 있다는 것 때문에 특히 나를 부끄러워하는 것 같았다. 그러나 그러한 헛소리는 헛소리라고 직접 말할 수 없을 정도로 말도 안 되는 것이었다. 마치 어떤 외부적인 요인이 듣는 사람들로 하여금 이 나의 어리석음에 맞장구치도록 강요하는 것처럼 느껴졌다."[76] 그리고 두마에서 연설이 끝난 뒤, 인구 조사 지도자들과 대화를 나누면서 그는 그들이 표정으로 이렇게 말하고 있다고 다시 느꼈다. "사실 우리는 당신에 대한 존경 때문에 당신의 어리석음을 교묘히 피해 주고 있었는데, 당신은 그것으로 우리를 다시 괴롭히고 있군요!"[77]

---

75) "… '우리 바보처럼, 남자답게, 농부처럼, … 형제들이여, 당장 친구가 됩시다.'" : 톨스토이의 글 〈모스크바 인구 조사에 대하여〉(1882)에서 인용.

76) "그들은 내가 헛소리하고 있다는 것 때문에 특히 나를 부끄러워하는 것 같았다. … 이 나의 어리석음에 맞장구치도록 강요하는 것처럼 느껴졌다." : 톨스토이의 글 〈그렇다면 우리는 무엇을 해야 하는가?〉(1884), 제2장에서 인용.

결국, 그가 어렴풋이 느끼고 있던 바와 같이 개인적 자선이 무의미하다는 가장 크고도 새로운 진리가, 가장 단순한 산술적 계산을 통해 그에게 분명히 드러났다. 어느 토요일 저녁, 레프 니콜라예비치는 함께 나무를 켜고 있던 세묜과 도로고밀롭스키 다리 근처를 지나고 있었다. 세묜은 늙은 거지에게 3코페이카를 주고는, 잔돈으로 2코페이카를 달라고 했다. 노인은 손바닥에 3코페이카짜리 동전 두 개와 1코페이카 동전 하나를 펼쳐 보였다. 세묜은 잠시 1코페이카를 집으려다 마음을 바꾸고, 모자를 벗어 십자가를 그은 뒤 3코페이카를 그대로 노인에게 남겨둔 채 지나갔다.

세묜의 저축액은, 레프 니콜라예비치가 알고 있듯이, 6루블 50코페이카에 불과했으나, 레프 니콜라예비치 자신에게는 60만 루블이 있었다.

그는 잠시 생각했다. '세묜은 3코페이카를 주었고, 난 20코페이카를 주었어. 그렇다면 그는 대체 뭘 준 거고, 난 대체 뭘 준 거지? 내가 세묜이 한 것과 같은 일을 하려면

---

77) "… '사실 우리는 당신에 대한 존경 때문에 당신의 어리석음을 교묘히 피해 주고 있었는데, 당신은 그것으로 우리를 다시 괴롭히고 있군요!'" : Ibid.

대체 뭘 줘야 했지? 그에겐 600코페이카가 있었는데, 그는 그중 하나를 주고, 나중에 두 개를 더 줬어. 내겐 60만(루블)이 있었어. 세몬과 같은 일을 하려면 난 3천 루블을 주고 2천 루블의 거스름돈을 요구해야 했을 거고, 만약 거스름돈이 없다면 그 2천 루블마저 노인에게 남겨두고 십자가를 긋고는, 공장 노동자들이 어떻게 살고 있고, 스몰렌스크(시장)에서 간(肝) 값이 얼마인지에 대해 태연히 이야기하며 더 걸어갔을 거야.'[78)]

이 계산에서 그는 마침내 놀라운 결론에 이르지 않을 수 없었다.

'나는 10만(루블)을 줄 수는 있겠지만, 여전히 50만이 남아 있을 거야. 그렇다면 나는 선을 행할 수 있는 그 상태에 머무는 게 아니야. 내가 아무것도 갖지 않게 될 때만, 나는 비로소 아주 작은 선이라도 행할 수 있어. 랴핀스키의 집에서 굶주림과 추위에 떨고 있는 사람들을 보며 처음부터 내게 떠올랐던 생각은, 이게 내 잘못이고, 내가 지금

---

78) "세몬은 3코페이카를 주었고, … 공장 노동자들이 어떻게 살고 있고, 스몰렌스크(시장)에서 간(肝) 값이 얼마인지에 대해 태연히 이야기하며 더 걸어갔을 거야." : 톨스토이의 글 〈그렇다면 우리는 무엇을 해야 하는가?〉(1884) 제15장에서 인용.

처럼 살아가는 방식으로는 결코, 결코, 결코 살아서는 안 된다는 거였어. 바로 그것 하나만이 진실이었어.'

그러한 고뇌와 그러한 필사적인 힘으로 세워졌던 사상적 건물 전체는 즉시 와르르 무너져 내렸다. 그러자 그는 다시금 자신을 질책하며 공개적인 참회로 돌아가야 했다.

'나는 전신이 쇠약해져 아무 쓸모도 없는 기생충 같은 존재야. 그럼에도 나뭇잎을 갉아 먹는 이 같은 존재인 내가, 이 나무의 성장과 건강을 돕고, 그걸 치유하고 싶어 하잖아.'

이제야 비로소 그는 자신이 그리스도의 말씀을 이해한 것 같았다. 즉, 그를 따르기 위해 모든 것—집도, 자식도, 들판도—을 버리지 않는 사람은 그의 제자가 아니다.[79)]

그리고 새로운 대전환, 새로운 근본적인 변화가 그에게서 일어났다.

그는 《참회록》을 쓰고 있을 때 생각했듯이, "자신을 미워하지"도 않았고 진리를 발견하지 않았을 뿐만 아니라,

---

79) "… 모든 것—집도, 자식도, 들판도—을 버리지 않는 사람은 그의 제자가 아니다." : 의역. 마태복음 19장 29절. (성경전서 개역개정판에는 "또 내 이름을 위하여 집이나 형제나 자매나 부모나 자식이나 전토를 버린 자마다 여러 배를 받고 또 영생을 상속하리라"라고 쓰여 있음: 역자 주)

진리를 찾기 시작하지도 않았음을 분명히 깨달았다. 이와 동시에 이번에 모든 것이 이미 결정적으로 그리고 영원히 그에게 명확해졌으며, 새로운 진리의 실현이 그에게 단순하게 여겨졌다. 하나님의 나라에 들어가기 위해서는 "땅과 돈을 소유하지 않으려는 것이 오직 사람에게 필요하다." 그는 세상을 망치고 있는 악은 바로 **소유**라고 확신했는데, 소유란 "운명의 법칙도 아니며, 하나님의 뜻 또는 역사적 필연도 아니라 미신이며, 결코 강하거나 무서운 게 아니라 약하고 하찮은 것이며", 이 미신에서 해방되는 것, 미신을 파괴하는 것이 "약한 거미줄을 파괴하는 것"[80]만큼 쉬운 것이라고 확신했다.

그리고 그는 그리스도의 계명을 실천하기로, 모든 것 ―집도, 자식도, 벌판도―을 버리기로, 60만 루블을 분배하기로, 선을 행할 권리를 갖기 위해 거지가 되기로 결심했다.

80) "약한 거미줄을 파괴하는 것" : A. 세이론이 요약 · 전달한 톨스토이의 말.

제4장

백작 부인 소피야 안드레예브나 톨스타야의 남동생 베르스는 자신의 《회고록》에서 다음과 같이 말한다. "많은 사람이 내가 레프 니콜라예비치(톨스토이)에게 불리한 것들에 대해 침묵했다고 생각할 것이다. 그러나 타인에게 숨겨야만 할 그런 것은 아무것도 없으므로, 그러한 상상은 옳지 않다."

이는 대담한 발언이다. 우리는 가장 위대한 성인들과 고행자들조차도 타락과 나약함의 순간을 겪었다는 사실을 알고 있다. 주님의 제자들 가운데서도 가장 신실한 자가 영적으로 배신한 적이 있었다. 그런데도 베르스 씨의 손에는 책들이 들려 있다. 그는 삶 그 자체가 아니라, 삶의 언행을 기록한 목록, 곧 언행록을 쓰고 있는 셈이다.

한 청중의 증언에 따르면, 톨스토이 자신의 입에서도 이와 유사하되 더욱 놀라운 고백이 최근 자주 들린다고 한다. "나는 세상 누구와도 어떤 비밀도 없다! 내가 무엇을 하는지 모든 사람이 알기를 바란다!"[81]

이 또한 비범한 발언이다. "나는 아무것도 부끄러워하

지 않는다"라고 감히 말할 수 있는 이 삶은 과연 누구의 것인가? 그는 사람들을 끝없이 경멸하는 자인가, 아니면 정말로 성인인가?

각자의 삶에는 특별한 의미를 지닌 순간들이 있다. 그러한 순간들은 한 인간의 삶 전체의 의미를 한데 묶어 드러내며, 그가 누구인가, 어떤 가치를 지닌 존재인가를 단번에, 그리고 영원히 결정한다. 그것은 마치 한 인격 전체에 내재한 상처를 의식적인 층위에서 무의식의 가장 깊은 곳까지 드러내는 듯한 순간이며, 인간의 모든 이후의 운명이 칼날 위에서 흔들리듯 이쪽이나 저쪽으로 떨어질 준비를 하는 결정적 순간이기도 하다.

재산을 분배하려는 결심이 선 것은 톨스토이의 삶에서 바로 그러한 순간이었다. 그러나 이상하지 않은가? 이 순간에 이르기까지 그의 의식과 양심의 움직임을 추적할 수 있게 해 주는 상세한 일기와 참회, 후회, 고백이 있다. 그런데 바로 여기에서 그것들은 갑자기 우리를 속이듯 침묵하며, 일종의 방어막을 형성한다. 자신에 대해 그토록 말이 많던 그는 돌연 침묵했고, 그 침묵은 끝내 지속된다. 만

---

81) "나는 세상 누구와도 어떤 비밀도 없다! 내가 무엇을 하는지 모든 사람이 알기를 바란다!" : A. 세이론이 전하는 톨스토이의 말.

약 아무 말도 남기지 않았거나, 그의 행동이 그 자신에 대해 명확하게 말해 주었다면, 우리는 어떤 고백도 필요로 하지 않았을 것이다. 그러나 그의 외적인 삶, 말보다 훨씬 더 많은 것을 말해 주어야 할 행동들이 오히려 우리를 당혹하게 만든다. 그의 삶의 내면을 이해하기 위해 우리는 단지 몇 가지 암시에 의존할 수밖에 없다. 그것은 마치 그에게서 우연히 흘러나온 듯한 몇 마디 말이거나, 목격자들이 거의 이해하지 못했던 발언들이거나, 또는 그들 자신의 피상적인 서술 속에서 문득 드러나는 예기치 않은 모순들이다. 그래서 우리의 당혹감은 더욱 커진다.

베르스는 나에게 이렇게 말하곤 했다. "레프 니콜라예비치는 자신의 신념 때문에, 스스로 악으로 느끼던 자기 재산에서 벗어나고자 했다. 그러나 그는 이 악을 또 다른 악으로 옮기려 했다. 즉, **그것을 확실하게 분배하고자 하면서** 처음에는 옳지 않은 방식으로 행동했다. 그 결과 그는 또 다른 악, 곧 **아내의 격렬한 항의와 깊은 불만을 불러일으켰다**. 결국, 그는 전 재산을 아내의 명의로 이전하겠다고 제안했지만, 그녀가 이를 거절하자 자녀들에게 넘기려 했으나, 이 역시 실패로 돌아갔다."

다른 증인인 세르게옌코는 《L. N. 톨스토이 백작은 어떻게 살고 일하는가》에서 다음과 같이 말한다. "어느 날 그는 거리에서 한 지인을 만나 열정적으로 이야기를 나누었다. 그 대화를 통해 그 지인은 독신이며, 마음에 드는 곳에서 식사하고, 모스크바에서도 마치 무인도에 있는 것처럼 언제든 혼자 살 수 있는 사람이라는 사실을 확인할 수 있었다." 레프 니콜라예비치는 이 만남을 이야기한 뒤 미소를 지으며 이렇게 덧붙였다.

"그래서 나는 말하기조차 부끄러울 정도로 그를 부러워했지. 사람이 아무에게도 고통을 주지 않으면서 **자기 마음대로** 살 수 있다는 걸 생각해 봐. 정말, 이건 행복이야!"

이게 무엇인가? 무슨 농담인가? 이 '미소'는 대체 무엇인가? 그리고 그 안에는 뭔가 다 말해지지 않은 쓰라림이 담겨 있을까?

그리고 여기에는 더 이상한, 심지어는 섬뜩하다고까지 느껴질 수 있는 고백이 하나 더 있다.

"나는 농부들 가운데서 친구를 찾을 거야. 어떤 여자도 나에게 친구를 대신해 줄 수는 없어. 그런데 우리는 대체 왜 아내를 우리의 진정한 친구라고 그들에게 거짓말하고 있는 걸까? 사실 그건 진실이 아니지 않나?"[82]

그는 정말 미소를 지으며 이 말을 했던 것일까? 이것은 과연 농담이었을까? 무려 37년을 아내와 함께 화목하게 살아온, 가장 행복한 가장 가운데 한 사람, 다시 말해 현대적 삶 속에서 고대 구약성서의 족장—아브라함, 이삭, 야곱—과도 비견될 수 있는 인물이, 인생의 말년에 이르러 갑자기 사적인 가정생활을 마치 비밀스러운 노예 상태인 것처럼 말하며 독신의 자유를 부러워하고, 더 나아가 자기 아내가 '친구'라는 이름을 가질 자격조차 없다는 듯한 인상을 낯선 사람에게 이해시키고 있다.

그런데 바로 직전에 톨스토이 가정의 행복을 찬미하던 그 증인은, 여기서는 아무런 주저도 없이 가볍고 태연하며 단정적인 어조로 이렇게 덧붙인다. "그러나 세계관에서는 그들—레프 니콜라예비치와 소피야 안드레예브나—은 서로 다르다."[83] 그러나 세계관이란 한 인간이 지닌 것 가운데 가장 신성한 것이 아닌가? 만약 그들이 바로 이 지점에서 서로 다르다면, 대체 무엇에서 일치할 수 있었단 말인가? 과연 이것을 농담이라는 말 한마디로 넘길 수 있는 것일까?

그러나 이른바 "타락한" 톨스토이가 아내를 향해 품게

---

82) "나는 농부들 가운데서 친구를 찾을 거야. … 사실 그건 진실이 아니지 않나?" : 세르게옌코.

83) "그러나 세계관에서는 그들은 … 서로 다르다." : 세르게옌코.

된 감정에 대해 베르스가 다음과 같이 전하는 내용은 그보다 훨씬 더 놀랍다.

"지금 레프 니콜라예비치는 자기 아내가 재산 분배를 방해하고 자식들을 여전히 예전의 정신으로 키우고 있다는 이유로 그녀를 비난하며, 엄격함과 질책의 어조로, 때로는 노골적인 불쾌감을 담아 대하고 있다. 반면 그의 아내는 자신이 옳다고 확신하며, 자신에 대한 남편의 이러한 태도에 대해 불평한다. 톨스토이의 가르침과 그 가르침이 낳은 결과들에 대한 두려움과 혐오가 그녀 안에서 자기도 모르게 생겨나 점점 커졌다. 그들 사이에는 상호 모순적인 말투와 태도가 형성되었고, 그 속에서는 서로에 대한 불평이 끊이지 않는다. 그녀는 (남편이) 아무도 원하지 않는 재산 분배를 낯선 사람들에게 강행하고, 자식들을 세상으로 내보내는 일을 가능하다고 생각하지 않았을 뿐 아니라, 어머니로서 그것을 막는 것이 자신의 의무라고 여겼다. 그녀는 이 말을 전한 뒤 눈물을 글썽이며 덧붙였다.

'지금 나는 너무 힘들어요. 예전엔 그저 조수였을 뿐인데, 이젠 모든 걸 혼자 감당해야 하거든요. 재산과 아이들의 양육이 전부 내 손에 달려 있는데, 사람들은 내가 이 일을 하면서 구걸하러 나서지 않는다고 날 비난해요. 만약 내게 어린아이들이 없었다면, 정말 그 일을 하지 않았을까요? 하지만 그 사람은 자신의 가르침을 위해 모든 걸 잊어버렸어요.'"

그리고 이제, 가장 믿기 어려운 마지막 고백이 이어진다.

"레프 니콜라예비치의 아내는 자식들을 위해, 재산을 지키기 위해, **당국에 그 사람의 재산에 대한 후견인 자격을 요청할 준비가 되어 있었어요**."

톨스토이를 위해, 그것도 백작 부인 소피야 안드레예브나가 설정하려 한 후견이다! 정말로 이것은 현대 러시아에서 가장 커다란 비극이며, 동시에 그의 삶에서 맞닥뜨린 최대의 비극일 것이다. 이것은 모든 인간의 운명이 달려 흔들리는 바로 그 칼날이다. 그런데 우리는 이 사실을 우연한 관찰자들로부터, 부질없이 호기심 많은 사람들의 증언을 통해서만 알게 된다. 이 무서운 사건은 그의 인생에서 가장 어둡고 비밀스러운 구석에서, 소리 소문 없이 진행되고 있다. 평생 참회를 말해 왔고, 지금도 사람들에게 숨길 것이 하나도 없다고 주장하는 그에게서조차, 이에 관해서는 한마디도 들을 수 없다.

그렇다면 그는 도대체 이 비극에서 어떻게 빠져나왔을까? 아니면 그는 자기 힘의 실제 한계를 다시금 절감했을까? 한때는 쉽고 단순해 보였던 것이 실상은 무한히 어렵고 복잡한 것임을 깨달았을까? 그는 "재산에 대한 미신"이 결코 "약한 거미줄"이 아니라, 생명의 쇠사슬 가운데 가장 무거운 사슬이며, 그 사슬의 마지막 고리가 인간의 가슴 속, 살 속, 핏속에 박혀 있다는 사실을 느꼈을까? 그래서 그것은 오직 살과 피와 함께, 가슴에서 뽑아낼 수 있는 것임을 깨달았을까? 마침내 그는 "사람의 원수가 자기 집안 식구리라"라는 선생의 위대하고도 무서운 말씀을 이해하게 되었을까?[84]

우리는 수백 년 전의 위대한 기독교 고행자들이 바로 이러한 경우에 어떻게 행동했는지를 알고 있다. 아시시의 성 프란치스코의 아버지 피에트로 베르나르도네는, 아들이 재산을 탕진하고 가난한 이들에게 재산을 나누어 주려 한다는 이유로 주교에게 고소장을 제출했다. 이에 프란치스코는 마지막 셔츠까지 벗어 자신의 옷과 돈을 아버지의 발아래에 내려놓고 이렇게 말했다. "지금까지 나는 피에트로 베르나르도네를 나의 아버지라 불렀습니다. 그러나 이제 하나님을 위해 일하고자 하기에, 내가 그에게서 받았던 모든 것을 이 사람에게 돌려드립니다. 이제부터 나의

---

84) "'사람의 원수가 자기 집안 식구리라'라는 선생의 위대하고도 무서운 말씀을 이해하게 되었을까" : 마태복음 10장 36절.

아버지는 피에트로 베르나르도네가 아니라, 하늘에 계신 나의 아버지, 주님이라고 말하겠습니다." 전설에 따르면, 프란치스코는 어머니의 자궁에서 나왔을 때처럼 완전히 벌거벗은 채로 그리스도의 품에 안겼다고 한다.

러시아 민중에게 사랑받는 성자, 부모의 집에서 몰래 떠난, 하나님의 사람, 알렉세이 또한 바로 그렇게 행했다. 그리스도의 계명을 온전히 수행하고자 했던 모든 러시아의 금욕주의자는 오늘날에 이르기까지 그렇게 행한다. "내 이름으로 집과 들과 자식들을 버리지 않는 자가 어찌 내게 합당하랴?"[85)]

블라스는 자기 재산을 모두 나눠 주고,
자신은 맨발에, 벌거벗은 몸이 되었다네.
하나님의 성전을 세우기 위해
모금하러 길을 나섰지.
영혼이 지닌 모든 위대한 힘이

---

85) "… 그리스도의 계명 '내 이름을 위하여 집과 들과 자식들을 버리지 않는 자가 어찌 내게 합당하랴?'" : 마태복음 19장 29절의 의역. (성경전서 개역개정판에는 "또 내 이름을 위하여 집이나 형제나 자매나 부모나 자식이나 전토를 버린 자마다 여러 배를 받고 또 영생을 상속하리라"라고 쓰여 있음: 역자 주)

하나님의 일에 바쳐졌다네.

그때부터 그는 방랑자가 되었고,
어느덧 30년이 다 돼 가네.
동냥으로 살아가며,
자신의 맹세를
엄격히 지키고 있다네.[86)]

바로 그런 일이 일어나야만 했다. 러시아 땅의 위대한 작가 톨스토이는 러시아 민중의 금욕주의자가 되어야만 했다. 이는 우리 문화사에서 전례 없는, 유일무이한 현상이며, 표트르 대제의 개혁 이후 우리와 민중 사이에 깊게 팬 심연을 메우기 위해 다시 발견된 종교적 길이다.

사람들의 시선이 그에게 이토록 과도하게 집중되는 데는 나름의 이유가 있다. 그것은 그가 쓰는 모든 것에만 국한되지 않는다. 그가 하는 모든 일, 곧 가장 개인적이고 내밀하며 가족적이고 가정적인 삶에까지 사람들의 관심이

---

86) "블라스는 자기 재산을 모두 나눠 주고, / 자신은 맨발에, 벌거벗은 몸이 되었다네." : 니콜라이 알렉세예비치 네크라소프의 시 〈권력〉(1854)에서 인용.

쏠리는 데에는 그만한 이유가 있다. 아니, 여기에는 하나의 막연한 호기심만이 작용하는 게 아니다. 그 자신이 말하지 않았던가. "나는 세상 누구에게도 아무런 비밀이 없다. 내가 하는 모든 일을 모두가 알게 하라."

그렇다면 그는 대체 무엇을 하고 있는가?

베르스는 말한다. "그는 폭력으로 아내에게 맞서고 싶지 않았기 때문에, 마치 그것이 존재하지 않는 것처럼 재산을 다루기 시작했다. 그는 자신의 재산을 사실상 포기했고, 그 운명에 무관심해졌으며, **야스나야 폴랴나의 집 지붕 아래에서 거주하는 것을 제외하고는** 재산을 사용하기를 중단했다." 그러나 "생각하지 않는다면", 대체 어떻게 할 수 있다는 말인가? 이것은 무엇을 의미하는가? 그는 그리스도의 말씀을 실천한 것이다. 그렇다면 "그것을 제외하고" 그는 집도, 들판도, 자식들도 포기했단 말인가? 아니면 여전히 그들과 함께 남아 있었다는 뜻인가? 그가 불안으로 아내를 괴롭히지 않았고, 재산을 지키는 데 동의했다는 사실을 제외한다면, 그는 거지가 되고 노숙자가 되어 자기의 재산을 나누어 주었다는 말인가? 그렇다면 여기서 말하는 어떤 '악'이란 무엇이며, 어떤 '아내에게 가하는 폭력'이란 무엇을 뜻하는가?

물론 그리스도는 폭력을 설교하지 않았다. 그는 아내

와 자식들의 재산을 빼앗아 가난한 이들에게 나누어 주라고 요구하지도 않았다. 그러나 만일 어떤 사람이 다른 어떤 방식으로도 재산으로부터 자유로워질 수 없다면, 그는 자신의 들판과 집과 재산과 아내와 자식들을 포기하고 자기 십자가를 지고 그를 따라야 하며, 그때에야 비로소 "사람의 원수가 자기 집안 식구리라"라는 말씀을 적어도 온전히 이해할 것을 – 정확하게, 그리고 단호하게 – 요구하셨다.

그러나 이것은 과연 인간의 힘을 넘어서는 일이 아니며, 자기 혈육에 대한 반역이 아닌가? 그리고 그리스도의 모든 가르침은 – 적어도 한 측면에서는 – 톨스토이가 이해한 그리스도처럼, 이러한 자기 혈육에 대한 반역을 요구하는 것이 아닌가? 주님은 이것을 쉬운 일로 여기지 않으셨고, 재산을 포기하는 일이 단지 '약한 거미줄'을 끊는 것에 불과하다고 말씀하지도 않으셨다. 오히려 그는 그것이 인간에게 가장 무거운 사슬이며, 그 사슬의 마지막 고리는 오직 살과 피를 통해서만 – 곧 인간의 심장 속에서 – 끊어질 수 있고, 아버지와 어머니와 아내와 자식들, 곧 재산과 더불어 가장 생생하고 사랑스럽고 혈연적인 인간적 유대를 끊어 버리지 않고서는 그 고리로부터 자신을 해방할 수 없음을 예견하셨다. 그래서 그분은 한없이 슬프고, 한

없이 자비로운 미소를 지으며 말씀하셨다. "다시 너희에게 말하노니, 낙타가 바늘귀로 들어가는 것이 부자가 하나님의 나라에 들어가는 것보다 쉬우니라 하시니."[87]

그분은 그렇게 말씀하셨다. 그렇다면 톨스토이는 대체 무엇을 말하고 있는가? 그러나 그는 마치 자신의 행위가 말 대신 답하고 있는 듯, 혹은 여기에는 아무런 모순도 비극도 없는 듯, 모든 것이 여전히 쉽고 명확하며 단순하다는 듯 침묵하고 있다. 오직 이 동시대 성자의 삶에 관한 이상한 전설만이 그에 대해 말해 줄 뿐이다. "**그는 눈 감으려 애쓰며**, 자신의 인생 프로그램을 끝까지 수행한다. 그는 돈을 보지 않으려 하고, 가능하면 돈을 손에 쥐는 것조차 피하며, 결코 돈을 지니고 다니지 않는다."(안나 세이론) 그는 아내의 뜻과 하나님의 뜻을 조화시키는 데 성공했다. 베르스에 따르면, "최근 소피야 안드레예브나는 남편의 가르침을 더 차분히 받아들이기 시작했다. 다시 말해, 익숙해졌다." 이로써 낙타로 남은 채 바늘귀를 통과하는 새로운 방법이 제시된다. "돈을 손에 쥐지 말라", "돈을 지

---

87) "다시 너희에게 말하노니, 낙타가 바늘귀로 들어가는 것이 부자가 하나님의 나라에 들어가는 것보다 쉬우니라 하시니." : 마태복음 19장 24절.(원서에는 9장 23절로 오기: 역자 주)

니지 말라", 그리고 "눈 감으라."

과연 그럴까? 이것은 아이러니가 아닐까? 그들 자신과 우리, 더 나아가 그리스도의 가르침에 대한 가장 사악한 조롱은 아닐까? 이것이 인간의 심판 앞에서 어떤 의미를 지닌다면, 신의 심판 앞에서는 무엇을 의미하겠는가?

결국 문제는 하나다. 그는 그리스도의 명령을 실행했는가, 실행하지 못했는가? 재산을 나누어 주었는가, 나누어 주지 않았는가? 여기에는 두 가지 답이 있을 수 없으며, 중간도 없다. 오직 하나－예 또는 아니오－의 답뿐이다.

우리는 정작 톨스토이 자신이 이것에 대해 어떻게 생각하고 무엇을 느끼고 있는지는 알지 못한다. 그의 삶의 내면은 보지 못한 채, 외면만은 마지막 세부에 이르기까지 알고 있다. 수많은 신문 염탐꾼의 민첩한 눈 덕분에 그의 집 벽은 마치 유리처럼 투명해졌다. 우리는 그가 먹고, 마시고, 자고, 일하고, 장화를 꿰매고, 독서하는 모습을 모두 보고 있다. 어쩌면 이러한 사소한 일들이 때로는 매우 의미심장해져 그의 양심의 비밀을 푸는 열쇠를 우리에게 건네줄 수도 있지 않을까? 그러나 이 모든 것을 지켜보고 파고들수록, 우리의 부끄러움은 사라지기는커녕 오히려 더 커간다.

증인들은 특히 만족감과 풍요로움, 최고급 생활 조건

을 세심하게 묘사하는데, 그중 한 사람은 톨스토이 부부의 집에서 "옛 귀족 사회 특유의 절제와 견고함"[88]을 보았다고 말한다. 우리는 돌고-하모브니체스키 골목에 있는 작은 이층집을 본다. 겨울밤이면 고풍스러운 정원의 서리 낀 나무들 사이로 창문들이 멀리서 반짝이며 빛난다. 집 안에는 환영하듯 아늑한 안락함과, "말로 규정하기 어려운 고귀한 단순성"이 감돌고 있다. 넓은 계단, 높고 밝으며 불필요한 장식이 없는 다소 비어 있는 듯한 홀들, 붉은 마호가니로 만든 광택 나는 고풍스러운 가구, 연미복에 흰 넥타이를 맨 손님들을 안내하는 "정중한 하인"들. 물론 우리는 레프 니콜라예비치가 자기 방을 직접 청소하고, 물통을 말이 아니라 자신의 등에 지고 나르며 하인의 봉사를 거의 이용하지 않는다는 사실도 기억해야 한다. 그의 서재는 "단순함에서 파스칼의 서재를 연상시킨다." 그것은 천장 아래로 쇠파이프가 길게 뻗어 있는 작고 낮은 방이다. 세르게옌코에 따르면, "1880년대 초 집 전체의 개축이 진행되었을 때, 레프 니콜라예비치는 많은 '유용한 일꾼들'이 자신보다 훨씬 열악한 방에서 살며 일하고 있다는

---

88) "… '옛 귀족 사회 특유의 절제와 견고함'" : 참조) 세르게옌코.

점을 들어, 자신의 서재를 사치의 신에게 바치고 싶어 하지 않았다고 한다." 사실 그가 일부 '일꾼들'이 자신보다 더 좋은 방에서 살고 있다고 말했다면 오히려 더 사실에 가까웠을 것이다. 그의 방에는 그림도, 카펫도, 자질구레한 장식품도 없다. 불필요한 모든 것은 정신을 산란하게 하여 사고의 집중을 방해한다는 사실을 경험 많은 종사자들은 잘 알고 있기 때문이다. 천장 아래의 쇠파이프가 볼품없어 보이지만, 그것은 지인의 요청에 따라 의도적으로 설치된 것이다. "그 쇠파이프가 램프의 도움을 받아 부분적으로는 방을 환기하고, 부분적으로는 작업실을 따뜻하게 하는 역할을 한다."[89] 이 방에는 항상 맑은 공기와 균일한 온기가 유지된다. 대체 이보다 더 바랄 것이 무엇이겠는가? 그러나 이 방의 가장 큰 장점은 고요함이다. 개축 후에도 손대지 않은 채 남아 있던 이 서재는 "마치 하늘과 땅 사이에 떠 있는 듯한" 인상을 주어서 집의 외관은 다소 훼손되었다. "그러나 그 대신 서재는 고요함과 평안함이라는 더 큰 이익을 얻었다." 창은 정원으로 나 있고, 거리의 소음은 전혀 들리지 않는다. 거주 공간과 분리된 이 은신

---

89) "우리는 돌고-하모브니체스키 골목에 있는 작은 이층집을 본다. … 작업실을 따뜻하게 하는 역할을 한다." : 세르게옌코.

처는 "언제나 사색을 돕는 고요함으로 가득 차 있다." 평생 사유 속에 살아온 사람들만이 방의 가장 큰 장점, 즉 완전한 고독과 평온, 결코 깨뜨려지지 않는 신뢰할 만한 침묵을 진정으로 평가할 수 있다. 그리고 이를 위해서라면 모든 것을 기꺼이 바칠 수도 있을 것이다. 이것은 지극한 행복이자 깊은 지복이며, 사상가들에게는 유일하고 대체 불가능한 축복이다. 특히 현대의 대도시에서 그러한 조건이 성취되기란 얼마나 드물고, 또 얼마나 어려운 일인가. 이 진정한 축복과 비교하면, 우리의 연약한 취향이 낳은 속물적 계획들과 조악한 취향의 속물적 계획들이 모두 아메리카식 장식의 야만성으로 얼마나 거칠고 천박하게 보이는가.

레프 니콜라예비치의 훨씬 더 유쾌하고, 훨씬 더 조용한 작업실은 야스나야 폴랴나의 집에 있으며, 수백 년 된 자작나무와 보리수나무가 자란 오솔길이 있는 고풍스러운 정원의 정적 속에 있으며, 중부 러시아의 가장 매력적인 구석 중 하나인 세습 귀족의 둥지에 있다. 페인트칠이 안 된 마루, 아치형 천장에 벽이 두꺼운 이 방은 예전에는 창고였다. 가장 무더운 여름날에는 여기가 "지하실처럼 시원하다." 삽, 낫, 톱, 집게, 줄과 같은 다양한 기구는 (의도된 장식이 아니라 오히려 그 자체로 장식처럼 기능하며) 로빈슨 크루소의 어린 시절을 연상시키는 순수하고 신선한 매력을 이 방에 부여한다. 이 두 개의 서재-여름 서재와 겨울 서재-는 누구보다도 육체적 삶과 정신적 삶에서 가장 순수하고 순진하며, 전혀 변하지 않는 기쁨을 얻을 수 있는 에피쿠로스[90]의 동시대 제자의 정말 고요하고 고급스러우며 단순한 방이다. 그리고 집 안의 모든 것은 주인이 할 수 있고 받아들이는 범위 내에서, 그의 고귀하고 세련된 취향과, 세련된 단순함에 대한 사랑에 맞게 갖추어져 있다. 소피야 안드레예브나 백작 부인은 어떤 사소한 일도 그를 불쾌하게 하거나 불안하게 하지 않도록 신경을 쓴다. "집안의 살림과 사무 관리에 관한 모든 복잡하고 골치 아픈 일은 그녀가 맡아서 한다. 그녀에게는 도와줄 사람들이 없다."[91] 그러나 사실은 가장 위대한 질서가 집안을 지배하고 있다. 톨스토이 집안의 마부가 세르게옌코에게 백작 부인이 "열정을 질서처럼 좋아한다"고 말한 것은 그럴만한 이유가 충분히 있다. "그녀는 지칠 줄

---

90) 에피쿠로스(BC 342/341~BC 270/271)는 고대 그리스의 철학자이며, 쾌락주의적 윤리학과 자연철학을 연구했다. 그는 인간의 행복과 평온을 추구하는 삶의 중요성을 강조했다.

91) "모든 복잡하고 골치 아픈 일은 … 그녀에게는 도와줄 사람들이 없다." : 세르게옌코.

모르고, 어디서나 자신의 활기찬 에너지를 발산하고 살림을 잘하며, 질서정연하게 한다. 그녀가 업무상 하루나 이틀간 야스나야 폴랴나를 떠나 있으면, '집'이라 불리는 복잡한 기계는 이미 삐걱거리고 비정상적으로 작동하기 시작한다. 그녀는 훌륭한 안주인이며, 세심하고 정중하며 친절한 주부다. 그는 야스나야 폴랴나에서 마치 집에서처럼 편안히 잘 먹고 잔다." 항상 풍부하고 적당히 단순하며 이와 더불어 고급스러운 식탁에서 레프 니콜라예비치에게 특별한 채식 요리가 제공된다. 채식은 백작 부인을 매우 분주하고 번거롭게 한다. 그녀는 채식에 부정적이며 단지 집에서 일종의 십자가처럼 그것을 인내할 뿐이다. 이처럼 채식은 힘들고 복잡하다. 그러나 그녀는 불평하지 않고, 때로는 부엌에서 새로운 요리 준비를 지켜보기도 했다. 그 결과, 야스나야 폴랴나에서 채식 요리는 고기 요리처럼 맛있고 영양가 있으며, 심지어 거의 고기 요리만큼이나 다양하다는 결론에 이르렀다. 아마 레프 니콜라예비치는 단순한 채식 요리에 얼마나 많은 그녀의 정성과 노력이 필요한지, 그리고 그것이 고기 요리보다 오히려 더 세련되고 고급스러울 수 있다는 사실을 결코 알지 못했을 것이다. 왜냐하면 채식 요리는 훨씬 더 많은 독창성, 새로운 창조적 예술, 주부의 사랑스러운 관심과 인내를 요구하기 때문이다. 그리고 물론 만약 그가 블라스 아저씨처럼 넓은 길을 따라 걸어갔더라면, 또는 그가 장남에게 충고하곤 했듯이 농부의 농장 일꾼으로 고용되었더라면, 그는 채식주의적인 금식을 그토록 정확히 지킬 수 없었을 것이며, 어쩌면 어쩔 수 없이 금지된 '고기', 즉 스몰렌스크산 청어나 간을 먹어야 했을 것이다. 그 대신 이제 톨스토이가 좋아하는 묽은 귀리죽은 수천 명의 요리사가 만든 가장 비싸고 복잡한 수프보다도 더 맛있다. 달콤한 우유를 넣은 보리커피는 순수한 모카커피보다는 그렇게 향기롭지는 않은 대신 그만큼 더 건강하다. 게다가 육체적 피로, 배고픔과 갈증은 요리의 훌륭한 조미료다. 그는 어느 날 늙은 농부가 풀베기 후 레빈을 환대했던 링곤베리 물을 기억한다.

"자, 내 크바스를 맛보세요! 아, 맛이 좋은가요?" 하고 농부가 윙크를 하며 말했다.

그런데 실제로 레빈은 청과물이 떠 있고 양철 링곤베리로 인해 녹슨 맛이 나는 이 온수 같은 음료수를 마셔 본 적이 없었다. 노인은 빵을 부스러뜨려서 컵에 넣고, 숟가락 손잡이로 그것을 반죽하고, 링곤베리 병에서 물을 붓고, 빵을 더 자르고, 소금을 뿌린 후 동쪽을 향해 기도하기 시작했다.

"자, 나리, 제 튜리카를 맛보세요."

(농민 음식인) 튜리카는 레빈이 식사하러 귀가할 마음이 들 정도로 그렇게 맛있었다.

바로 이 사람이 먹고 마실 줄 아는 사람이다. 이 완벽한 쾌락주의자가 늘 누리는 즐거움은, 트리말키오의 연회[92]에 참석한 손님들이나 현대의 미식가들이 꿈꾸는 것과는 비교도 되지 않는다.

그의 옷은 음식처럼 단순하며, 우리의 아름답지도 않고 몸을 심하게 괴롭히는 옷보다, 사람들에게 멸시받는 비러시아인들의 음침하고 금욕적인 옷차림보다 훨씬 더 유쾌하고 고급스럽다. 레프 니콜라예비치는 겨울에는 매우 부드럽고 따뜻한 회색 플란넬 옷을, 여름에는 독특하게 재단된 넉넉하고 시원한 블라우스를 입는다. 아무도 그의 몸에 편하고 자유롭게 맞도록 옷을 기워 만들 줄 모른다.

---

92) '트리말키오의 연회'는 고대 로마 문학에서 매우 유명한 에피소드로, 1세기 네로 시기의 페트로니우스(Petronius)의 풍자소설《사티리콘(Satyricon)》중 한 부분이다. 노예 출신 신흥 부자인 트리말키오가 여는 연회는 과도하게 사치스럽고 조악하게 과시적이며, 세련됨 없이 천박한 호화로움으로 가득 차 있다. 음식은 끊임없이 나오고, 장치는 기괴하다. 그의 주인은 스스로를 과장된 철학자인 양 꾸미나 무지하고 속물적인 인물이다. 이 작품은 신흥 부자 계층에 대해 통렬히 풍자하고, 전통적 로마 미덕(절제, 품위, 교양)의 붕괴를 비판한다. 트리말키오는 돈은 있으나 문하가 없는 인간의 전형이다. (역자 주)

아마 파리와 런던의 가장 숙련된 재단사들도 그의 마음에 들게 하지는 못할 것이다. 야스나야 폴랴나의 노파 바라 바라와 아마 소피야 안드레예브나 외에는 누구도 그렇게 하지 못한다.

카프탄[93], 양이나 토끼 가죽으로 만든 모피 외투, 털가죽 반외투, 양가죽 모자, 높은 가죽 장화 역시 모두 우연히 만들어진 것이 아니라, 비와 악천후에 맞춰 세심하게 설계되었다. 손님들과 가족들이 자주 사용해도 편리하고 쾌적하다. 이것은 농촌 쾌락주의자, 특히 북부 쾌락주의자의 진정한 옷차림이다.

그의 옷에는 또 다른 특별한 매력이 있다. 청년 시절 그는 자신의 얼굴이 "평범한 농부와 다를 바 없다"는 사실에 괴로워했지만, 이제는 오히려 그 점을 자랑스럽게 여긴다. 그는 거리나 낯선 사람의 집에서 사람들이 자신을 진

---

93) 카프탄(кафта́н, kaftan)은 특정 시대나 지역에 국한되지 않는 러시아 전통 의복이다. 앞이 열리는 긴 옷, 소매가 있으며 허리띠로 여미는 경우가 많다. 16~18세기 남성의 대표적 겉옷이자 상인, 귀족, 관리가 착용했고, 표트르 대제의 서구화 이전 러시아적 복식의 상징이다. 러시아 문학에서 카프탄은 단순한 옷이 아니라, 전통적 러시아성, 옛 질서, 구체제, 소박함, 신분적 표식을 함축하는 상징으로 자주 등장한다. (역자 주)

짜 남자, 혹은 방랑자로 여긴다고 말하는 것을 좋아한다.

"따라서 귀족적인 것이 얼굴에 쓰여 있지 않다!"94)라고 그는 결론짓는다.

어느 날 피에르 베주호프 역시 농민으로 가장한 후, "맨발로 여러 자세를 취하며 자신의 더럽고 두껍고 큰 발가락들을 움직여 보았다. 그는 어린아이 같은 자부심으로 발을 바라보며 감탄했고, 발을 볼 때마다 얼굴에는 생기와 만족의 미소가 번졌다." 청년 시절, 레프 니콜라예비치는 성 게오르기우스 십자 훈장과 시종무관 어깨 장식 견장을 열망했지만, 이제 그는 현대적인 수훈장에 매료된다. 그러나 결국 어떤 훈장이든 상관없이, 그는 단지 즐거움을 누릴 뿐이다. 귀족적이지 않은 세르게옌코는 얼굴과 농부의 털가죽 반외투 아래에서도, 여전히 세속적이고 매력적인 남성으로 보인다. 이와 같이 가끔 가장 화려한 동양 직물에서 그 밑바탕이 의도적으로 거칠고 매끄럽지 못하게 만들어지는데, 이는 그렇게 함으로써 그 밑바탕에 황금빛 장식 무늬와 비단 장식 무늬의 가느다랗고 반짝이는 실들이 더 고급스럽게 튀어나오도록 하기 위함이다.

---

94) "… 귀족적인 것이 얼굴에 쓰여 있지 않다!" : 세르게옌코.

그는 부드러운 침대와 깃털 베개를 견디지 못한다. 너무 피곤하고 답답하기 때문이다. 그는 시원한 가죽 베개를 선호한다. 그러나 장미 와상(臥牀)처럼 넓고 평평하며 다리가 달린, 딱딱하지만 편안하고 달콤한 와상에서 자는 것을 그는 즐긴다. 이 와상은 그의 쾌락주의적이고 지혜로운 취향을 반영한다.

목가적인 거름 냄새는 18세기 가장 민감하고 예민했던 귀족, 장 자크 루소조차 거의 눈물이 날 정도로 감동하게 했다. 레프 니콜라예비치도 역시 거름 냄새를 좋아했다. 안나 세이론은 이렇게 말한다. "어느 날 아침, 그는 막 거름을 준 밭으로 곧장 아침을 먹으러 왔다. 그때 백작과 함께 거름주기에 기꺼이 참여한 새 이민자 몇 명도 야스나야 폴랴나에 모였다. 방의 창문과 문이 활짝 열려 있었는데, 그렇지 않았다면 숨 쉴 수조차 없었을 것이다. 백작은 만족스러운 미소를 지으며 우리를 즐겁게 바라보고 있었다." 그는 향기도 즐겼다. 베르스는 이렇게 전한다. 톨스토이는 곡식이나 풀을 벤 후 초원을 떠나면서 꼭 건초 더미에서 건초 한 줄기를 뽑아 황홀한 표정으로 냄새를 맡았다. "여름에는 항상 꽃 한 송이를 지니고 다니는데, 강렬한 향기가 나는 한 송이뿐이다. 그는 그것을 탁자에 올려놓거나, 손에 들거나, 가죽 허리띠에 꽂기도 한다." 그가 얼마나 즐거운 마음으로 그것을 콧구멍에 대고 누르는지, 그리고 "이때 주위 사람들을 바라보는 그의 시선이 얼마나 놀라울 정도로 부드러운"지를 볼 필요가 있다. 그는 또한 프랑스 향수와 향기가 밴 속옷을 매우 좋아했다. "백작 부인은 그의 장롱에 내의와 함께 항상 향낭이 놓여 있도록 신경을 썼다."95) 그래서 레프 니콜라예비치는 향기를 즐기는 새로운 방법을 고안했다. 거름을 주고 난 뒤, 꽃과 향수 냄새가 더욱 황홀해졌기 때문이다. 바로 여기에 상징과 결합이 있다. 즉, 기독교 신자인 농부의 털가죽 반외투 아래에는 상쾌하고 강한 사이프러스 향수나 파르마 향기가 스민 속옷이 숨겨져 있는 셈이다.

먼 옛날, 아티카에서 아주 작은 정원을 손수 가꾸며 사람들에게 햇빛과 꽃, 겨울에는 땔감 약간, 여름에는 진흙 그릇의 냉수 조금으로 행복을 느끼도록 가르쳤던 명랑한 현자가 있었다.96) 먼 후일, 몹시 연약해졌으나 거칠고 야만적인 미국식 '편안함' 속에서 우리가 진정한 아름다움을

95) "백작 부인은 그의 장롱에 내의와 함께 항상 향낭이 놓여 있도록 신경을 썼다." : 안나 세이론의 회상에서.

96) "먼 옛날, 아티카에서 … 명랑한 현자가 있었다." : 현자는 에피쿠로스를 가리킨다.

잊어버린 시대, 그 현자는 아마 톨스토이를 자신의 확실한 제자로 인정했을지도 모른다.

이미 재산 분배 논쟁을 중단한 소피야 안드레예브나는 조용히, 부드럽고 교활하며 어머니 같은 미소로 레프 니콜라예비치의 속옷에 향낭을 숨겼다. 이 새롭고 힘들고 이상한 멋진 일을 수행하는 데 그녀는 충실하고 비밀스러운 공범이었다. "그녀는 그의 눈을 관찰하고 있다"라고 한 관찰자가 말한다.[97] "그녀는 지치지 않는 돌보미처럼 그를 돌보며, 잠깐씩만 그의 곁을 떠난다. 남편의 습관을 다년간 연구한 후, 서재에서 나서는 모습만 보고도 그가 어떻게 일했고 어떤 기분이었는지를 알았다. 따라서 그를 위해 무엇인가를 준비해야 한다면, 항상 자신의 손에 쥔 모든 일을 즉시 제쳐놓는다. 해가 나타나지 않아도 필요한 모든 것이 반드시 그녀에 의해 정확히 준비되어 책상 위에 놓일 것이다."[98] 그리고 그가 배은망덕하게 보이거나, 아내가 친구가 아니라고 말하거나, 그가 그녀의 사랑을 느끼지 못한다고 해도, 그녀는 다른 보상을 바라지 않는다. 그

---

97) "그녀는 그의 눈을 관찰하고 있다" : 안나 세이론의 말이 인용된다.
98) "그녀는 지치지 않는 돌보미처럼 그를 돌보며, … 책상 위에 놓일 것이다." : 세르게옌코.

녀에게 중요한 것은 그가 그녀 없이는 하루도 살 수 없다는 사실, 그리고 그녀가 그를 지금의 모습으로 만들었다는 사실뿐이다. 이 "지치지 않는 돌보미"는 마치 보이지 않는 부드럽고 강한 그물, 즉 "약한 거미줄"처럼, 자신의 돌봄과 극진한 사랑으로 일흔 살 먹은 유아 같은 톨스토이를 귀여워하고 장난치며, 자장가로 재우고 감싸 준다.

그러나 어쩌면 비밀스러운 벌레가 그의 심장을 갉아먹고 있는 것일까? 자신이 그리스도의 말씀을 실천하지 못했다는 자각이 늘 그를 따라다니며 괴롭히고, 몸이 향락을 누리는 동안 영혼은 치명적일 정도로 근심하는 것일까? 그 편지에서 그가 겪고 있던 기독교적 대전환을 말하며, "백발이 되었고, 건강이 약해졌으며, 과거보다 더 조용해지고 더 의기소침해졌다"라고 했을 때, 백작 부인 소피야 안드레예브나가 이를 눈치채지 못한 것은 아닐까? 베르스도 확신했다. 몇 년 동안 떨어져 있다가 그를 찾아왔을 때, "레프 니콜라예비치에게서 항상 살아 있던 쾌활하고 활기찬 분위기가 이젠 완전히 사라졌다"고 느꼈다고 한다. 그러나 그와 만났을 때, 다정하면서도 동시에 진지한 그의 어조는 마치 '진정한 기쁨은 이런 것이 아니다'라고 방문자에게 이해시키려는 듯했다.

그러나 톨스토이의 삶은 위대했으며, 이 '의기소침'에

지나친 의미를 부여해서는 안 된다. 의기소침은 단지 일시적인 건강 악화에서 비롯된 것이었다. 이는 그의 신체적 활력이 충만과 감퇴를 반복하는 주기적 양상과 일치하며, 주기적으로 발생하는 영적 격변과도 맞물려 있었다. 베르스는 말했다. 레프 니콜라예비치는 활력이 충만한 날, "진지한 어조", 마치 수도원에서와 같은 새로운 정숙한 태도를 숨기지 않았다. "그는 자신이 내게 준 인상으로 내 기분이 슬퍼진 것을 알아채고, 우리를 즐겁게 해 주려고 내가 응접실을 돌아다닐 때 갑자기 내 등에 뛰어올라 농담을 하기도 했다." 평소라면 거의 기대하기 어려운 이 장난을 통해, 방문자는 즉시 예전의 레프 니콜라예비치를 알아볼 수 있었다.

그럼에도 그의 삶의 기쁨은 사라지지 않았다. 노년임에도 어린아이 같은 기쁨의 샘은 젊었을 때보다 더 강하게 솟아올라, 여전히 그의 안에서 끓어오르고 고동쳤다.

한 목격자는 이렇게 말한다. "야스나야 폴랴나를 지배하던 쾌활하고 매력적인 분위기를 온전히 전달하기는 어렵다. 그러나 그 분위기의 근원은 언제나 레프 니콜라예비치였다. 크로케 경기가 기억난다. 이 경기에는 어른과 아이 모두가 참여했다. 보통 점심 식사 후에 시작해 촛불을 켤 때까지 계속되었다. 나는 레프 니콜라예비치와 이 경기를 함께하곤 했기 때문에, 지금도 이 놀이를 거의 도박에 비길 수 있을 만큼 진지하게 여긴다. 아이들은 그와 잠시라도 같은 편이 되는 것을 특별한 영광으로 여기며, 그가 그들을 위해 어떤 운동을 시작하면 크게 기뻐한다. 그는 또 나와 함께 잔디를 깎고, 키질하며, 체조하고, 달리기와 개구리 뛰기, 나무토막 쓰러뜨리기 같은 놀이도 하곤 했다."[99] 이는 몇 년 전의 일이다. 그러나 최근 몇 해의 삶을 회상하는 세르게옌코에 따르면, 레프 니콜라예비치는 지금도 여전히 예전처럼 하루 종일 잔디밭에서 테니스를 치고 "소년들과 함께 앞다투어 달린다." 마치 새로운 황금시대, 하나의 영원한 축일과도 같다. 세르게옌코는 또 이렇게 말한다. "톨스토이 부부의 집에서는 언제나 마치 아마추어 연극이 예정된 듯한 인상을 받았다. 레프 니콜라예비치도 때때로 적극적으로 참여하는 이 행사에서, 젊은이들 무리가 집 안을 유쾌하고 시끌벅적한 활기로 가득 채우며 준비하고 있는 것처럼 느껴졌다. 특히 동작과 인내, 민첩함을 필요로 하는 어떤 오락이 벌어지면, 그는 온 정

---

99) "야스나야 폴랴나를 지배하던 쾌활하고 매력적인 분위기를 온전히 전달하기는 어렵다. … 개구리 뛰기, 나무토막 쓰러뜨리기 같은 놀이도 하곤 했다." : 세르게옌코의 회상에서.

신을 기울이며 연기자들의 성공과 실패 하나하나를 지켜본다. 그러나 자주 참지 못하고 직접 연기에 끼어들기도 한다. 이때 그는 놀라운 젊음의 열정과 근육질의 유연성을 보여 주는데, 그런 모습을 보고 있노라면 부러움마저 느끼게 된다."

그렇다. 이 영원한 축일, 영원한 놀이는 때로는 쟁기 뒤의 들판에서, 때로는 테니스장 잔디밭에서, 때로는 잔디 깎는 기계가 놓인 초원에서 벌어진다. 또 어떤 때에는 스케이트장을 만들기 위한 눈 치우기에서, 혹은 가난한 노파를 위해 페치카[100]를 마련해 주기 위해서 벌어지기도 한다. 한편, 소피야 안드레예브나는 레프 니콜라예비치가 30베르스타[101]에 달하는 자전거 여행을 하는 것이 그 나이에 과연 유익한 일인지 쓸데없이 걱정한다. 그러나 의사들이 무엇이라 말하든, 그는 이러한 끊임없는 - 때로는 과도해 보이기까지 하는 - 근육의 긴장, 곧 '일'이라 불릴 때 오히려 더 즐겁고 흥미로운 이 영원한 체조, 이 놀이야말로 자신의 건강과 생명에 필요하다고 느낀다. 그는 이렇게 말한다.

---

100) 전통적인 러시아식 난로. (역자 주)

101) 약 32킬로미터. (역자 주)

“이것은 나를 강하게 하고, 깊이 잠들게 하며, 기분 좋게 만들고, 나를 풀을 먹으며 일하는 말처럼 보이게 합니다. 말에게는 그저 쉬게 하고 먹이를 주기만 하면 됩니다. 그러면 다시 일할 준비가 되지요.”[102)]

베르스는 레프 니콜라예비치가 고안한 한 가지 놀이를 전한다. 이 놀이는 아이들에게 특히 경쾌하고 시끌벅적한 즐거움을 안겨 주었다. ‘누미디아 기병대’라는 이름의 이 놀이는, 레프 니콜라예비치가 갑자기 자리에서 벌떡 일어나 한쪽 팔을 들어 손목의 힘을 풀고, 이 방 저 방을 가볍게 뛰어다니는 데서 시작되었다. 아이들 모두가, 때로는 어른들까지도 그의 돌연한 시범을 따라 하곤 했다. 어린 소년처럼 갑자기 장난을 치며 이 방 저 방을 뛰어다니고, 심지어 어른들까지 놀이에 끌어들이는 이 노인에게서, 나는 어린아이처럼 맑게 웃으며 이렇게 말하는 한 사람을 보게 된다. “나는 쾌활한 사람이에요. 모두를 사랑합니다. 나는 예로시카 아저씨예요!”

그는 아주 오래전, 어린 시절의 꿈과도 같은 최초의 마

---

102) “이것은 나를 강하게 하고, … 먹이를 주기만 하면 됩니다. 그러면 다시 일할 준비가 되지요.” : 톨스토이의 말은 세르게엔코를 통해 인용된다(XIII).

법적이고 어두운 기억을 떠올리며, 서너 살 무렵에 겪은 가장 행복하고도 강렬한 인상 가운데 하나인 물통 속 목욕을 묘사한다.

"나는 처음으로 가슴에 갈비뼈가 드러난 내 몸에 주목했고, **그 몸과 사랑에 빠졌다**. 매끄럽고 검은 통, 유모가 소매를 걷어 올린 두 팔, 따뜻하고 김이 모락모락 나면서도 몹시 무서웠던 물, 그리고 그 물소리, 특히 아기 손으로 물기 묻은 물통 가장자리를 만졌을 때의 매끄러운 감촉에 나는 주목했고, 그것들과 사랑에 빠졌다."[103] 세 살배기 아이로서 처음으로 자신의 자그마한 벌거벗은 몸에 주목하고 그것과 사랑에 빠진 이 순간부터, 그는 평생 그 몸을 사랑하고 귀하게 여기는 일을 멈추지 않았다고 말할 수 있다. 그의 모든 감정과 사유의 가장 심오한 근저에는, 바로 이 최초의 – 아직 어떤 혼합도 없는 – 순수한 육체적 삶의 감각, 곧 육체에 대한 사랑이 자리하고 있다. 그는《안나 카레니나》에서 안나와 만나기 전, 어느 날 브론스키를

---

103) "나는 처음으로 가슴에 갈비뼈가 드러난 내 몸에 주목했고, … 그것들과 사랑에 빠졌다." : 톨스토이의 〈나의 삶〉이 인용되는데, 이는 'L. 톨스토이의 미출간 자서전적 메모에서'라는 제목으로 문집《러시아의 어머니들에게》(모스크바, 1892)에 수록되어 출판된 것이다.

사로잡았던 동물적인 삶에 대한 기쁨의 의식을 묘사하면서 바로 이 감정을 표현한다. "그 느낌은 너무도 강해서 그는 자기도 모르게 미소를 지었다. 그는 두 다리를 내리고 한쪽 다리를 다른 쪽 무릎에 올려놓은 채, 그 다리를 한 손으로 잡고 전날 말에서 떨어지며 다친 다리의 탄력 있는 종아리를 만져 보았다. 그리고 몸을 뒤로 젖힌 채 가슴 가득 몇 차례 심호흡했다. '좋아, 너무 좋아!' 그는 스스로에게 말했다. 이전에도 그는 자기 몸이 주는 즐거운 의식을 자주 경험했지만, 자신을, 자기 몸을 그렇게까지 사랑한 적은 한 번도 없었다."

고대인들에게는 친숙했으나 이제는 아이에게만 보존된 이 순수한 동물적 기쁨이, 이처럼 솔직하고 원시적이며 순진하고 부끄러움 없는 노출성을 지닌 채 표현된 예는, 레프 톨스토이 외에는 거의 찾아보기 어려울 것이다. 더구나 세월이 흐르면서 이 기쁨은 줄어들기는커녕, 마치 온갖 이물질이 제거되어 더욱 맑아진 것처럼 오히려 증대한다. 포도주처럼, 그에게 이 기쁨은 "나이가 들수록 더 강해진다."[104] 그의 인생의 봄은 이 황금빛으로 찬란하면서도

---

104) "… 노년에 이르러 젊어진다." : 푸시킨의 엘레지에 〈광란의 세월, 사그라진 환희여…〉(1830)에서 인용.

고요한 가을에 비하면 오히려 우울하고 폭풍우처럼 느껴진다. 16세기의 한 이탈리아 외교관이 또 다른 위대한 바람둥이이자 쾌락주의자였던 교황 알렉산데르 보르자 6세(1431~1503)에 대해 말했듯이, 레프 톨스토이는 "노년에 이르러 젊어진다."[105] 그는 마치 지상의 불멸만을 준비하듯, 죽음을 끊임없이 사유하면서도 살아간다.

> 만약 창조주가 날아가 버리는 우리의 일생을
> 오직 지상의 삶으로만 제한했다면,
> 묘지의 명판 너머에서도,
> 현상들의 세계 너머에서도
> 아무것도 우리를 기다리고 있지 않다면,
> 그의 무덤은 곧 창조주를 정당화하는 셈이 될 것이다.[106]

세르게옌코는 감동에 차 이렇게 말한다. "어두운 황토

---

105) "16세기의 한 이탈리아 외교관이 … '노년에 이르러 젊어진다.'" : 보카치오가 파르마 공작에게 한 말들을 니체가 《안티크리스트》에서 인용한다(46).

106) "만약 창조주가 날아가 버리는 우리의 일생을 /오직 지상의 삶으로만 제한했다면, …" : 예브게니 바라틴스키의 시 〈괴테의 죽음에 부쳐〉(1832)에서 인용.

색으로 칠해진 이 작은 목조 주택을 찾아가지 않은 사람이 누구이겠는가? 학자와 작가, 화가와 배우, 정치인과 금융가, 주지사, 종파주의자, 젬스트보(지방자치회) 의원과 상원의원, 대학생과 군인, 공장 노동자와 농민, 모든 인종과 모든 국가의 특파원들까지. 겨울이면, 저 유명한 러시아 작가를 만나기 위해 돌고-하모브니체스키 골목에 새로운 방문객이 나타나지 않는 날이 없다. 그에게 인사하지 않고, 공감하지 않고, 고통스러운 질문을 던지지 않거나 비난하지 않는 사람이 어디 있겠는가? 러시아와 프랑스의 청년들, 미국인과 네덜란드인, 폴란드인과 영국인들, 베르타 주트너 남작 부인, 인도에서 온 독실한 바라문교 교도, 죽어 가는 투르게네프, 상처 입은 짐승처럼 몸부림치는 산적 추르킨까지도 이곳을 찾았다."[107]

어느 날 레프 니콜라예비치는 이렇게 말했다. "다른 사람들에게 미치는 영향에 대해 배우게 되어 기쁘다. 우리 내면에 열정이 타오르고 있다면, 바로 그 순간에야 비로소 그 열정이 진짜임을 확신할 수 있기 때문이다."

이 말은 그가 몇 해 전 다른 대담자에게 털어놓았던 다

---

107) "… 그에게 인사하지 않고, … " : 세르게옌코.

음의 고백을 떠올리게 한다.

“나는 포병대 장군이 될 자격은 없었지만, 대신 문학의 장군이 되었죠.”

이제 그는 문학에서뿐 아니라, 세계로 확산되고 있는 새로운 사회민주주의적 종교에서도 일종의 ‘장군’이 될 자격을 갖추었다고 말할 수 있을 것이다. 그리고 이 두 번째 승진은 첫 번째보다 훨씬 더 유리한 위치를 그에게 안겨 주었다. 그 결과 그는 육체의 가장 세련된 사치와 지복을, 정신의 마지막 사치이자 쾌락인 ‘영광’과 결합할 수 있었다.

그러나 소유를 포기하라는 그리스도의 계명, 곧 완전한 겸손과 완전한 가난만이 하나님의 나라로 가는 유일한 길이라는 그 말씀은 도대체 어디에 있는가? 표트르 대제의 개혁이 우리의 신앙과 러시아 민중의 신앙 사이에 파놓은 심연 위에 놓인 다리처럼, 그 둘을 잇는 연결의 길은 과연 어디에 있는가? 위대한 금욕주의자의 모습 속에서, 러시아 땅의 위대한 러시아 작가는 지금 어디에 있는가? 아아, 대체 무슨 일이 일어났는가? 러시아 문화사의 한가운데서 기적이 가능하리라는 희망을 우리에게 안겨 주었던 이 사람, 육체적 보화뿐 아니라 영적 보화까지 지닌 가장 부유한 이 사람이, 과연 이마에 땀을 흘리며 자기 빵을 벌고 있는가? 아니면 블라스 아저씨처럼 "두꺼운 나사 천으로 만든 농민 외투를 걸치고, 옷깃을 여미고, 머리를 드러낸 채" 아직 알려지지 않은 러시아 사원과 전 세계의 사원 건축을 위한 기부금을 모으려고 손을 내밀고 있는가? 이 쾌활한 "사냥꾼", 늙은 이교도 예로시카 아저씨를 연상시키는 이 인물, 금욕과 소박함 그 자체 속에서조차 호화로워진 이 새로워진 에피쿠로스주의적 지주 귀족에게 참된 행위란 무엇인가? 그것은 미국의 퀘이커 교도들에게 있는 것도 아니며, "모든 피부색과 민족의 특파원들"에게 있는 것도 아니다. 베르타 폰 주트너 남작 부인이나 폴 데룰레드[108], 주지사들, 학생들, 국가의 관리들이나 금융계 인사들, 그 밖의 수많은 사람들에게 있는 것도 아니다. 참된 행위는 오직 말로만이 아니라 삶 전체로 그것을 실천하는 사람들, 곧 다음과 같은 존재에게 있다.

위대한 영혼의 모든 힘은
　하나님의 사역으로 들어갔도다.[109]

---

108) 폴 데룰레드(Paul Déroulède, 1846~1914). 프랑스의 작가이자 정치 활동가. 1886년 7월 15일 톨스토이에게 편지를 보냈다. 편지의 수신자는 세르게옌코였다.

말로만 "재산을 나누어 주었다"고 말한 사람이 아니라,

스스로 맨발이 되고 벌거벗은 채로 남아,[110]

오늘날까지도 "노예의 모습으로 고향 땅을 두루 걸으신 하늘의 왕"의 발자취를 따라 떠돌고 있는 사람이 과연 누구인가?

위로할 수 없는 슬픔으로 가득 찬 채,
까맣게 그을린 얼굴에 키가 큰 그는
꼿꼿한 자세로 마을들과 도시들을
느린 걸음으로 걸어가고 있다.
………………………………………………………
그는 성상과 책을 손에 들고,
모든 것을 혼잣말처럼 중얼거리며,

---

109) "위대한 영혼의 모든 힘은 / 하나님의 사역으로 들어갔도다. …" : N. 네크라소프의 작품 〈권력(Бласть)〉(1854)에서 발췌됨.

110) "스스로 맨발이 되고 벌거벗은 채로 남아," : 바로 위 시에서 발췌됨.

걸음을 옮길 때마다

조용히 쇠사슬 소리를 울린다.[111)]

레프 니콜라예비치와 소피아 안드레예브나가 일구어 온 가족적 보금자리의 편안함과 따뜻함, 그리고 그 안에서 누리는 만족감에 대해 거의 모든 전기 작가가 한목소리로 공감을 표하며 이를 기꺼이 찬미하고 있다는 사실은 오히려 놀랍다. 비록 그들 가운데 일부는, 인류 문화 전체의 모순을 고발해 온 인물로서의 톨스토이에게서 말과 행동 사이의 불일치를 어렴풋이나마 감지했음에도 말이다. 그러나 그들이 찬양하는 이 '만족감', 곧 "점잖고 덕이 있는 가정"의 지주로서 누리는 귀족적이며, 나아가 다소 속물적으로 보이기까지 하는 흡족함은, 다음에 인용될 말을 기억하는 독자들에게 전혀 다른, 오히려 당혹스러운 인상을 남길 수 있다. 그럼에도 전기 작가들은 이러한 점을 충분히 의식하지 못한 듯하다. 따라서 이 문제는 훨씬 더 조심스럽고 섬세하게 취급되어야 했다.

"품위의 한계 안에서 차분히 유지되는 덕이 있는 가정,

---

111) "위로할 수 없는 슬픔으로 가득 찬 채, … 조용히 쇠사슬 소리를 울린다." : 바로 위 시에서 발췌됨.

이른바 점잖은 가정의 호화로운 삶이 있는가 하면, 그와 동시에 그러한 가정의 주변에서 가난하게 살아가는 수천 명을 먹여 살릴 수 있었을 노동을 빼앗는 것과 다를 바 없는 삶이 있다. 이러한 삶은 음주와 방탕에 빠지고, 오락을 위해 거울과 접시를 깨부수는 거친 상인들, 장교들, 노동자들의 수천 번의 광적인 주연(酒宴)보다도 오히려 더 많은 사람을 타락시키는 역할을 한다."[112]

그렇다면 레프 니콜라예비치가 이 말에서 염두에 두고 있었던 것은, 바로 야스나야 폴랴나에서 영위되던 그 차분하면서도 호화로운 삶이 아니었을까? 더 나아가 그는 이 발언을 통해, 적어도 도덕적 의미에서만큼은 자신의 집을 일종의 강도의 소굴로 인식하고 있었던 것은 아닐까? 아니면 이 문장은 단지 수사적 과장에 가까운 표현, 곧 스스로를 향한 공포에 가까운 자기 고발일 뿐, 실제 삶의 결단으로까지는 끝내 이어지지 못한 말에 불과한 것일까?

톨스토이 전설을 순진하게 받아들이는 전기 작가들 가

---

112) "품위의 한계 안에서 차분히 유지되는 덕이 있는 가정, … 오히려 더 많은 사람을 타락시키는 역할을 한다." : 〈하나님의 나라〉 결론, IV. [〈하나님의 나라(Царствие Божие)〉라는 제목의 시 또는 작품은 네크라소프의 공식적 · 전통적 시 목록에 포함되어 있지 않음.: 역자 주]

운데 한 사람은, 비록 백작이 실제로 재산을 나누어 주지는 않았다고 하더라도, 그가 "야스나야 폴랴나의 집 지붕 아래에 여전히 머물러 있었다는 사실을 제외하면" 재산의 사용 자체를 중단했다고 보고한다. 그리고 독자의 양심에 남아 있을 법한 의심과 불안을 누그러뜨리려는 듯, 다음과 같은 설명을 덧붙인다. "그들(톨스토이 부부)은 매년 2천에서 3천 루블을 가난한 사람들에게 나누어 준다."113)

그러나 1880년대에 레프 니콜라예비치의 양심에 그토록 큰 영향을 미쳤던 그의 '수학적 계산'에 따르면, 이 2천~3천 루블은 15년 전 목수 세묜이 벌던 2~3코페이카에 해당했을 것이며, 현재의 가치로는 1코페이카, 아니 어쩌면 0.5코페이카에 불과하다. 그 이유는 간단하다. 최근 몇 년 동안 레프 니콜라예비치의 재산은 소피아 안드레예브나의 탁월한 사무적 수완 덕분에 크게 늘어났고, 지금도 계속 증가하고 있기 때문이다. 안나 세이론은 다음과 같이 전한다. "한 여자 친구의 조언에 따라 백작의 저술이 수익을 내기 시작했다. 일이 너무 잘 풀리자, 옛 출판인들이 질투심에서 그녀를 방해하려 들지만, 그녀는 그들과 정력

---

113) "그들(톨스토이 부부)은 … 가난한 사람들에게 나누어 준다." : 베르스.

적으로 싸우고 있다. 이 대목에서 백작의 입장은 특히나 기이하게 보인다. 그의 신념에 따르면 돈은 해악이며, 모든 부패의 근원이다. '돈을 주는 자는 악을 준다.'[114] 그런데 바로 그때, 그의 출판물 속에서 갑자기 새로운 '금광'이 발견된다. 처음에 그는 돈과 책 이야기가 나올 때조차 이를 들으려 하지 않았고, 그의 얼굴에는 당혹과 고통이 분명히 드러났다. 그러나 백작 부인은 아이들의 미래를 위해 자기 입장을 단호하게 고수했다. 가족은 늘어났고 지출은 증가했으며, 가정 형편은 더 이상 예전과 같은 상태로 유지될 수 없었다."

그 무렵 레프 니콜라예비치는 "눈을 감으려 애썼고", "자신의 인생 계획", 즉 자신의 "네 단계의 수행"에 모든 힘을 기울였다. 그러나 그가 현대 부르주아 사회의 모순을 더욱 가차 없이 폭로하면 할수록, 재산 포기라는 그리스도의 계명을 더욱 진지하게 설교하면 할수록, 소피아 안드레예브나가 관리한 출판물들은 더 널리 유통되었고, 그 결과 그녀가 얻는 수입 역시 그만큼 더 늘어났다.

세르게옌코에 따르면, "레프 니콜라예비치의 아버지는

---

114) "돈을 주는 자는 악을 준다." : 톨스토이의 글 〈그렇다면 우리는 무엇을 해야 하는가?〉(1884) 제15장에서 인용.

1813년 독일의 에르푸르트시가 봉쇄된 뒤 파견 분대와 함께 상트페테르부르크로 보내졌다가, 귀환 도중 생 오비 마을 근처에서 자신의 하인 졸병과 함께 포로로 잡혔다. 하인은 주인의 모든 금을 한쪽 장화 속에 숨겼는데, 포로로 잡혀 있던 몇 달 동안 단 한 번도 신발을 벗지 않았다. 장화에 쓸려 발가락이 벗겨지고 상처를 입었지만, 그는 고통을 드러내지 않았다. 그 덕분에 니콜라이 일리치 백작은 파리에 도착한 뒤 아무런 부족함 없이 지낼 수 있었고, 충실한 하인 졸병에 대한 좋은 기억을 평생 간직하게 되었다."

이 이름 없는 농노 졸병과 같은 그런 '사람들'의 헌신 위에 모든 가부장제적 행복이 세워져 있으며, 화강암 토대 위에 올려진 것처럼 보이는 "소위 고상한 가족의 차분하게 인도되는 삶" 전체가 바로 그 위에 놓여 있다. 과연 백 세를 넘긴 야스나야 폴랴나의 곳간지기 하녀 아가피야는 이 사건을 기억하고 있을까? 적어도 그녀는 늙은 지주 니콜라이 일리치 톨스토이, 즉 (장편《전쟁과 평화》속) 니콜라이 일리치 로스토프의 원형이기도 한 인물이 다혈질적으로 주먹을 움켜쥐며 "농민들은 바로 이렇게 잡아야 해!"[115]라고 말하곤 했던 일을 분명히 기억하고 있다. 바로 그 아가피야는 레프 니콜라예비치의 어린 시절을 회상하며, "착한 아이였지만 다만 의지가 약했다"라고 단언하던 인물이다. 그러나 그녀는 그의 '새로운 변덕'에 대한 이야기를 들을 때면, 언제나 묘한 냉소를 짓는다.[116] 나는 또한 트베리 출신의 농부이자 복음적 빈곤의 설교자이며, 러시아에서 가장 영리한 인물 가운데 하나였던 바실리 시타예프의 얼굴에서도 이보다 훨씬 더 교활하고 미묘한 냉소를 본 적이 있다. 레프 니콜라예비치가 그의 집을 방문한 지 얼마 지나지 않아, 나는 우연히 톨스토이에 관해 그와 대화를 나눈 적이 있었다. 그리고 지금에 이르러 나는, 오래전 이미 "남편의 가르침에 익숙해진" 백작 부인 소피아 안드레예브나의 얼굴에서도, 때때로 이와 유사한 냉소가 반드시 떠올라야만 한다고 여전히 생각한다.

물론 야스나야 폴랴나의 밝고 안락한 방들 벽에 걸린 유서 깊은 조상들의 초상화가, "집안의 만사가 잘되었으

---

115) "… 늙은 지주 … '농민들은 바로 이렇게 잡아야 해!'라고 말하곤 했던 일을 …" : 톨스토이의 장편 《전쟁과 평화》의 등장인물 니콜라이 로스토프에 대한 분석/설명에서 발췌됨.

116) "바로 그 아가피야는 … 언제나 묘한 냉소를 짓는다." : E. 솔로비요바의 저서 《L.N. 톨스토이, 그의 삶과 문학 활동》(시리즈 '삶의 주목할 만한 사람들', 편집: F. 파블렌코바) 1894년 상트페테르부르크 출판, p.88에서 인용되고 있다.

면!" 하고 염려하는 듯한 특유의 근심 어린 눈빛으로 서로를 바라보고 있는 모습을 본다면, 그들은 마음이 놓일지도 모른다. 다시 말해, 집안일은 원만히 돌아가고 있고, 모든 것은 예전과 다르지 않으며, 조상들이 살아 있던 시절과 마찬가지로 지금도 그러하고 앞으로도 그럴 것처럼 보이기 때문이다. 그 유명한 "네 단계" 역시 처음에 상상되었던 것만큼 두렵고 급진적인 것으로 드러나지는 않았다. 레프 니콜라예비치가 자전거를 타고 여행하거나, 들판에서 농사를 짓거나, 잔디밭에서 테니스를 치거나, 가엾은 노파를 위해 난로를 놓아 주는 동안, 소피야 안드레예브나 백작 부인은 "황금의 새로운 원천"이 된 새 출판물을 교정하느라 밤을 새운다.

충실한 하인 졸병이 주인을 위해 자기 장화 속에 금을 숨겨 두었던 데에는, 결국 그 나름의 이유가 있었던 것이다.

그리고 조상들의 얼굴은, 색이 바랜 액자 속에서 여전히 인자하게 미소 짓고 있다.

베르스는 말한다. "어느 날 내가 있던 곳에 병들고 화상을 입은 농부가 레프 니콜라예비치에게 와서 헛간을 지을 나무를 달라고 요청하더군요. 그는 나를 불렀고, 우리는 도끼를 들었습니다. 우리는 즉시 야스나야 폴랴나 숲으로 가서 나무 몇 그루를 베고, 가지를 잘라 농부의 짐마차에 통나무를 실었습니다. 고백하건대 저는 그 일을 매우 열심히 했습니다. 알 수 없는 기쁨의 감정을 느꼈지요. 그것이 레프 니콜라예비치의 영향 때문이었는지, 아니면 병들고 지치고 가난한 불행한 사람을 위해 일하고 있었기 때문인지는 모르겠습니다. 그동안 농부는 공손한 태도로 멀찍이 서 있었습니다. 레프 니콜라예비치는 내가 기뻐하고 있다는 것을 알아차리더니 일부러 나에게 일을 더 맡겼고, 저는 거의 모든 나무를 베었습니다. 그는 그렇게 함으로써 나에게 어떤 새로운 감정을 느끼게 해 주고 싶었던 것처럼 보였습니다. 농부를 돌려보낸 뒤, 레프 니콜라예비치는 이렇게 말했다.

'과연 이런 도움의 필요성과 만족감을 의심할 수 있을까?'"

사실, 이것을 의심할 수 있을까? 그러나 그때 농부는 공손할 뿐만 아니라, 의기소침한 표정으로 서 있었다. 반면, 나리들은 자신의 선행을 즐기고 있었던 것일까? 그에게 또 무엇이 필요했을까? 그는 무엇을 기대하고 있었을까? 여느 때처럼 단순히 돈에 대한 자선을 바란 것일까? 그러나 레프 니콜라예비치는 돈을 가지고 다니지 않는다. 아니면, 농부는 나리의 일이 끝나기를 기다리며 그저 춥고,

지루하고, 지쳐 있었던 것일까? 그런데 나리들이 특별한 만족을 느끼며 그를 도와주고 있을 때, 농부의 머릿속에서는 어떤 조소적이고 배은망덕한 생각들이 스쳐 지나가고 있다는 것을 누가 짐작할 수 있을까? 왜냐하면 일반인들, 특히 야스나야 폴랴나의 농부들은 본래 천성적으로 조소적이고 배은망덕한 경향을 지니고 있기 때문이다.

레프 니콜라예비치 자신도 인정하듯이, "대부분의 농부는 나를 풍요의 뿔처럼 볼 뿐이에요. 그런데 그들에게서 다른 태도를 요구할 수나 있겠는가? 어쨌든, 그들의 삶과 견해는 수 세기에 걸쳐 수많은 조건의 영향을 받아 형성되었으니, 과연 한 사람이 이 모든 것을 바꿀 수 있을까?"

그러나 이는 소피야 안드레예브나 백작 부인이 재산 분배 문제에서 그에게 반대했던 논리와 동일하다. 그녀는 이렇게 말한다. "아무도 바로 그와 같은 일을 하길 원치 않을 때, 나는 아이들을 세상에 내던질 수 없습니다!" 그렇다면 레프 니콜라예비치는 도대체 어떤 이유로 그녀와 의견을 달리하는 것일까? 이것은 마치 "이 세상의 공후"라 불리는, 위대한 논리학자의 반박할 수 없는 주장처럼 보인다. 그는 우리를 이교도적 혐오 속에서 잠들게 하며, 그 결과로 기독교는 이미 20세기가 되었음에도 결코 어디에서도 "성공하지 못하고 있다"고 보여 준다. 만약 한 사람이 모든 것을 바꿀 수 없다면, 모든 것을 이전처럼 그대로 두어야 한다. 이것이 바로 세계, 적어도 우리의 민주주의적 · 소부르주아적 세계가 위치하는 절충적이고 모호한 저속함이며, 이러한 절충적 저속함은 그러한 세계를 위해 "재산의 약한 거미줄"을 쇠사슬로 만든다. 이것이 모든 그리스도인의 감정에 합리적이고 안전한 "따뜻함"을 제공한다. 이 "따뜻함"과 관련하여, 묵시록(요한계시록 3장 16절)에는 천사가 라오디게아 교회에 이렇게 말하는 내용이 있다. "오, 네가 차거나 뜨겁거나 해야 하는데, 네가 미지근하다면, 내 입에서 너를 토해 내리리라."[117]

---

117) "오, 네가 차거나 뜨겁거나 해야 하는데, … 내 입에서 너를 토해 내리리라." : 요한계시록(Апокалипсис, АПОК) 3장 16절("네가 이같이 미지근하여 뜨겁지도 아니하고 차지도 아니하니 내 입에서 너를 토하여 버리리라")을 사용해 톨스토이가 이같이 표현. (원서에는 "АПОК. 2 : 15, 16"으로 표기돼 있는데, 이는 오기로 보임. 러시아어 성경에서 АПОК는 영어의 Revelation, 한국어의 요한계시록을 가리키는 약어임. 참고로 러시아어 성경에서 책 이름을 축약할 때 다음과 같이 대문자 약어를 자주 사용함. 예: АПОК 3:16 → 요한계시록 3장 16절, Деян 2:15-16 → 사도행전 2장 15~16절. "АПОК. 2 : 15, 16"은 "15 이와 같이 네게도 니골라 당의 교훈을 지키는 자들이 있도다 16 그러므로 회개하라 그리하지 아니하면 내가 네게 속히 가서 내 입의 검으로 그들과 싸우리라"임, 따라서 이는 오기임: 역자 주)

레프 니콜라예비치는 "나는 내가 할 수 있는 건 여러분에게 해 드렸고, 더 이상 해 드릴 수 없습니다"라고 "고통이 묻어나는 어조"로, 자신을 에워싼 청원자들에게 말한다.

우리는 정원을 가로질러 가고 있었는데, 그때 연약해 보이는 아이를 데리고 온 한 농부가 우리의 길을 가로막는다. 레프 니콜라예비치는 걸음을 멈춘다.

"무슨 일인가?"

농부가 아이를 앞으로 떠민다. 소년은 머뭇거리며, 부끄러워하면서 한 마디 한 마디 천천히 길게 발음한다.

"마-아-앙-아-지-를… 주-세-요…"

나는 몹시 난처해져서 어디로 눈을 돌려야 할지 모르겠다.

레프 니콜라예비치는 어깨를 으쓱하며 말한다.

"무슨 망아지란 말이니? 무슨 바보 같은 소리냐! 나한텐 망아지 같은 건 하나도 없단다."

"아니, 있잖아요!" 농부가 단언하듯 말하며, 갑작스러운 기세로 앞으로 나선다.

레프 니콜라예비치는 잠시 생각한 뒤, 몇 걸음 걸으며 가볍게 도랑을 뛰어넘으면서 말한다.

"글쎄요, 난 그런 건 전혀 모르겠소. 하나님과 함께 가

시오!" 레프 니콜라예비치가 이렇게 말하고, 몇 걸음을 옮긴 뒤, 도랑을 훌쩍 뛰어넘는다.118)

하지만 그는 자기에게 정말로 어떤 망아지도 없다고 완전히 확신했을까?

《유년 시절》과 《소년 시절》에서 톨스토이는 어느 날 고해성사에서 한 죄를 말하는 걸 잊고, 다시 고해신부를 찾아갔다고 한다. 수도원에서 마차를 타고 귀가하던 그는, 자신의 선행을 인식함으로써 기쁨과 자부심을 느꼈고, 그 감정을 누군가와 나누고 싶어 했다. 그러나 근처에 마부 외에는 아무도 없어, 그는 모든 감정을 그대로 마부에게 설명했다. 마부는 믿기 어렵다는 듯 "대단하십니다요"라고 말했다.

그 후 레프 니콜라예비치는 오랫동안 침묵하며 꼼짝도 하지 않고 앉아 있었다. 그는 마부가 자신을 고해신부처럼 생각하며, 세상에서 자신만큼 아름다운 청년은 없다고 여기리라고 생각했다.

그런데 갑자기 마부가 말을 꺼냈다.

"그런데 어째서, 나리, 나리의 일이 주님의 일이죠?"

---

118) "우리는 정원을 가로질러 가고 있었는데, … 도랑을 훌쩍 뛰어넘는다." : 세르게옌코.

"뭐라고?" 하고 내가 물었다.

"바로 그 일이 주님의 일이죠?"라고 그는 이가 없는 입술로 중얼거리며 반복했다.

'아니야, 그자가 내 말을 못 알아들었어'라고 나는 생각했지만, 집에 도착할 때까지 더 이상 그와 말하지 않았다.

그래서 레프 니콜라예비치는 부끄러워졌다.

"난 지금도 이 기억을 떠올리면 부끄럽죠"라고 그는 덧붙인다.

내 생각에는, 자기 손으로 그를 위해 나무를 베는 걸 공손하고 의기소침한 표정으로 지켜보았던 환자 농부와, 레프 니콜라예비치에게 없는 망아지를 요구했던 우스꽝스러운 농부 역시 마부가 했던 것처럼 그에게 이렇게 말할 수 있었을 것이다.

"그런데 어째서, 나리, 그 일이 주님의 일이죠?"

그래서 그는 어떻게 그리스도의 계명을 성취했고, 어떻게 재산의 약한 거미집을 깨뜨렸는지를 이렇게 말한다. "글쎄, 난 그런 건 아무것도 모르겠소. 하나님과 함께 가시오!"

목격자 중 한 사람은 레프 니콜라예비치가 무슨 일을 하든 "결코 우습게 보인 적이 한 번도 없다"119)라고 단언한다. 나는 이것을 믿고 싶다. 그러나 나는 그가 우스꽝스러운 농부로부터 도망쳐, 70세의 노인을 놀라게 할 정도로 재빨리 도랑을 뛰어넘었던 순간, 그가 조금 우스꽝스러워 보였다는 사실이 여전히 마음에 걸린다. 아, 나는 여기에는 단순히 우스꽝스러운 것만 있는 것이 아니라, 그와 우리 모두에게 연약함과 두려움이 함께 있음을 너무나 많이 느낀다. 그리고 이런 일은 현대 생활에서 항상 일어나듯, 더 우스꽝스러울수록 더 무서워진다.

그토록 무한히 진리를 갈망했던 바로 이 사람이, 그 누구도 하지 않았던 것처럼 그토록 가차 없이 자기 자신과 타인들을 비난했으며, 동시에 그토록 뻔뻔스러운 거짓말과 추악한 모순이 자신의 양심 속으로 들어오도록 허용했다는 사실이 정말 무섭지 않은가? 악마 중 가장 작지만, 동시에 가장 힘이 센 악마, 즉 재산과 속물적인 만족 및 소위 "영혼의 따뜻함"이라 불리는 절충적인 저속함을 지닌 현대의 악마가 그 안에서 자신의 마지막이자 가장 위대한 승리를 거두지 못했을까?

만약 톨스토이 전설이 중세의 황혼기에 형성되었더라면, 누군가는 이 악마가 불가능한 망아지를 요구했던 우스

---

119) "목격자 중 한 사람은 … '결코 우습게 보인 적이 한 번도 없다'고 단언한다." : 세르게엔코.

짱스러운 농부의 이미지로 구체화되었다고 생각했을지도 모른다. 그리고 레프 니콜라예비치가 악마에게서 도망치고 있었을 때, 수치이든 공포이든 태연한 부주의이든 그것과 상관없이, 유혹자는 반드시 의기양양했을 것이 분명하다. 그는 아마 자신이 가장 좋아하는 무서운 농담 중 하나를 반복하며 이렇게 비웃었을 것이다.

"그런데 말이야, 나도 논리학자라는 걸 네가 정말 몰랐니?"[120)]

---

120) "그런데 말이야, 나도 논리학자라는 걸 네가 정말 몰랐니?" : 도스토옙스키의 장편 《카라마조프가의 형제들》에 나오는 악마의 말.

제5장

"당신은 황제니 혼자 살아라"[121] 하고 푸시킨은 독백했다. 그러나 커다란 내적 고독에도 불구하고 그는 다른 누구보다도 더 평생 "친구들"에 둘러싸여 있었다. 위대한 사람들과 작은 사람들, 즉 (니콜라이) 고골[122]과 아리나 로디오노브나,[123] 니콜라이 (1세) 황제,[124] (예브게니) 바라틴스키,[125] (안톤) 델비크,[126] (니콜라이) 야지코프,[127]

---

121) "당신은 황제니 혼자 살아라" : 푸시킨의 시 〈시인에게〉(1830) 중에서. (엄밀한 형식의 '소네트'가 아니라 '시'임: 역자 주)

122) 니콜라이 고골(Николай Гоголь, 1809~1852). 푸시킨의 도움을 받은 러시아 작가, 비평가. (역자 주)

123) 아리나 로디오노브나(Арина Родионовна, 1758~1828). 푸시킨의 유모. (역자 주)

124) 니콜라이 1세(1796~1855). 니콜라이 1세는 데카브리스트 봉기 이후 전제정과 검열을 강화해 문학·사상을 통제했으며, 크림 전쟁 패배로 제국의 구조적 한계를 드러냈다. 그와 푸시킨의 관계는 개인적 후원과 국가적 검열이 결합한 사례로, 전제 권력 아래 러시아 문학의 관리와 변형을 보여 준다. (역자 주)

125) 예브게니 바라틴스키(Евгений Баратынский, 1800~1844). 푸시킨의 절친한 친구, 러시아 철학 시인, 작가, 번역자. (역자 주)

그리고 하나님만 아는 아마 처음 보는 것 같은 사람과도 평등하게, 빠른, 심지어 성급해 보이는 우정을 맺고, 단순하고 쉽게 의사소통하는 그의 능력은 놀랍다.

그럼에도 당신은 우릴 저주하지 않으셨어요! … 당신은
높은 곳에서 좋아하시는군요,
작은 골짜기의 그늘 속으로 숨는 것을,
당신은 하늘의 천둥소리를 좋아하시며, 또한 당신은
붉은 장미꽃 위에서 벌들의 윙윙 소리를 들어 주시는군요.[128)]

그에게는 작은 인간들에 대한 자연스럽고도 무의식적인 기독교적 용서와 겸손이 있다. 동시에 그는 위대한 인물들에 대해서도 질투나 탐욕, 악의의 그림자를 전혀 품지

---

126) 델비크(А. А. Дельвиг, 1798~1831). 푸시킨의 친구, 러시아 낭만주의 시인, 비평가, 출판가. (역자 주)

127) 니콜라이 야지코프(Николай Языков, 1803~1846). 푸시킨의 절친한 친구, 러시아 시인. (역자 주)

128) "그럼에도 당신은 우릴 저주하지 않으셨어요! … 당신은 높은 곳에서 좋아하시는군요, …" : 푸시킨의 시 〈너는 오랫동안 홀로 호메로스와 대화를 나누었고…〉에서.

않는다. 그는 아무런 계산이나 염려 없이 자신의 마음을 내어주며, 마치 왕의 관대함처럼, 때로는 그 이상으로 아낌없이 베푼다. 그리하여 그는 모든 사람에게, 모든 사람처럼, 하나의 "친절한 작은 푸시킨"으로 보인다. 그의 '친구들' 가운데서도 그의 압도적인 위대함과 절망적인 고독을 의심하는 이는 거의 없었다. 이 사실은 그가 죽기 직전에 이르러서야 갑작스럽게 드러난다. 그때 그는 조용히, 마지막의 비통한 어조로 이렇게 혼잣말할 수 있었을 것이다. "당신은 황제니, 혼자 죽어라."

푸시킨보다 훨씬 더 고독한 괴테도 "천상적인 것"을 가졌음에도 불같고 매우 지상적인 실러와의 우정을 위해서 몹시 무서운 "마테리"[129]들이 살고 있는 자신의 얼음처럼 차갑고 조용한 봉우리에서 "작은 계곡의 그늘 속으로 숨을" 수 있었다.

---

129) "마테리(Матери)" : 마테리(Матери)는 독일어로 '디 뮈터(die Mütte)'다. 이는 괴테의《파우스트》제2부에서 사용되는 고유한 형이상학적 개념으로, 모든 형식 · 생명 · 현상이 생성되기 이전의 근원적 모성 원리, 창조적이면서 동시에 보존적인 원천을 뜻함. 즉, 시간 · 공간 · 사물 이전의 영역 형상을 낳지만 스스로는 무형인 근원 물질을 여신으로 의인화한 상징임. 다시 말해서 세계의 모든 형식과 생명이 생겨나기 이전의 근원적이고 모성적인 생성 원리를 뜻함. (역자 주)

톨스토이의 삶에서 우리는 천재의 고독이 어떤 독자적·예외적인 상태라기보다, 또 하나의 지상적이고 세속적이며 인간적인 조건임을 새삼스럽게 발견하고 깜짝 놀라게 된다. 그는 친구를 제외하면, 인간이 지상에서 획득할 수 있는 거의 모든 것을 손에 넣었다. 그러나 페트와의 관계를 우정이라 부르기는 어렵다. 그는 페트를 다소 오만하게 바라보았으며, 그렇다면 과연 페트가 톨스토이의 친구가 될 수 있었겠는가? 그것은 두 지주 귀족 가문 사이의 친밀한 교류일 뿐, 진정한 우정이라 할 수는 없다. 그는 평생을 친척들, 추종자들, 관찰자들 혹은 감독자들, 그리고 말년에는 제자들에 둘러싸여 살았다. 그러나 이들 가운데서 제자들은 오히려 그에게서 가장 멀리 떨어진 존재처럼 보인다. 세월이 흐르면서 그의 내면에서는 지나치게 신중하고 계산적인 고립감, 마음의 방어, 그리고 친구를 사귈 수 없는 거의 완전한 무능함이 점점 더 강화된다.

마치 그를 시험이라도 하듯, 운명은 단 한 번 그에게 참으로 훌륭하고 위대한 친구를 보내주었다. 그러나 그는 그 인물을 밀쳐냈거나, 혹은 끝내 가까이 오도록 허락하지 못했다. 나는 그 사람이 바로 투르게네프였다고 생각한다.

그들의 관계는 러시아 문학사에서 가장 어렵고도 가장

흥미로운 심리적 수수께끼 가운데 하나다. 어떤 신비로운 힘이 그들을 서로 끌어당겼지만, 일정한 친밀성에 도달하는 순간마다 그 힘은 마치 다시 끌어당기기라도 하듯 그들을 밀쳐냈다. 그들은 서로를 불쾌하게 여기고 견딜 수 없어 하면서도, 동시에 오직 서로에게만 가까웠고 서로를 필요로 했다. 그럼에도 그들은 끝내 하나로 합쳐질 수도, 완전히 결별할 수도 없었다.

투르게네프는 톨스토이에게서 위대한 러시아 작가의 탄생을 가장 먼저 알아본 인물이었고, 다음과 같은 말로 그를 환영했다. "이 젊은 포도가 발효되면, 신들에게 바칠 만한 음료가 될 것이다." 그는 이미 1856년에 이러한 평가를 드루지닌(А. В. Дружинин, 1824~1864)에게 보낸 편지에서도 밝힌 바 있다.[130] 그러나 그로부터 20여 년이 지난 뒤, 투르게네프는 페트에게 다음과 같은 편지를 쓴다. "톨스토이라는 이름은 이제 유럽의 저명한 인물이 되기 시작하고 있습니다. 우리 러시아인들은 그에게 경쟁자가 없다

---

130) "'이 젊은 포도가 발효되면, …' 그는 이미 1856년에 이러한 평가를 드루지닌(А. В. Дружинин, 1824~1864)에게 보낸 편지에서도 밝힌 바 있다." : 1856년 12월 5일(신력 17일) 자, 파리에서 투르게네프가 드루지닌에게 보낸 편지.

는 사실을 오래전부터 알고 있었습니다."[131]

"내가 좋아하지 않는 사람인 투르게네프의 의견은 내가 성장하면 할수록 나에게 소중하다"[132]라고 톨스토이는 고백한다.

투르게네프는 그에게 편지를 보내 이렇게 쓴다. "멀리서 보면 다소 이상하게 들릴지도 모르지만, 내 마음은 마치 형제처럼 당신에게 가 있습니다. 한마디로 말해, **나는 당신을 좋아합니다**, 이것만은 의심의 여지가 없습니다."[133]

(드미트리) 그리고로비치[134]는 1850년대 네크라소프의 집에서 열린 잡지 《동시대인》의 야회를 회상하며 이렇

---

131) "톨스토이라는 이름은 … 그에게 경쟁자가 없다는 사실을 오래전부터 알고 있었습니다." : 1878년 9월 30일(신력 10월 12일) 자, 파리에서 투르게네프가 페트에게 보낸 편지.

132) "내가 좋아하지 않는 사람인 투르게네프의 의견은 … 나에게 소중하다" : 1865년 1월 20일 자, 야스나야 폴랴나에서 투르게네프가 페트에게 보낸 편지.

133) "멀리서 보면 다… '나는 당신을 좋아합니다.' 이것만은 의심의 여지가 없습니다." : 이 편지는 톨스토이가 투르게네프에게가 아니라, 1856년 10월 28일(신력 11월 16일) 자, 파리에서 투르게네프가 톨스토이에 보낸 편지다.

134) 드미트리 그리고로비치(Дмитрий Григорович, 1822~1900). 러시아 소설가. (역자 주)

게 전한다. "톨스토이는 중앙 응접실의 모로코산 가죽 소파에 뾰로통해져 화가 난 채 드러누워 있었고, 투르게네프는 양손을 호주머니에 찔러 넣은 채 짧은 재킷의 앞깃을 벌리고 세 개의 방을 앞뒤로 끊임없이 오가고 있었다." 사태가 파국으로 치닫는 것을 막기 위해 그리고로비치는 톨스토이에게 다가가 말한다.

"여보시오, 톨스토이. 너무 걱정하지 마시오. 당신도 알다시피 그분은 당신을 진심으로 존중하고 좋아하잖소."

그러자 톨스토이는 콧구멍을 벌렁거리며 말한다.

"난 그자가 나를 못 견뎌 하면서, 일부러 아무것도 못하게 만들려 한다고 보오. 지금도 보시오, 일부러 내 옆을 서성거리며 저 민주적인 넓적다리들을 흔들고 있지 않소…!"135)

결국, 그리고로비치가 나름의 이유로 우려했던 '파국'은 1861년, 페트의 영지 스테파놉카에서 갑자기 발생했다. 거의 결투로까지 번질 뻔한 이 다툼은 사소한 사건에

---

135) "(드미트리) 그리고로비치는 1850년대 네크라소프의 집에서 … 저 민주적인 넓적다리들을 흔들고 있지 않소…!" : 그리고로비치의 일화들은 A. A. 페트의 《나의 회상》(모스크바, 1890, 제1부)에 실린 내용을 바탕으로 하며, 세르게옌코(II)가 이를 인용하고 있다.

서 비롯된 것이었으며, 책임은 분명 투르게네프 쪽에 있었다. 그는 흥분한 나머지 불필요하게 말을 많이 했고, 이 점에서 톨스토이는 옳았다. 톨스토이는 자신의 삶 전반의 인간관계에서 비난받을 만한 점이 거의 없었으며, 외적으로는 분명 혈기가 왕성해 보였으나 내적으로는 냉정하고 내성적이며 절제력이 있는 인물이었다. 그럼에도, 이상하게 들릴지 모르지만 이 다툼에서 잘못을 범한 투르게네프가 오히려 옳았던 톨스토이보다 덜 난처한 인상을 준다. 투르게네프는 즉시 정신을 차리고, 매우 단순하고 남자답게, 그리고 관대하게 용서를 구했다. 반면 톨스토이는 갈등을 두려워하는 성향 탓에 그의 사과를 받아들였거나, 혹은 받아들이고자 했던 것으로 보인다.

그는 결국 "나는 이 사람을 경멸합니다"[136] 라는 말을, 그 표현이 상대에게 전해지리라는 사실을 알면서도, 페트에게 보내는 편지에 적어 넣었다.

투르게네프는 다음과 같이 고백했다. "나는 그가 나를 증오하고 있다는 것을 느꼈고, 그럼에도 그가 왜 끊임없이 나에게 말을 걸어오는지 이해할 수 없었다. 나는 예전처

---

136) "나는 이 사람을 경멸합니다" : 톨스토이가 보고슬로보에서 A. A. 페트에게 보낸 1861년 5월 28일 자 편지에 나오는 말.

럼 그와 거리를 두었어야 했다. 그러나 바로 그와 가까워지려는 나 자신의 시도가, 결국 우리를 거의 결투에 이르게 만들었다. 나는 그를 결코 좋아한 적이 없었다. 그러니 이전에 내가 이 모든 것을 얼마나 이해하지 못하고 있었던가!"

그들 사이의 모든 것이 이미 돌이킬 수 없을 만큼 끝난 것처럼 보일 수도 있다. 그러나 17년이 흐른 뒤, 톨스토이는 다시 투르게네프를 향해 첫걸음을 내딛는다. 그는 다시 그에게 말을 건네며, 화해의 손길을 내민다. 투르게네프는 이에 즉각, 그리고 기꺼이 응답한다. 마치 이 화해를 오래도록 바라고 기다려 온 사람처럼, 혹은 가장 가까운 사람이 의지와 무관하게 오랫동안 헤어져 있다가 마침내 돌아온 것을 맞이하듯, 그는 그 화해를 받아들인다.

그리고 죽어 가는 투르게네프의 마지막 생각은 '친구'인 톨스토이에게로 향한다.

"나의 친구여, 문학으로 돌아가시오! 사실 당신의 이 재능에서 다른 모든 것이 나옵니다. 아, 만일 내 부탁이 그대에게 그렇게라도 영향을 미칠 수 있다면, 내가 얼마나 행복하겠습니까… 나의 친구여, 러시아 땅의 위대한 작가여, 내 요청에 귀를 기울이시오!"[137]

이 말 속에는 톨스토이에 대해 끝내 충분히 말하지 못

했다는 두려움과, 그의 기독교적 거듭남에 대한 무언의 불신이 깃들어 있다. 톨스토이는 투르게네프가 그에게 호소했던 것처럼, 적어도 러시아 민중 앞에서는 아무런 대답도 하지 않았다. 그는 끝내 그에게 응답하지 않았다. 그리고 무덤 가장자리에서만 말해질 수 있는 진리의 무한한 힘으로 가득 찬 이 편지가, 과거 그들 사이의 어떤 충돌보다도 오히려 그에게 더 깊은 상처를 주었다는 사실을 우리가 어떻게 알 수 있겠는가? 그는 자기 마음의 가장 깊은 곳에서, 다시 깨어나는 저항할 수 없는 증오와 함께, 헛된 경멸의 욕망과 더불어 "나는 이 사람을 경멸한다"라는 말을 되뇌지 않았던가. 항상 그렇듯이, 바로 그에게서 가장 위대하고 가장 진실하며 가장 결정적인 말이 나와야만 할 듯 보였던 순간에, 그는 침묵했다. 그리고 죽어 가는 친구이자 동시에 자신의 적대자가 보낸 이 마지막 간청을, 마치 응답할 가치조차 없는 것처럼, 한쪽 귀로 흘려보내고 말았다.

어느 날 투르게네프는 톨스토이에 대해 언급하면서, 자신이 남긴 말 가운데 가장 심오하고 신념에 찬 평가라

---

137) "나의 친구여, … 내 요청에 귀를 기울이시오!" : 1883년 7월 27일(28일) 자, 부지발에서 투르게네프가 톨스토이에게 보낸 편지.

할 만한 말을 했다. "그의 가장 큰 결점은 영적 자유의 결핍에 있다."

투르게네프에게 이것이 분명했던 것처럼, 레프 톨스토이는 자신의 분신이자 이중인격이라 할 수 있는 인물 레빈에 대해 한 친구에게 다음과 같이 썼다.

"과연 자네는 **레빈이 대체로 유능한 어떤 사람을 사랑한다는 것이 무엇을 의미하는지**를 잠시라도 받아들일 수 있을까? … 아니네, 사랑이란 우리의 '나'를 파괴하는 열정 가운데 하나일세. … 그런데도 레빈은 자신이 사랑받고 있으며 행복하다는 사실을 알게 된 뒤에도, 자기 고유의 '나', 즉 자아에 대한 몰두를 멈추지 않아. 그는 여전히 자신을 돌보는 일을 그만두지 않고 있지. … 레빈은 뼛속까지 이기주의자일세."

"자네는 참으로 놀랍고도 보기 드문 자질인 솔직함을 지니고 있군" 하고 네흘류도프가 이르테니예프에게 말했다.

"그래, 나는 언제나 스스로 인정하기조차 부끄러운 바로 그 점들을 말하지." 이르테니예프는 은근한 만족감을 느끼며 응수했다.

그러나 톨스토이의 이른바 '솔직함'은 어딘가 기묘한 인상을 준다. 그것을 더 깊이 들여다볼수록, 그는 솔직하면 할수록 오히려 더 비밀스러워지는 듯 보인다. 마치 이 솔직함이라는 수단을 통해, 자신의 가장 마지막 깊이와 은밀한 핵심을 더욱 철저히 감추고 있는 것처럼 느껴진다. 그는 늘 자신이 부끄럽다고 여기는 것들을 말하지만, 단 하나 — 가장 본질적이고, 가장 부끄럽고, 가장 두려운 것은 — 언제나 예외로 남는다. 그것에 대해서 그는 누구와도, 심지어 자기 자신과도 절대로 말하지 않는다. 투르게네프는 바로 이 점에서 예외적인 존재였다. 그는 모든 사람과 함께 침묵할 수도 없었고, 비밀 속에서만 솔직해질 수도 없는 유일한 사람이었다. 투르게네프는 레빈이 어떤 인간인지 지나치게 잘 알고 있었고, 그가 자기 자신 외에는 아무도 사랑할 수 없다는 사실을 너무도 분명히 꿰뚫어 보고 있었다. 그리고 바로 여기에 레빈의 마지막 수치심이 있으며, 그가 끝내 고백할 힘을 갖지 못한 최후의 두려움이 놓여 있음을 정확히 인식하고 있었다.

아마도 투르게네프의 이러한 투시력 속에, 그 수수께끼 같고 때로는 매혹적이며 때로는 혐오스럽기까지 한 힘의 주요한 근원이 자리하고 있었을 것이다. 그리고 그 힘은 평생을 거의 기적적으로, 그들 자신을 가지고 놀았던 것처럼 보인다. 그것들은 서로 마주 선 두 개의 거울처럼, 서로를 비추며 끝없이 깊어지게 만든다. 그러나 바로 그래서, 그 둘은 이 지나치게 투명하면서도 어두운 무한성을 두려워한 것이었다.

레프 톨스토이의 도스토옙스키에 대한 태도 또한 그만큼 주목할 만하다.

두 사람은 생전에 단 한 번도 만난 적이 없었다. 레프 니콜라예비치는 오랜 시간에 걸쳐 그와의 만남을 마음속으로 준비해 왔다. 그는 이렇게 적었다. "나는 그를 친구로 여겼다. 그러나 우리가 실제로 만나게 되리라고는 생각하지 않았다. 이제야 우리가 반드시 만나야만 했음을 깨닫게 되었지만, 그것은 전적으로 내 잘못이다."[138] 그는 계속해서 만남을 준비했지만 끝내 실현하지 못했고, 그럴 여유를 찾지도 못했다. 그러다 도스토옙스키의 장례식이 끝난 뒤, 모두가 갑자기 그에 대해 말하기 시작하고, 소리 높여 찬양하며, 마치 이제야 그를 처음 발견하기라도 한 듯 소란을 피웠을 때, 레프 니콜라예비치 역시 이 집단적 합창에 합류했다. 그는 전 민중의 인정에 뒤처지지 않으려는 듯 서둘렀고, 자신이 부재한 채로 늦게 도래한 애정을 스스로 되새기며, 도스토옙스키가 사실은 "가장 가깝

---

138) "나는 그를 친구로 여겼다. … 내 잘못이다." : 톨스토이가 1881년 2월 5~10일 스트라호프(Н. Н. Страхов)에게 보낸 편지.

고, 가장 소중하며, 가장 필요한" 사람이었다[139]는 감정을 갑작스레 느끼게 된다. 그는 이렇게 고백한다. "마치 어떤 지주(支柱)가 내 안에서 떨어져 나간 것 같았습니다. 나는 어찌할 바를 몰랐습니다. 나는 울었고, 지금도 울고 있습니다. 며칠 전, 그분이 돌아가시기 직전까지 《학대받은 사람들과 모욕당한 사람들》을 끝까지 읽고 '**깊이 감동했습니다**.'"[140]

그러나 끝내 그가 도스토옙스키와 '운이 닿지 않았다'는 사실은 여전히 놀랍다. 정녕 그가 "울고 감동했다면", 왜 하필 《죄와 벌》, 《백치》, 《카라마조프가의 형제들》과 같은 보다 결정적인 작품들이 아니라, 도스토옙스키의 작품 세계에서 미래성을 거의 갖지 못한 – 젊은 독자들이 선호하는, 비교적 평범하고 이미 낡은 – 몇 안 되는 초기 작품 가운데 하나인 《학대받은 사람들과 모욕당한 사람들》에서 멈추었던 것일까? 이것 또한 또 하나의 유감스러운 우연 때문이었을까, 다시 한번 "그럴 필요가 없었기" 때

---

139) "'가장 가깝고, 가장 소중하며, 가장 필요한' 사람이었다" : 톨스토이가 1881년 2월 5~10일 스트라호프에게 보낸 편지.

140) "마치 어떤 지주(支柱)가 … '깊이 감동했습니다.'" : 톨스토이가 1881년 2월 5~10일 스트라호프에게 보낸 편지.

문이었을까, 아니면 끝내 시간을 내지 못했기 때문이었을까?

그러나 이 '장례식' 편지에는 그보다 훨씬 더 놀라운 대목이 있다.

"… 그와 나를 비교한다는 생각은 단 한 번도 해 본 적이 없었다. 단 한 번도"라고 톨스토이는 단언한다. 이어서 그는 "그가 했던 모든 일(그가 했던 좋은 일, 진실한 일)"이라고 덧붙인다. 그러나 이 괄호 속의 보충은, 역설적으로 도스토옙스키가 했던 모든 일이 반드시 '진실한 것'은 아니었음을 — 혹은 진실하지 않은 것도 포함되어 있음을 — 암시하는 것은 아닐까? 그렇다면 레프 니콜라예비치는 여기, 무덤 앞에서의 이 침묵을 무엇으로 간주하고 있는 것일까? 그는 계속해서 이렇게 말한다. "그가 한 모든 것은 많아질수록 오히려 더 기분이 좋아지는 것이었다. 예술은 내 마음속에 부러움을 불러일으키고, 지성도 마찬가지다. 그러나 마음의 문제에서는 오직 기쁨만이 있을 뿐이다."[141]

---

141) "… 그와 나를 비교한다는 생각은 단 한 번도 해 본 적이 없었다. … 그러나 마음의 문제에서는 오직 기쁨만이 있을 뿐이다." : 톨스토이가 1881년 2월 5~10일 스트라호프에게 보낸 편지.

이것은 무엇인가? 어떻게 이해해야 하는가? 그는 이 편지에서 지나치게 비밀스러운가, 아니면 지나치게 솔직한가? 일반적으로 사람은 부러움을 고백할 수 있지만, 가장 위대한 경쟁자를 향해서는 결코 그러지 않는다. 그렇다면 도스토옙스키의 작품들에는 오직 "마음의 문제"만 있을 뿐이라는 이 말은 무엇을 뜻하는가? 그 밖에는 아무것도 없다는 말일까? 정말로 도스토옙스키의 전 작품 세계에는 "마음의 문제" 외에는 아무것도 존재하지 않는다는 것일까? 심지어 톨스토이조차 때로는 부러워할 수 있었던 지성도, 예술도 거기에는 없다는 뜻일까? 아니면 '마음의 문제'와 견주어 볼 때, 도스토옙스키의 예술과 지성은 언급할 가치조차 없을 만큼 부차적이고 미미한 것에 불과하다는 의미일까? 그러나 그런 식의 칭찬이라면, 그것은 결코 온전한 찬사가 아니다. 그럼에도 레프 니콜라예비치는 분명 진심으로 울었고, 도스토옙스키에게 감동했다…. 그렇다면 이 몇 마디 말 속에는 단순한 혼란만이 들어 있는 것일까? 이제 이 말들을 이해하려고 시도해 보자. 겉으로 보기에 그것들은 얼마나 단순한가. 그러나 그 내면으로 들어가면 얼마나 이해하기 어려운가. 마치 그의 순진하고도 벌거벗은 생각이 내 앞에서 정면으로 나를 응시하고 있는 듯하다가도, 손을 뻗어 붙잡으려는 순간 늑대인간처럼 두

손 사이를 미끄러져 도망쳐 버리는 것 같다. 그것은 사라지고, 나는 그것이 과연 무엇이었는지조차 알 수 없게 된다. 남는 것은 단지 차가움과 섬뜩함뿐이다.

더욱 놀라운 것은, 이 편지에서 그가 언제나 그렇듯 가장 중요하고, 가장 흥미롭고, 또한 필연적으로 최후의 솔직함을 요구하는 문제, 곧 도스토옙스키에 대한 자신의 관계뿐 아니라, 도스토옙스키가 자신을 어떻게 바라보았는지에 관해서는 단 한마디도 하지 않았다는 사실이다. 그런데 사실 도스토옙스키는 죽기 직전, 톨스토이의 가르침과 그의 기독교적 거듭남에 대해, 마치 아무도 말한 적이 없었던 것처럼 직접적이고 진지하게 발언한 바 있다. 그렇다면 다시 묻게 된다. 정말로 "그럴 필요가 없었기" 때문이었을까? 레프 니콜라예비치는 우연히 《작가의 일기》를 들춰보지 않았던 것일까, 아니면 단순히 호기심이 없었던 것일까? 아니면 그에게 "가장 가깝고, 가장 필요하며, 가장 소중한 사람"이었던 이 존재, 그의 전 생애의 영적 삶을 떠받치던 이 내적 "지지자"가 지극히 거룩한 것에 대해 어떻게 생각했는지 알고자 하는 욕망 자체가 없었던 것일까?

그렇다면 도대체 그는 누구에게, 무엇을 말하려 했던 것일까? 특히 그토록 엄숙한 순간에, 살아 있는 친구에게는 이미 너무 늦었다는 사실을 갑자기 깨달았을 때, 그리고 죽은 이를 위해 울지 않을 수 없다고 느꼈을 바로 그 순간에, 이 문제 말고 무엇이 더 말해질 수 있었단 말인가?

도스토옙스키는 미래를 예언적으로 통찰한 최초의 사람이었다. 그는 당시에는 거의 누구에게도 이해되지 않았고, 오늘날에도 여전히 거의 완전히 이해되었다고 말하기 어려운 톨스토이 예술의 보편적 의미를, 누구보다 먼저 예언적으로 지적했다. 동시에 그는 자신의 약점 또한 분명히 인식하고 있었다. 도스토옙스키는 투르게네프가 "레빈은 뼛속까지 이기주의자다"라고 말한 것과 거의 같은 판단에 이른다. 다만 그는 그것을 다른 언어로 표현했을 뿐이다. 그는 스스로에게 이렇게 묻는다. "왜 **레빈에게서 저토록 음울한 고립**이 생겨났으며, 왜 **한쪽으로 그렇게 우울한 분리**가 발생했을까?"[142]그리고 그는 레빈과 레프 톨스토이의 이른바 "단순화", 다시 말해 "민중에게로 돌아가려는" 그들의 시도를 성찰하면서, 이 질문으로 여러 번 되돌아간다. 도스토옙스키는 이 문제에 관해 러시아의 어떤

---

142) "왜 레빈에게서 저토록 음울한 고립이 생겨났으며, … 분리가 발생했을까?" : 톨스토이의 〈일기와 편지〉, 1877년 6월~8월 기록, 제2장(1. 독립된 부분, 《안나 카레니나》 제8부)

교양인보다도 자신이 발언할 권리를 지니고 있다는 사실을 잘 알고 있었다. 그는 단언하듯 말한다. "나는 우리 민족을 보았고, 그들을 알고 있으며, 그들과 함께 꽤 오랫동안 살았다. 나는 그들과 함께 먹었고, 그들과 함께 잤으며, '악당 중 하나로 간주되었고', 그들과 함께 진짜로 고된 노동을 했다…. 나에게 내가 민중을 모른다고 말하지 말라. 나는 민중을 알고 있다."[143)]

도스토옙스키는 레빈이나 레프 톨스토이와 같은 사람들을 분리하는 심연이, 그들이 스스로 생각하는 것보다 훨씬 깊고 접근하기 어렵다고 보았다. 그는 말했다. "다른 환경에서 살아보는 것보다 더 끔찍한 일은 없죠. 타간로크에서 이주해 페트로파블롭스크 항구로 이주한 농부는, 그곳에서 같은 러시아 농민을 바로 만나게 되고, 즉시 서로 합의하여 일을 처리할 수 있을 겁니다. 그러나 '귀족들'에게는 그렇지 않거든요. 그들은 민중[144)]과 가장 깊은 심연으로 분리돼 있어요. 이 차이는 귀족[145)]이 어느 날 갑자

---

143) "나는 우리 민족을 보았고, … 나는 민중을 알고 있다" : 톨스토이의 〈일기와 편지〉, 1880년 8월 기록, 제3장(1. 가장 잘 알려진 한 장면에서)

144) '프로스토나로디예(Простонародие)'에는 평민, 서민이란 뜻도 있음. (역자 주)

기 외부 환경의 힘으로, 말이 아니라 실제로, 현실에서 자신의 예전의 권리를 박탈당하고 민중으로 전락하게 될 때에야 비로소 온전히 드러나는 거죠… 즉, 40년을 매일 함께하며 후원자의 역할이나 아버지 같은 모습으로 지낸다 해도 그 본질을 결코 알 수 없죠. 모든 건 단지 착시일 뿐이며, 더 이상 아무것도 아닐 겁니다. 사실, 제 의견을 읽는 모든 사람이 제가 과장한다고 생각할 걸 알지만, 저는 제 판단이 진실임을 확신해요. 언젠가는 모두가 이 진실의 정도를 어느 정도 이해하게 될지도 모르죠."[146]

"… 여러분은 마음이 명령하는 대로 행동해야 합니다.

---

145) '귀족'을 뜻하는 러시아어 형용사 'благородный'는 원래 '귀족적인', '귀족 신분의'란 뜻이자, 명사 '귀족'이란 뜻임. 즉, 'благородный'는 전적으로 사회계급 용어로서 '귀족 신분에 속한 자' 또는 '귀족적 신분'의 법적 · 사회적 계급 개념이며, 혈통 · 출생 · 권리 · 특권을 포함하며, 윤리적 평가와는 무관함. 여기서 이 문장은 귀족과 민중 사이의 구조적 · 존재론적 단절을 말하며, 그 단절은 감정 · 태도 · 우정으로는 결코 해소되지 않으며, 오직 귀족이 특권을 상실해 민중이 될 때만 실재적으로 인식됨. (역자 주)

146) "다른 환경에서 살아 보는 것보다 더 끔찍한 일은 없죠. … 어느 정도 이해하게 될지도 모르죠." : 도스토옙스키, 《죽음의 집의 기록》 제2권, 제7장.

재산을 돌려주라는 명령이 내려지면 그대로 돌려주고, 모든 사람을 위해 일하러 가라는 명령이 내려지면 그대로 가세요. 다만, 다른 몽상가들처럼 외바퀴 손수레를 직접 붙잡을 필요는 없습니다. 제가 지주 귀족이 아니라고들 하지만, 저는 농부로서 일하고 싶습니다. 외바퀴 손수레도 일종의 제복(制服)이지만, 의무란 재산을 분배하거나 지푼(зипун)[147]을 입는 것과는 다릅니다. 모든 것은 단지 형식일 뿐입니다. 중요한 것은 **적극적인 사랑으로 행동하겠다는 여러분의 결심**뿐입니다. 필요한 모든 것은 여러분이 스스로 가능하다고 믿는 마음입니다. '간소하게 살기'라는 노력조차 단지 위장일 뿐이며, 때로는 민중에게 무례하거

---

147) 지푼(зипу́н)은 러시아 전통 복식에서 카프탄(кафтан)보다 한층 소박한 짧은 겉옷 · 외투임. 지푼의 착용 계층은 농민 · 하급 군인 · 하인 · 서민층이며, 형태적 특징은 비교적 짧고 단순한 외투로, 앞이 트인 형태이자 장식이 거의 없음. 거친 모직 · 삼베 등 실용적 재질을 사용해 추위와 작업 환경에 맞춘 옷임. 16~18세기 러시아 농촌에서 널리 착용했음. 카프탄이 공식 · 도시적 · 상층 의복이라면, 지푼은 비공식 · 노동 · 하층민의 복식임. 속담 · 문학에서 가난 · 소박함 · 러시아적 토착성의 상징임. 러시아 고전에서 지푼은 단순히 옷이 아니라, 신분의 낮음, 촌스러움, 소박한 삶, 농민적 세계를 암시하는 표식으로 기능함. 지푼은 카프탄에 비해 길이가 짧고, 서민 · 농민 계층의 의복이고, 격식이 비공식적이고, 전통 · 권위가 아닌 가난 · 소박을 상징함. 한마디로 지푼은 러시아 농민 외투이자 소박한 러시아식 겉옷임. (역자 주)

나 자신을 모욕하는 위장이 될 수도 있습니다."148)

"… 의심이 끝났는데, 레빈은 무엇을 믿고 있는가? 그는 신앙의 대상을 엄격히 정의하지는 않았지만, 이미 믿음을 가지고 있습니다. 그러나 이것이 과연 믿음일까요? 아마 아직 완전한 믿음은 없는 것 같습니다. 레빈과 같은 사람들에게는 결정적인 믿음이 없을지도 모릅니다. 그는 자신을 민중이라 부르길 좋아하지만, 본질적으로 **지주 귀족, 즉 모스크바 중류층 귀족**입니다. 그의 역사와 삶은 주로 톨스토이 백작과 연결됩니다. 나는 말하고자 합니다. 레빈과 같은 사람들이 아무리 오래 민중과 함께 살아도, 민중 곁에서 지낸다고 해도, 완전히 민중이 되지는 못할 것입니다. 그들은 많은 점에서 민중을 이해하지 못합니다. 단지 자부심이나 의지의 행위만으로는 충분하지 않으며, 민중이 되고자 하는 기묘한 의지 역시 충분치 않습니다. 그가 지주가 되어 열심히 일하고, 농부의 일을 배우며, 풀을 베고, 수레에 마구(馬具)를 매는 법을 익혀도, 여전히 그의 영혼 속에는 무의식적인 게으름의 흔적이 남아 있습

---

148) "… 여러분은 마음이 명령하는 대로 행동해야 합니다. … 자신을 모욕하는 위장이 될 수도 있습니다." : 톨스토이의 〈일기와 편지〉, 1877년 2월 기록, 제2장(4. 러시아 문제의 해결)

니다. 아무리 노력해도 제거되지 않는, 민중이 지주 귀족에게서 보는 **육체적 · 정신적 게으름**[149]입니다. 결국, 그의 믿음은 스스로 깨질 것이며 오래 지속되지 못할 것입니다. 새로운 변화가 생기면, 모든 것은 금세 무너집니다. 한마디로, 그의 순수한 영혼은 동시에 게으르고 혼란스럽습니다. 그렇지 않았다면 그는 현대 러시아 지식인 지주 귀족, 즉 중상층 귀족 계층에 속하지 않았을 것입니다."[150]

레빈과 레프 톨스토이의 견해는 매우 특이하며, 서로에게 이질적이다. 그런데 흥미로운 점은, 이 두 독특한 정신이 "서구주의자" 투르게네프와 "슬라브주의자" 도스토옙스키와는 정반대로, 오히려 일정 부분 일치한다는 사실

---

149) '육체적 · 정신적 게으름'에 해당하는 러시아어 '프라즈드노샤타이스트보(праздношата́йство)'는 '한가롭게 어슬렁거림', '무위도식하며 돌아다님', '쓸모없는 배회', '게으른 방황', '무익한 활보', 단순한 '게으름'이라기보다, '아무 목적 없이 돌아다니며 시간을 허비하는 상태'를 강하게 비판적으로 표현하는 단어임. 문어체 · 도덕적 · 사회비판적 맥락에서 자주 쓰이며, 19세기 러시아문학과 비평에서 도덕적 타락, 사회적 무책임의 표지로 사용되며, 강한 비판적 · 윤리적 뉘앙스를 풍기며, 도스토옙스키 · 톨스토이 문맥에서는 "영적 · 도덕적 해이의 외적 징후"로 이해됨. (역자 주)

150) "… 의심이 끝났는데, 레빈은 무엇을 믿고 있는가? … 중상층 귀족 계층에 속하지 않았을 것입니다." : 톨스토이의 〈일기와 편지〉, 1877년 7~8월 기록, 제2장(4. 농부로부터 신앙을 얻는 지주)

이다. "나는 나 자신 외에는 아무도 사랑한 적이 없다.", "뼛속까지 이기주의자", "중상류층 모스크바 지주 귀족", "게으름과 혼돈의 영혼" 같은 평가들이 있었다. 하지만 이것이 정말 최종적 평가일까?

투르게네프와 도스토옙스키는 공정하게 평가하는 것처럼 보이지만, 완전히 공정하지는 않다. 지나치게 친밀하고 열정적인 투쟁 속에서, 그들은 아마도 레빈과 톨스토이 자신에게서 느낀 모든 것을 새로운 종교적 추구자의 언어로 완전히 표현하지 못했거나, 표현하고 싶지 않았던 것 같다. 그러나 이제 우리는 그들로부터 어느 정도 떨어져 있고, 비교적 차분한 시선으로 볼 수 있다. 그 덕분에, 여전히 위대하고 독특한 인간의 영혼을 더 깊이 관찰하고 이해할 수 있다. 왜냐하면 우리에게는 더 큰 긍휼이 가능하기 때문이다. 사실, 최후의 긍휼만이 동시에 최후의 정의이기도 하다.

만약 톨스토이의 삶과 행위 속에서, 예로시카 아저씨가 말하는 "쾌락주의자"나 "사냥꾼" 기질이 보인다고 해도, 또는 도스토옙스키가 지나치게 가혹하게 "모스크바 지주 귀족의 게으름"이라고 평가한 부분이 있다고 해도, 톨스토이의 창조적 사색과 삶의 내적, 무의식적 영역에서 그의 본질은 쾌락주의보다 훨씬 더 깊다. 아마도 모든 시대의 사람들처럼, 그가 지닌 영혼의 근본은 깊고 비극적이다. 겉으로는 무례하게 강한 얼굴, 눈먼 지하 거인의 얼굴, **혹은 단순히** "쾌락주의자" **또는 단순히** "중상류 귀족 사회의 지주 귀족"처럼 보이는 표정만으로는 그의 본질을 알 수 없다. 그는 단순한 평범한 쾌락주의자가 아니며, 아마도 그는, 예를 들어, 18세기 우리 러시아 지주 귀족들처럼 평범하고, 평온하며, 뻔뻔한 쾌락주의자가 아니며, 거지 나사로처럼 자기 자신을 숨기고 있는 부자, 즉 괴로워하고, 깜짝 놀란 듯하며, 부끄러워하는 모습의 쾌락주의자가 아니라는 것을 느낄 수 있다. 비록 살아 있는 얼굴에서도, 명료한 얼굴에서도, 대낮 시간의 얼굴에서도 드러나지 않지만, 어둡고 감추어진 지하의 비밀스러운 그의 얼굴 속에서도, 나는 삶의 가장 찬란한 기쁨을 통해, 우리 시대 카인의 흔적과 치유할 수 없는 슬픔, 교만의 흔적을 알아볼 수 있다.

그리고 바라틴스키[151]가 불렀던 그 사람들은

신비로운 슬픔을 지닌 존재이자,

---

151) 바라틴스키(Евгений Баратынский, 1800~1844). 러시아 낭만주의 서정 시인. (역자 주)

강하면서도 우울한 아이들입니다.[152)]

그리고 가끔, 그는 그들 중 한 사람을 맞이할지도 모른다.

그대는 우리와 함께 한 잔을 들고,
우리처럼 위대함에 매료될 것이다.

그는 미래에 도달하지 못했고, 과거로 돌아갈 수도 없었다. 다른 강가로 헤엄쳐 가거나, 심연의 끝까지 날아가 보는 일도 불가능했다. 그는 파멸했지만, 바로 그 파멸 속에서 위대함이 드러난다.

그는 결코 누구도 사랑하지 못했고, 마지막의 열정도, 두려움 없는 사랑으로 자신을 사랑할 용기도 없었다. 하지만 누가 그보다 더 깊은 고뇌 속에서 사랑을 갈망했을까? 그는 아무것도 믿지 않았을까? 오히려 누구보다 강렬하게 믿음을 갈망했다. 그것만으로 부족하다면, 그 강렬한 갈망이 과연 적다고 할 수 있을까?

---

152) "신비로운 슬픔을 지닌 존재이자, / 강하면서도 우울한 아이들입니다." : E. 바라틴스키의 시 〈숲에 씨를 뿌리며〉(1842)에서.

《참회록》에서 그는 이렇게 말한다. "쓰러진 새끼 새처럼, 내가 등을 대고 눕고, 길게 자란 풀 속에서 먹이를 먹게 하소서. 하지만 어머니가 나를 품에 안고, 부화시키고, 따뜻하게 돌보며, 먹이시고 사랑하셨다는 것을 알기 때문에 살아갈 수 있게 하소서. 그 어머니는 어디에 계시는가? 만약 그들이 나를 버렸다면, 과연 누가 나를 버린 것일까? 나는 나 자신을 사랑하여 나를 낳았다는 사실을 숨길 수 없다. 그렇다면 이 '누군가'란 대체 누구인가?"153)

그가 마치 진리를 찾아 영원한 평정에 도달한 것처럼, 이제는 "모든 것이 분명해졌다"라고 확신할 때, 나는 그를 믿지 않는다. 오히려 바로 그 순간, 그는 하나님과 진리로부터 가장 멀리 떨어져 있는 듯 보인다.

그러나 그가 자신을 둥지에서 떨어진 가련한 새끼 새에 비유할 때, 나는 그를 믿지 않을 수 없다. 그렇다. 아무리 두렵고 참혹하게 들릴지라도, 이것은 사실이다. 자신의 온 힘을 기울여 살아가는 이 거인 역시, 여러분과 나, 그리고 우리 모두와 마찬가지로 둥지에서 떨어져 등을 대고 누운 채, 길게 자란 풀 속에서 먹이를 받아 연명하는 가

153) 《참회록》에서 그는 이렇게 말한다. "쓰러진 새끼 새처럼, … 그렇다면 이 '누군가'란 대체 누구인가?" : 《참회록》 제11장.

련한 새끼 새일 뿐이다. 그는 아무것도 발견하지 못했다. 어떤 믿음도, 어떤 하나님도 발견하지 못했다. 그의 모든 자기 정당화는 오직 이 절망적인 호소 속에, 무한한 고독과 극심한 공포가 찌르듯 터져 나오는 이 가련한 비명 속에 있을 뿐이다. 그렇다. 그 역시, 우리 모두 역시, 전인적인 어머니, 즉 교회를 박탈당한 존재로서, 우리가 얼마나 가련하고 버려진 새끼 새들인지를 아직은 어렴풋이 느낄 뿐, 온전히 알지는 못하고 있다. 내가 말하는 교회는 과거나 현재의 교회가 아니다. 그것은 언제나 사람들에게 말을 건네는, 다가오는 예루살렘의 교회다. "어미 새가 새끼들을 날개 아래 모으듯, 나는 너희를 얼마나 모으고자 했던가. 그러나 너희는 원하지 않았다."

그가 찾고 있던 것은 얼마나 가까이에 있었던가. 단 한 걸음만 더 내디뎠다면, 모든 것이 그에게 드러났을지도 모른다. 그런데 그는 왜 그 마지막 한 걸음을 내딛지 않았을까? 어떤 선이 그를 미래의 문턱에서 가로막았을까? 그의 무한한 힘 속에 숨어 있던 어떤 무한한 나약함이, 마치 "연약한 거미줄"처럼 이미 투명해지고 가늘어진 마지막 막을 찢어 버려, 그가 빛을 보지 못하게 한 것은 아닐까?

그렇다면 이제 그는, 이 지상에서 수행하도록 부여받은 모든 일을 과연 완수했을까? 그는 자신의 영적 성장의 주기를 한 바퀴 온전히 돌아 마친 것일까? 아니면 그 자리에서 멈추어 굳어 버린 것일까? 혹은 다시 살아나, 그의 내면에서 마지막 재생, 즉 정말로 마지막일지도 모를 재생이 일어날 가능성은 아직 남아 있을까?

이런 사람의 미래를 누가 예언할 수 있겠는가. 그러나 동시에 우리는 이미 이렇게 생각하고 있지는 않은가. 그의 삶의 말과 행동은 이제 더 이상 흥미롭지 않고, 무의미해졌다고. 그가 말했을 것, 행동했을 것보다도 오히려 그가 말하지 않을 것, 행동하지 않을 것, 그리고 앞으로도 늘 그래 왔던 방식 그대로 살아갈 것임을 우리가 이미 알고 있다고. 그렇다면 남는 질문은 하나뿐이다. 그는 어떻게 죽을 것인가?

괴테는 말한다. "자기 삶의 끝을 그것의 시작과 일치시킬 수 있는 사람은 선한 자다."[154] 이는 노년의 "뱀의 지혜"와 어린 시절의 "비둘기의 단순성"을 연결하는 것을 뜻한다. 그렇다면 톨스토이는 과연 그것들을 연결할 수 있을까? 내가 말하는 이 마지막 부활은 그의 내면에서 일어

---

154) "… '자기 삶의 끝을 그것의 시작과 일치시킬 수 있는 사람은 선한 자다.' …" : D. S. 메레시콥스키가 번역한 괴테의 《격언과 사색》에 수록된 특정 부분인 〈윤리적 아포리즘〉에서 인용함.

날까? 삶 속에서가 아니라면, 적어도 죽음에서 일어날까? 눈먼 타이탄의 눈에서 마지막 덮개가 벗겨지고, 마침내 그는 "죽음의 하얀 빛" 속에서 통찰을 얻을 수 있을까?

그의 첫 책에는, 뇌우가 끝난 후 어린아이의 눈에 비친 봄날의 풍경이 생생히 묘사되어 있다.

"… 나는 브리츠카[155]에서 몸을 쑥 내밀며, 상쾌하고 향긋한 공기를 마음껏 들이마시고 있다. 모든 것이 햇빛에 젖어 반짝이며, 옻칠한 것처럼 빛난다. 길 한쪽에는 얕은 계곡에 의해 나뉜 끝없는 가을 파종 들판이 펼쳐지고, 들판은 젖은 땅과 푸른 풀로 반짝이며 지평선까지 이어진다. 다른 한쪽에는 호두나무와 수양벚나무가 무성한 사시나무 숲이 행복에 겨운 듯 꼼짝도 하지 않고 서 있으며, 씻긴 나뭇가지에서 작년 마른 잎사귀에 맺힌 가벼운 빗방울이 천천히 떨어진다. 사방에서 관모가 달린 종달새들이

---

155) 19세기 러시아에서 널리 쓰이던 소형 마차로서, 가벼운 마차, 소형 이륜마차 또는 사륜마차가 있고, 덮개가 없거나 아주 단순하고 좌석이 낮고 구조가 간소하며, 단거리 이동, 지방 여행, 시골길 주행에 적합하며, 귀족의 정식 마차보다 훨씬 소박하고 실용적임. 러시아 고전문학에서는 지방성, 시골 분위기, 검소함 · 간소한 생활, 이동 중인 인물의 불안정한 처지를 암시하는 장치로 자주 등장함. 대표적으로 고골의 《죽은 혼》에서 주인공 치치코프가 타고 다니는 마차임. (역자 주)

즐겁게 노래하며 맴돌다가 날아오고, 젖은 관목 숲에서는 작은 새들의 날개 파닥거림이 들리며, 숲 한가운데에서는 뻐꾸기 소리가 선명하게 울려 퍼진다. 봄철 뇌우가 끝난 후 숲에서 나는 자작나무, 오랑캐꽃, 썩은 나뭇잎, 삿갓버섯, 체리의 향기가 매혹적이다. 나는 브리츠카에서 앉아만 있을 수 없어 발판을 딛고 뛰어 내려간다. 빗방울이 쏟아지는 벚꽃 나무의 젖은 가지를 꺾어 얼굴을 때리며, 그 향기를 즐긴다. 내 장화에는 커다란 흙덩어리가 말라붙고, 무릎까지 젖은 긴 양말에도 아랑곳하지 않고, 나는 진흙탕을 걸어 카레타[156]의 창을 향해 달려간다.

나는 벚나무 가지 몇 개를 그들 쪽으로 내밀며, '류보츠카! 카텐카!' 하고 소리친다. '야, 정말 끝내주지 않니!'

소녀들은 비명을 지르며 숨을 몰아쉰다. 미미는 당장 떠나지 않으면 나를 죽여 버리겠다고 소리친다.

'그래, 어떤 냄새인지 한번 맡아 봐!' 하고 나는 (다시) 외친다."[157]

임종 전, 의식이 흐릿한 상태에서 그는 어린 시절의 기

---

156) 귀족이나 부유층이 타던 작고 고급스러운 사륜마차. (역자 주)

157) "… 나는 브리츠카(бричка)에서 몸을 쑥 내밀며, … '그래, 어떤 냄새인지 한번 맡아 봐!' 하고 나는 (다시) 외친다." : 《소년 시절》 제2장.

억을 어슴푸레 떠올리는 것일까?

벚꽃 나무의 매혹적인 향기와 얼굴에 닿는 젖은 가지의 신선한 감촉, 마치 어린아이의 입맞춤처럼 순수한 접촉을 그는 다시 느낄 수 있을까? 이 끝없는 지상의 기쁨과 오직 세속적인 것에 대한 사랑 속에서, 세속적인 것의 기쁨조차 그때 느낄 수 있었을까? 평생 그가 싸워 온, 이기기 어렵고 비인간적이며 동물적인 사랑과, 동시에 육체와 연결된 신에 대한 사랑－그것이 구유 모양의 통에서 목욕하며 처음으로 자신을 바라보고 사랑했던 어린 시절의 순수함처럼, 오랜 세월이 흘러도 여전히 남아 있음을 그는 이해할 수 있을까? 만약 그가 끝까지 자신을 사랑했다면, 그의 자기 사랑은 거룩한 사랑이 되었을지도 모른다. 주님께서 "다른 사람을 위해"가 아니라 바로 자신을 위해, 자신을 통해 하나님을 사랑하라고 명령하신 것처럼, 그는 자신을 통해 하나님을 사랑했을까? 높음과 낮음, 이 길과 저 길－서로 대립하면서도 진실한 이 두 길, 즉 그의 내면에서 결국 하나임을 그는 깨달을 수 있을까? 단지 두 길처럼 보일 뿐인 하나의 길, 땅을 거슬러서가 아니라 땅을 통해 하늘에 이르는 길, 육체를 거슬러서가 아니라 육체를 통해 육체 너머의 것에 닿는 길, 바로 그것을 그는 이해할 수 있을까? "내 피는 참된 음료이고 내 살은 참된 양식이다"라는 말씀, 그리고 그의 하나님, "**말씀이 육체가 되었다**"는 사실을, 누가 우리에게 그것을 일깨워 주었는가?[158)]

현재의 러시아인들에게조차, 가장 위대하고 강력했던 톨스토이조차, 우리가 겨우 깨달은 눈과 빛으로만 보았던 삶과 죽음 속 최후의 빛과 최후의 연합을 보는 것이 얼마나 중요한지, 우리는 이제야 알 수 있다. 그 또한 이 진리를 보았을 것이다. 삶 속에서가 아니라면, 죽음 속에서, 비록 글로 쓰지는 못했을지라도, 그는 "임종 전 의식이 흐릿한 상태에서도 내 말들은 다른 이들에게 이해될 것"이라고 말할 순간을 가졌을지도 모른다. 우리는 그의 말 속에서 이미 글보다 훨씬 더 중요한 것, 필요한 것을 얻는다. 존재하는 것과 존재하게 될 것은 언급될 수 있지만, 이미 존재했던 것과 사라진 것은 단지 기록될 뿐이다. 우리의 최후 진리는 아직 글로 남길 수 없으며, 오직 말과 행위를

---

158) "내 피는 참된 음료이고 내 살은 참된 양식이다" … "말씀이 육체가 되었다" : 요한복음 6장 55절, 1장 14절의 말씀을 일부 이용함. 성경전서 개역개정판 6장 55절에는 "내 살은 참된 양식이요 내 피는 참된 음료로다"로 쓰여 있는데, 이는 톨스토이가 인용한 성경 구절과 다르며, 요한복음 1장 14절 "말씀이 육신이 되어 우리 가운데 거하시매 우리가 그의 영광을 보니 아버지의 독생자의 영광이요 은혜와 진리가 충만하더라"가 맞음. (역자 주)

통해 드러날 뿐이다.

하지만 과연 그에게, 그리고 우리에게 그런 시간이 주어질까? 하나님, 그에게 은총을 베풀어 주시고, 우리 모두에게도 그러한 시간을 허락하소서.

제6장

도스토옙스키는 톨스토이와 달리 자기 자신에 대해 말하기를 좋아하지 않는다.

그의 태도는 마치 타인의 마음을 무례하게, 때로는 잔인하고 냉소적으로 폭로하는 듯 보이지만, 그 내면에는 튜체프[159]가 표현한 바와 같은 순결성이 존재한다.

이성적인 존재 안에서 우리는 그것을
고통 속 드러나는 숭고한 겸손이라 부른다! [160]

---

159) 튜체프가 북쪽 자연에서 포착한 순결성은 단순한 자연미가 아니라 내적 정화와 고유한 아름다움의 상징이다. 도스토옙스키의 내면에서도 이러한 순수함이 발견되며, 그의 작품 속에서 타인 심리를 날카롭게 드러내는 외적 표현과 대비를 이루며 미묘하게 반영된다. 이처럼 튜체프적 순결성은 도스토옙스키 내면과 문학 세계를 이해하는 핵심 열쇠가 된다. (역자 주)

160) "… 이성적인 존재 안에서 우리는 그것을 / 고통 속 드러나는 숭고한 겸손이라 부른다!" : F. 튜체프의 시 〈가을 저녁〉(1840)에서 인용.

스트라호프[161]는 말한다. "도스토옙스키에게서는 견뎌야 했던 고통으로 인한 어떤 슬픔이나 비통함도, 고통받는 자의 역할을 하고자 하는 욕망의 그림자도 전혀 찾아볼 수 없었다. 표도르 미하일로비치는 마치 과거에 특별한 일이 없었던 것처럼 행동했으며, 실망하지도 않았고 영혼에 상처를 남기지도 않았다. 오히려 건강이 허락할 때면, 그는 그러한 상처를 즐겁고 건강하게 바라보았다." 나는 한 부인이, 미하일 미하일로비치(도스토옙스키의 형)[162]의 편집자 밤에 처음 참석하여, 표도르 미하일로비치를 커다란 관심을 가지고 유심히 바라보다가, 마침내 이렇게 말한 것을 기억한다.

"당신을 보고 있자면, 당신이 견뎌 온 그 고통이 얼굴에 그대로 드러나는 것 같아요."

---

161) 니콜라이 니콜라예비치 스트라호프(Н. Н. Страхов, 1828~1896)는 문학평론가이자 저널리스트, 철학자다. 스트라호프는 〈표도르 미하일로비치 도스토옙스키에 대한 회상〉의 저자이며, 이 글은 《도스토옙스키 F. M. 전집》(상트페테르부르크, 1883) 제1권 〈전기, 서한, 수첩에서의 메모〉에 수록되어 있다.

162) "미하일 미하일로비치(도스토옙스키의 형)" : 미하일 미하일로비치 도스토옙스키(1820~1864)는 F. M. 도스토옙스키의 형으로, 작가이자 잡지 《브레먀》와 《에포하》의 발행인이었다.

그는 이 말이 못마땅한 듯했다.

“무슨 고통이란 말입니까!” 하고 소리치더니, 곧 전혀 상관없는 주제로 농담을 시작했다.

도스토옙스키는 자신의 사생활로 타인의 호기심을 자극하는 법을 알지 못했다. 그는 타인을 질책하는 일만큼이나 자신의 죄를 스스로 공개적으로 고백하는 일도 드물었다. 말년에 이르러서야 그는 《작가의 일기》에서 간혹 어린 시절의 추억을 회고하지만, 그곳에서도 누구를 원망하거나 불평하지 않는다. 오히려 그는 자신의 삶을 실제보다 더 행복했던 것으로 스스로와 타인에게 믿게 하려는 듯, 성장 환경을 상상 속에서 정당화하고 고상하게 재구성하려는 태도를 보이려 노력했다.

그는 이렇게 말한다. “아마도 나는 민중의 뿌리로, 러시아 영혼에 대한 이해와 러시아 민중 정신에 대한 인식으로 되돌아가는 일이 비교적 수월했던 사람 가운데 하나였을 것이다. 나는 경건한 러시아 기독교 가정에서 태어났다. 내가 자신을 기억하는 순간부터 부모의 사랑을 기억하고 있으며, 우리 가족은 아주 이른 유년기부터 복음서를 알고 있었다. 내가 열 살 무렵에는, 아버지가 저녁마다 소리 내어 읽어 주던 카람진의 러시아 역사에 나오는 거의 모든 주요 에피소드를 알고 있었다. 크렘린과 모스크바의 대성당을 방문할 때마다 나는 늘 어떤 엄숙한 감정을 느꼈다."[163]

어느 날 돌아가신 부모님을 떠올린 뒤 형과 이야기를 나누던 그는 문득 영감을 받은 듯 열정적으로 말했다.

"형, 알기나 해? 우리 부모님은 정말로 진보적인 분들이었어. 지금 이 순간에도 분명 여전히 진보적인 분들이셨을 거야! … 하지만 말이야, 형, 우리 둘 다 그렇게 가정적인 사람이나, 그런 아버지는 결국 되지 못할 거야."[164]

그러나 도스토옙스키의 이러한 행복한 회상을 얼마나 신뢰할 수 있는지는 판단하기 어렵다. 그의 형의 증언에 따르면, 그들의 아버지는 "극도로 엄격하고 참을성이 없었으며, 무엇보다도 매우 다혈질적인 인물"[165]이었다. 또

---

163) "아마도 나는 민중의 뿌리로, … 크렘린과 모스크바의 대성당을 방문할 때마다 나는 늘 어떤 엄숙한 감정을 느꼈다." : 1873년, 제16장 5. 현대의 가식 가운데 하나.

164) "… 형, 알기나 해? … 우리 둘 다 그렇게 가정적인 사람이나, 그런 아버지는 결국 되지 못할 거야." : 이 인용문은 도스토옙스키의 형제 표도르 미하일로비치 도스토옙스키(1821~1881)가 전한 도스토옙스키의 말로, 그의 《회상록》에 따라 《도스토옙스키 F. M. 전집》(상트페테르부르크, 1883) 제1권 〈전기, 서한, 수첩에서의 메모〉에 수록되어 있다.

165) "극도로 엄격하고 참을성이 없었으며, 무엇보다도 매우 다혈질적인 인물" : Ibid.

다른 전언에 따르면 그는 “우울하고 신경질적이며 의심이 많은 사람”이었다. 이에 대해 도스토옙스키는 1838년, 만 열여섯 살 무렵, 다음과 같이 쓴다. “나는 불쌍한 아버지가 참으로 가엾다. 참으로 기묘한 성격을 지닌 분이다! 아, 그분은 얼마나 많은 불행을 견뎌 내셨던가. 그분을 위로해 줄 것이 아무것도 없다는 사실이 눈물이 날 만큼 가슴 아프다.”166)

어떤 다른, 분명하지 않은 암시들을 종합해 보면, 이 “이상한” 인물로 보이는 사람의 운명과 성격 자체에는 수수께끼처럼 신비롭고 비극적인 무엇인가가 내재해 있었던 것으로 보인다. 비록 증거의 부족으로 인해 이에 대한 본격적인 연구가 거의 불가능하다 하더라도, 아버지의 답답하고 까다로운 성격, 무뚝뚝함, 성급함, 의심 많은 태도가 표도르 미하일로비치에게 깊은 영향을 미쳤을 가능성은 매우 크다. 전기 작가들 가운데 단 한 사람만이 이 가족

---

166) “나는 불쌍한 아버지가 참으로 가엾다. … 눈물이 날 만큼 가슴 아프다.” : 날짜에 착오가 있으나, 이는 인용문에 근거한 것이다. F. M. 도스토옙스키가 1838년 10월 31일 상트페테르부르크에서 (형) M. M. 도스토옙스키에게 보낸 편지.

의 비밀을 덮고 있던 장막을 잠시 걷어 올리지만, 곧바로 다시 덮어 버린다. 그는 도스토옙스키의 뇌전증(간질)의 기원에 대해 언급하면서 다음과 같이 극히 절제되고 모호한 방식으로 지적한다. “그 병이 그의 매우 이른 청년 시절과 관련되어 있으며, 또한 그들의 가정생활에서 발생한 비극적인 사건과 연관되어 있다는 또 하나의 전적으로 독특한 증언이 존재한다. 그러나 비록 이 사실이 표도르 미하일로비치와 매우 가까웠던 인물의 증언을 통해 나에게 전해졌다고 하더라도, 나는 어디에서도 이 소문을 확증할 만한 추가적인 근거를 발견하지 못했기 때문에, 이를 상세하고 정확하게 설명하지 않기로 한다.”

도스토옙스키 자신의 표현에 따르면, 만일 그가 말하는 “러시아의 경건한 기독교 가문”의 삶 속에서 그러한 사건이 실제로 존재했고, 그것이 그 끔찍함으로 인해 아이에게 병적 결과를 초래할 수 있었던 것이라면, 그리고 전기 작가가 단순한 전언이 아니라 “표도르 미하일로비치와 매우 가까웠던” 인물의 증언에까지 의존하면서도 그 소문을 공개하지 않기로 결정했다면, 그 사건은 실로 극도로 참혹한 것이었음이 틀림없다. 설령 그것이 단지 ‘소문’에 불과하다 하더라도, 이 전설이 지닌 비극적 성격을 고려할 때, 도스토옙스키의 “유년기와 소년기”가 후일의 기억을 통해 그에게 들렸을 만큼 그렇게 밝고 즐거운 시기였다고 단정하지 말아야 하지 않을까. 도스토옙스키는 장편《미성년》에서 주인공을 "우연한 가족의 일원"이라 부르며, 톨스토이의 삶과 대비하여 자신의 개인적 삶을 분명히 인식하고 있었다. 그는 "그토록 훌륭한 유년기와 소년기를 보낸 최근의 우리 씨족 유형들과는 대조적이다"라고 말함으로써, 타인의 삶과 자신의 삶 사이의 거리를 의식적으로 강조한다. 더 나아가 그는 자신의 유년기와 소년기뿐 아니라 자기 자신에 대해서도, 소설 속 주인공의 입을 빌려 훨씬 더 씁쓸하게 고백한다. "내가 아무리 우스꽝스럽고 굴욕적으로 보일지라도, 언젠가 그들 모두가 나에 대한 견해를 바꾸게 할 힘의 보물이 내 안에 있다는 의식, 이 의식은 이미 나의 가장 겸손한, 거의 어린 시절부터 내 삶의 유일한 원천, 나의 빛이자 위로가 되고 있었다. 그렇지 않았더라면, 나는 아마 아주 어린 나이에 자살했을지도 모른다."

어머니 쪽으로는 오르다[167]에서 순교한 성 미하일 체르니곱스키 대공의 후손이며, 아버지 쪽으로는 표트르 대제의 총애를 받아 비밀 공문서 보관소장을 지내고 황태자

---

167) 킵차크한국. (역자 주)

알렉세이 사건과도 연루되었던 표트르 안드레예비치 톨스토이의 가문과 비교해 보면, 도스토옙스키의 출신은 현저히 대조적이다. 도스토옙스키는 모스크바의 마리야 숲(마리나 로샤) 근처, 이른바 '보제돔카'[168]라 불리던 빈민 병원에서 태어났다. 이런 출생 배경만 보아도 그는 사실상 '우연한 가족'의 일원이라 할 만하다. 그의 어린 시절에 대한 첫인상은 절대적인 가난이라기보다는 극도의 비자유였다. 다섯 자녀를 둔 아버지는 문간방과 부엌 외에 방 두 칸이 딸린 아파트를 빌려 살고 있었다. 문간방에는 창문이 하나 있었는데, 그 방의 뒤쪽은 형 미하일과 표도르 미하일로비치의 어린이 방으로 사용되었다. 이 공간은 반쯤 어두운 구석에서 널판을 짜 맞춘 소목장이의 칸막이로 겨우 분리되어 있었다. 형제 가운데 한 사람인 안드레이 미하일로비치는 이렇게 회상한다. "아버지는 자신이 가난한 사람이며, 자식들, 특히 사내아이들은 반드시 스스로 자기 진로를 개척할 준비를 해야 하고, 자신이 죽고 나면 그들은 거지로 남게 될 것이라고 되풀이해 말씀하곤 하셨다."[169] 1838년, 도스토옙스키는 공병학교에 재학 중 아

---

168) 신의 집. (역자 주)

169) "아버지는 자신이 가난한 사람이며, … 자신이 죽고 나면 그들은

버지에게 다음과 같은 편지를 쓴다. "사랑하고 존경하는 아버님, 아버지께서 정말로, 아들이 재정적 도움을 청하면서 여분의 것을 요구할 수 있다고 생각하십니까?"170) 그는 편지 말미를 이렇게 맺는다. "아버지의 가난을 존중하여 저는 차를 마시지 않겠습니다."171) 거의 동시에 그는 형에게도 소식을 전한다. "형은 가난을 두고 불평하고 있군. 나는 할 말이 없어. 나도 부유하지 않거든. 내가 군대 막사를 떠날 때 주머니에 돈이 한 푼도 없었다는 걸 믿겠어? 도중에 감기에 걸렸어. 하루 종일 비가 쏟아졌지만, 우리를 막아 줄 것은 아무것도 없었지. 배고픔 때문에 병이 났고, 목을 축일 차 한 잔을 사 마실 돈조차 없었어."172)

거지로 남게 될 것이라고 되풀이해 말씀하곤 하셨다." : A. M. 도스토옙스키의 《회상록》에서 인용.

170) "사랑하고 존경하는 아버님, … 여분의 것을 요구할 수 있다고 생각하십니까?" : 날짜에 착오가 있으나, 1839년 5월 5~10일 상트페테르부르크에서 M. A. 도스토옙스키에게 보낸 편지가 인용되고 있다.

171) "아버지의 가난을 존중하여 저는 차를 마시지 않겠습니다." : F. M. 도스토옙스키가 1839년 5월 1~10일 상트페테르부르크에서 M. M. 도스토옙스키에게 보낸 편지. — 밀레르, p.3

172) "형은 가난을 두고 불평하고 있군. … 목을 축일 차 한 잔을 사 마실 돈조차 없었어." : 1839년 8월 9일 상트페테르부르크에서 M. M. 도스토옙스키에게 보낸 편지. — 밀레르, p.3

이처럼 도스토옙스키의 삶은 가난 속에서 시작된다. 그것은 그가 죽을 때까지 끝나지 않도록 운명지어진 조건이었으며, 외적인 우연한 사건들보다는 오히려 그의 천성에 내재한 성향에 더 크게 의존하고 있었다. 어떤 사람들은 돈을 낭비할 줄 모르는 존재로 태어난 듯 보이는데, 마치 자신의 의지와 무관하게 저축하도록 예정된 사람들이다. 반대로 어떤 이들은 그와 똑같이, 낭비하도록 예정된 사람들처럼 살아간다.

형의 증언에 따르면, 표도르 미하일로비치는 돈과 옷, 속옷 등 자신이 무엇을 얼마나 가지고 있는지조차 거의 알지 못했다고 한다. 형의 요청으로 1843년 도스토옙스키와 함께 상트페테르부르크에 정착했던 독일인 의사 리젠캄프[173]는, 그의 룸메이트에게 독일식의 정확성과 규율을 익히게 하려 애썼다. 그러나 그가 처음 만난 도스토옙스키는 "주머니에 1코페이카도 없어, 상점에서 외상으로 파는 우유와 빵으로 끼니를 때우는 청년이었다." 리젠캄프는 이렇게 회상한다. "표도르 미하일로비치는 누구와도

---

173) 알렉산드르 예고로비치 리젠캄프(1821~1895)는 의사 · 식물학자, 친구 도스토옙스키의 레벨 공병학교에서 함께 공부했다. 그는 도스토옙스키와 1834년에 처음 만나, 1845년까지 교류했다. — 밀레르.

잘 지냈지만, 끊임없이 가난하게 살아가는 사람이었다. 그는 무자비하게 착취당했음에도, 자신의 믿음과 인자함 때문에 그 문제를 파헤치려 하지 않았다. 그의 부주의함을 이용하던 하녀와 그녀의 식객들조차 비난하려 하지 않았다." 전기 작가는 여기에 덧붙인다. "의사와의 동거는 하마터면 표도르 미하일로비치에게 새로운 지출의 끊임없는 원천이 될 뻔했다. 그는 조언을 구하러 찾아오는 가난한 사람들을 언제나 귀한 손님으로 맞이할 준비가 되어 있었기 때문이다."[174]

톨스토이는 인구 조사에 관한 기사에서, 랴핀의 싸구려 여인숙을 돌아다니며 극심한 빈곤 속에 있는 사람들, 금전적 도움을 받을 만한 사람들, 다시 말해 모스크바의 부유한 자선가들이 맡긴 돈과 자신의 수중에 남아 있던 37루블을 나눠 줄 수 있는 사람들을 끈질기게 찾아다녔으나 끝내 발견하지 못했다고 기록한다. 비슷한 상황에서 도스토옙스키라면 이러한 곤란을 겪지 않았을 것이라고 우리는 비교적 확신을 가지고 말할 수 있다.

---

174) "표도르 미하일로비치는 … 자신의 믿음과 인자함 때문에 그 문제를 파헤치려 하지 않았다. … 귀한 손님으로 맞이할 준비가 되어 있었기 때문이다." : Ibid.

일반적으로 말해, 도스토옙스키에게서 보이는 이러한 자연스러운 대범함, 다시 말해 돈을 바람에 날려 버리듯 써 버리는 경향을, 톨스토이의 경우와 비교해 보는 것은 흥미롭다. 톨스토이에게서는 검소하다고까지 말할 수는 없지만, 적어도 낭비로 기울어지는 성향은 발견되지 않는다. 두 사람의 이러한 태도는 의지나 의식의 문제가 아니라, 거의 타고난 성향에 가깝다. 그들은 각기 그렇게 태어났다. 한 사람은 돈을 모으고 집을 짓는 사람으로 태어났고, 한 사람은 돈을 흩뿌리며 영원한 무주택의 방랑자로 살아가도록 예정된 사람이었다.

도스토옙스키는 돈이 악이라고, 재산을 포기해야 한다고 스스로에게 증명할 필요가 없었다. 그는 평생 가난에 시달렸고, 적어도 자신의 인식 속에서는 돈에 큰 의미를 부여했다. 그러나 돈이 손에 들어오는 순간, 그는 그것을 마치 악이 아니라 완전히 무의미한 것처럼 다루었다. 그는 돈을 사랑했다고 말할 수도 있고, 혹은 자신은 돈을 사랑했지만, 돈은 자신을 사랑하지 않았다고 상상했을 수도 있다.

이에 비해 레프 톨스토이는 돈을 증오했다고 말할 수 있을지도 모른다. 혹은 자신은 돈을 증오했지만, 돈은 오히려 그를 좋아해 끊임없이 다가왔다고 생각했을지도 모른다. 한 사람은 평생 부를 꿈꾸며 살았고, 아내의 사업적 수완이 없었다면 틀림없이 거지로 죽었을 것이다. 다른 한 사람은 평생 가난을 꿈꾸었으나, 자기 재산을 나누어 주지 않았을 뿐 아니라 오히려 그것을 더욱 증식했다.

어쩌면 이 모든 것은 그들 자신에게는 사소한 문제였을지도 모른다. 그러나 바로 이러한 삶의 '사소함' 속에서조차, 두 사람은 이처럼 극명한 대조를 이루고 있다는 점이야말로 의미심장하다.

그러나 돈뿐만 아니라, 다른 세속적 필요를 충족하는 모든 것, 즉 행복에 대해서도 톨스토이의 운명에는 끌어당기는 힘이 작용했던 반면, 도스토옙스키의 운명에는 혐오스러운 힘이 작용했다. 도스토옙스키는 자신의 삶에서 불행을 초래하는 운명적 힘의 존재를 부분적으로 인식했지만, 고통의 원인을 자신의 "부도덕함(타락)" 탓으로 돌리는 경향이 있었다. 그는 형에게 이렇게 고백한다. "나에겐 한없는 자존심과 야심이라는 끔찍한 악덕이 있어."[175] 여러모로 도스토옙스키를 떠올리게 하는 《지하 생활자의 수

175) "나에겐 한없는 자존심과 야심이라는 끔찍한 악덕이 있어." : F. M. 도스토옙스키가 1846년 4월 1일 상트페테르부르크에서 M. M. 도스토옙스키에게 보낸 편지.

기》의 주인공도 유사하게 말한다. "마치 사람들이 내 살가죽을 벗긴 것처럼 나는 허영심이 많고, 하나의 공기만으로도 고통스러워. 며칠 전에 투르게네프와 벨린스키[176]가 내가 무질서하게 산다고 책망하더라.[177] 난 신경이 쇠약해졌고, 신경열이나 신경성 열병이 두려워. 난 성실하게 살 수 없고, 그 정도로 방탕해."[178] 그러나 이러한 고백 속에서 진정한 후회는 거의 찾아볼 수 없다. 이는 다소 슬프고도 놀라운 자기 관찰이라 할 수 있다. 그는 이렇게 중얼거린다. "제기랄, 좋은 걸 내게 줘. 내가 반드시 스스로 직접 즐겨 볼 거야."[179] 몇 년 후, 바덴의 룰렛 도박에서 진 경험을 언급하며 그는 이렇게 덧붙인다. **"나는 가는 곳마다 모든 것에서 마지막 한계에 도달했고, 평생 선을 넘어**

---

176) 벨린스키(Виссарио́н Григо́рьевич Бели́нский, 1811～1848)는 러시아 문학 비평가.

177) F. M. 도스토옙스키가 1845년 11월 16일 상트페테르부르크에서 M. M. 도스토옙스키에게 보낸 편지.

178) "난 신경이 쇠약해졌고, … 그 정도로 방탕해." : F. M. 도스토옙스키가 1846년 2월 1일 상트페테르부르크에서 M. M. 도스토옙스키에게 보낸 편지.

179) "제기랄, 좋은 걸 내게 줘. 내가 반드시 스스로 직접 즐겨 볼 거야." : F. M. 도스토옙스키가 1849년 7월 18일 페트로파블롭스크 요새에서 M. M. 도스토옙스키에게 보낸 편지.

버리곤 했다."[180] 사실, "궁극적 한계"를 두려워한 19세기 시대의 섭리가 도스토옙스키를 용서하지 않았던 것일지도 모른다. 바로 이런 이유로, 세상은 그에게 조롱하듯, 가차 없이 복수했을지도 모른다. 이러한 점에서 그는 다른 많은 면과 마찬가지로 시대를 앞서 있으며, 시기적절하지 않은 최고 수준의 인물이었다. 반면, 톨스토이의 경우, 통찰과 사색의 영역에서 열정을 다해 노력했음에도 삶에서나 행동에서 "마지막 한계"에 도달하지 않았고, 결코 "선을 넘지" 않았다는 점은 주목할 만하다.

도스토옙스키는 문학적 성공으로 출발했다. "그는《가난한 사람들》을 통해 네크라소프와 그리고로비치에게 남긴 인상에 대해 이렇게 회상한다. '과연 내가 정말 그렇게 위대한가?' 자신을 소심한 환희 속에서 부끄럽게 여기면서도 마음속으로 이렇게 다짐했다. '오, 나는 이런 칭찬을 받을 자격이 있을 거야. 어떤 분들인가, 어떤 분들이냐 말이야! 나는 그분들처럼 훌륭한 사람이 되도록 노력할 거고, '성실'할 거야! 아이고, 내가 정말 경솔하구나. 벨린스

---

180) "… 룰렛 도박에서 진 경험을 언급하며 … 평생 선을 넘어 버리곤 했다." : 1867년 8월 16(28)일 드레스덴에서 A. N. 마이코프에게 보낸 편지.

키는 내 속에 허접쓰레기 같고 부끄러운 것들이 얼마나 들어 있는지 알게 되었을 텐데.'"[181]

그러나 다음 장편《분신》[182]은 실패로 끝났다. 그의 친구들은 자신들이 실수했고, 그를 잘못 평가했음을 느끼고 그를 배척했다. 운명은 마치 일부러 그러한 것처럼, 일련의 타격과 패배를 한층 강화하기 위해 그에게 순간적인 성공을 허용한 듯 보인다. 그때부터 도스토옙스키의 모든 문학 활동은 소위 '러시아 여론' 및 비판과의 격렬한 투쟁이었다. 그가 죽기 직전에 누린 영광은, 특히 톨스토이의 평생에 걸친 영광과 비교해 볼 때, 그의 진정한 공로를 이해하려는 우리에게는 매우 우연하고 부적절하게 보이기도 한다. 그의 자기 관찰은 이와 같은 삶의 경험 속에서 일관되게 나타난다. 그는 이렇게 말한다.

"자, 나에게 좋은 걸 줘, 그러면 내가 반드시 내 센 고집으로 더 악하게 만들게." 이러한 자기 인식의 정확성은, 도스토옙스키가 값비싼 대가를 치른 페트라솁스키 사건에

---

181) "'그는《가난한 사람들》을 통해 … 내 속에 허접쓰레기 같고 부끄러운 것들이 얼마나 들어 있는지 알게 되었을 텐데.'" : 1877년 1월의 〈일기와 편지〉, 제2장[러시아 풍자, (장편)《새로운 땅》, (시집)《마지막 노래들》, 옛 회상에 대하여].

182)《분신》: 도스토옙스키의 장편(1846)

서도 특히 명백히 드러난다.[183)]

무엇이 도스토옙스키로 하여금 이 사건에 개입하게 만들었는지는 상상하기 어렵다. 사회주의자들의 이상은 그에게 낯설었을 뿐만 아니라, 그의 천성에 적대적이었다. "도스토옙스키의 한 전기 작가는 덧붙이길, '도스토옙스키는 이카르 공동체나 팔랑스테르에서의 삶이 어떤 강제노동형에서의 고생보다 훨씬 끔찍하고 견디기 어렵다고 느꼈다'고 말했다." 재판에서 그의 증언과 이후 외적 강요 없이 선전한 내용을 비교해 보면, "그는 어떤 사회 체제에도 속하지 않으며, 러시아뿐만 아니라 프랑스까지 그 적용이 필연적인 죽음으로 이어질 것이라고 확신했다." 그가 주장한 이러한 진정성은 의심할 여지가 없다.

당시에도 도스토옙스키를 사회주의에서 돌아서게 했고, 동시에 하나님 없이, 종교 없이 지상에 정착하려는 현

---

183) "… 도스토옙스키가 값비싼 대가를 치른 페트라솁스키 사건에서도 특히 명백히 드러난다." : 미하일 바실리예비치(1821~1866)는 페트라솁스키(부타셰비치-페트라솁스키) 사회주의적 조직에 참여한 인물로, 1849년 도스토옙스키와 함께 체포되어 사형을 선고받았으나, 강제노동형(카토르가, каторга)으로 감형되어 1854년까지 복역하였고, 이후 근위병으로 복무했다. (부타셰비치-페트라솁스키는 모계 또는 가문의 복합 성씨 형태로, 문헌에 따라 함께 표기됨) (역자 주)

대 인류의 시도를 그토록 끈질기게 고민하도록 만든 주요 요인은 바로 이 가르침의 도덕적 유물론이었다. 목격자들의 증언에 따르면, 페트라솁스키는 "무신앙자이자 신앙을 조롱하는 사람"으로서 표도르 미하일로비치에게 혐오스러운 인상을 주었다. 종교에 대한 벨린스키의 이러한 경솔한 태도는 도스토옙스키에게 억누를 수 없는 맹목적인 증오를 불러일으켰다. 수년 후 도스토옙스키는 벨린스키를 "러시아 생활의 가장 악취 나고, 어리석고, 부끄러운 현상"184)이라고 회상했으며, 이러한 증오는 매번 새로운 힘으로 그의 내면에서 타올랐다. 1873년 일기에서 도스토옙스키는, 러시아 비평가가 장편 《백치》의 창작자를 무신론자로 바꾸려 시도한 철학적 대화에 대한 벨린스키의 이야기를, 가장 순진하면서도 동시에 조롱하는 방식으로 전달했던 사실을 기록한다. 벨린스키는 이렇게 말했다. "내가 그리스도를 그렇게 기억할 때마다 그의 얼굴 전체는 울고 싶은 것처럼 변한다." 그는 다시 도스토옙스키에게 "그래, 믿으시오. 당신은 순진한 사람이오"라고 대들었다. 이에 대해 도스토옙스키는 회상한다. "만약 당신의 그리스도가

---

184) "러시아 생활의 가장 악취 나고, 어리석고, 부끄러운 현상" : 1871년 5월 18~30일, 드레스덴, N. N. 스트라호프에게 보낸 편지.

우리 시대에 태어났더라면, 그는 가장 눈에 띄지 않는 평범한 사람이었을 걸 믿으시오. 그는 오늘날 과학의 시대에도, 혹은 오늘날 인류의 발달기 시대에도 존재했을지 모르오." 30년이 지난 후에도 도스토옙스키는 마치 대화가 전날 있었던 일인 것처럼 격렬하게 분노하며 다음과 같이 말한다. "이 사람이 나에게 그리스도를 험담했지만, 그는 비교를 위해 자기 자신과 세상의 모든 사람을 그리스도와 대조할 능력이 없었다. 그는 자신과 그들 내면에 얼마나 하찮은 허영심과 악의, 조급함과 노하기 쉬움, 비열함, 그리고 주요한 요소인 자존심이 들어 있는지 알아차리지 못했다. 그는 자신에게 절대로 솔직하지 않았다. 우리는 대신 도대체 무엇을 내세워야 할까? 그가 그렇게 혐오스럽다면, 과연 우리 자신을 내세워야 할까? 아니, 그는 자신이 혐오스럽다는 걸 한 번도 생각해 본 적이 없다. 그는 자기 자신에 대해 최고로 만족해 있었는데, 이는 이미 개인적으로 악취 나고 치욕스러운 어리석음이었다."[185]

---

185) "이 사람이 나에게 그리스도를 험담했지만, … 이는 이미 개인적으로 악취 나고 치욕스러운 어리석음이었다." : N. N. 스트라호프에게 보낸 편지, 1871년 5월 18일, 《도스토옙스키 작품 전집》 제1권 313쪽, 상트페테르부르크, 1883.

만약 당시 러시아에서 사회주의에서 결백한 사람이 있었다면, 그 사람은 아마 도스토옙스키일 것이다. 그는 순교자와도 같았고, 한순간도 믿지 않았을 뿐만 아니라, 영혼의 온 힘을 다해 증오했기 때문에 거의 파멸할 뻔했다. 도대체 무엇이 그를 이러한 사람들의 마음으로 끌어당겼을까? 혹은 자신이 힘을 최대한 발휘하기 위해 "고난을 겪어야 한다"고 느꼈던 것처럼, 평생 가장 어렵고 비참하며 잔인하고 끔찍한 상황을 찾아 나서게 만든 그 무엇이었을까? 아니면 늘 위험을 감수하는 성향처럼, 나중에는 카드 도박과 쾌락, 신비로운 공포 속에서 위험을 즐겼던 것처럼, 정치적 음모자들 사이에서도 경계를 넘으며 위험한 놀이를 즐겼던 것일까?

도스토옙스키는 페트로파블롭스크 요새에서 8개월을 보냈다. 동료 수감자 중 한 명은 그곳에서 미쳐 가기 시작했다. 도스토옙스키는 성지 순례 관련 책과 성 드미트리 로스톱친스키의 저서를 두 번 읽었으며, "후자의 책이 특히 나를 사로잡았다"라고 기록한다. 그는 사형 선고를 기다리고 있었고, 실제로 선고를 들었다.

스페시네프[186]는 이렇게 말한다. "죄수들이 세묘노프 광장으로 끌려갔을 때, 세 명은 이미 장대에 묶여 있었다. 도스토옙스키는 큰 충격을 받았지만, 침착성을 잃지 않았다. 그는 얼굴이 창백했고, 꽤 빠르게 교수대로 올라갔으며, 견뎠다기보다는 오히려 성급한 면이 있었다. 남은 것은 '사격' 지시뿐이었고, 그렇게 하면 모든 게 끝날지도 몰랐다. 이때 사람들이 손수건을 흔들자, 사형은 중지되었다. 그러나 요새 안에서 이미 정신이 이상해지기 시작했던 그리고리예프는 기둥에서 풀리자 죽음처럼 창백해졌다. 그의 정신 능력이 그를 완전히 배신한 것이었다."[187] 또 다른 기결수는 "많은 이들에게 사면 소식은 전혀 기쁜 것이 아니라, 오히려 모욕적인 것처럼 보였다"[188]라고 증언했다. 도스토옙스키 자신은 이를 "추악하고 불필요한

---

186) 스페시네프(Спешнев)는 니콜라이 알렉산드로비치 스페시네프(Николай Александрович Спешнев, 1821~1882)다. 그는 러시아 지식인이자 급진적 사상가로, 페트라솁스키 서클의 핵심 인물 가운데 한 사람이다. 도스토옙스키와 가까운 관계에 있었으며, 그의 급진적 성향은 도스토옙스키에게 강한 인상을 남겼다. 1849년 페트라솁스키 사건으로 체포되어 유죄 판결을 받았고, 이후 도스토옙스키 작품 속 인물 형상, 특히 장편《악령》에 등장하는 혁명가 유형의 실제 모델 중 한 인물로 자주 언급된다. (역자 주)

187) "이때 사람들이 손수건을 흔들자, … 그의 정신 능력이 그를 완전히 배신한 것이었다." : Ibid.

188) "또 다른 기결수는 … 전혀 기쁜 것이 아니라, 오히려 모욕적인 것처럼 보였다"고 증언했다. : 여기서는 I. M. 데부(И. М. Дебу)의 발언을 가리킨다. Ibid.

욕"[189]으로 표현했다.

도스토옙스키가 보낸 순간들은 '5분' 후의 죽을 가능성이 아니라, 확실한 죽음을 앞둔 상태에서 그가 체험한 경험으로서, 이후 그의 모든 정신적 삶에 지울 수 없는 영향을 미쳤다. 즉, 그 순간들은 온 세상을 바라보는 시각을 바꾸어 놓았고, 마치 아무도 이해할 수 없는, 죽음이 확실한 상태에서 체험한 사람만이 알 수 있는 어떤 것을 이해하게 해 주었다. 그는 또한 자신에게 매우 중요한, 삶에서 절대로 헛되지 않은 경험을 얻었다. 그 경험들은 이후에 놀라운 발견을 위해 활용할 수 있는 자원처럼 기능했다.

도스토옙스키가 '사면될지도 모른다는 기대'가 아니라, '5분' 뒤에 닥칠 것이 확실한 죽음에 대한 확신 속에서 살아낸 순간들은 그의 이후 전 생애의 정신적 삶에 지울 수 없는 영향을 미쳤다. 그 순간들은 온 세상을 바라보는 시각을 바꾸어 놓았다. 또 그는 확실한 죽음을 기다리는 이 체험을 겪어 보지 않은 사람에게는 결코 이해될 수 없는 어떤 것을 이해하게 되었다. 운명은 그에게 하나의 위대한 인식, 하나의 희귀한 경험을 보내 주었다. 그것은 마치

---

189) "추악하고 불필요한 욕" : 1873년, 제16장 동시대의 인물들 가운데 한 사람.

존재하는 모든 것의 새로운 '차원'과도 같은 것이었다. 이 경험은 결코 헛되이 사라지지 않았으며, 그는 훗날 그것을 활용하여 경이로운 발견들을 이루어 낼 수 있었다.

도스토옙스키는 '백치'의 입을 통해 말한다. "좀 생각해 보세요, 생각 좀 해 보시라고요. 예를 들어, 만약 고문이 행해진다면, 이때 생기는 육체적 고통과 상처는 죽을 때까지 남아 영적 고통으로부터 멀어지게 할 거라는 걸 말입니다. 그런데 가장 주요한 고통은 상처에 있는 게 아니라, 틀림없이 당신도 아시다시피 한 시간이 지나서, 그다음엔 30분 지나서, 그다음엔 10분 지나서, 그다음엔 지금, 지금 당장, 영혼이 육신에서 날아갈 거라는 데 있고, 당신은 더 이상 사람이 아닐 거라는 데 있고, 이게 정말 틀림없다는 데 있다는 겁니다. 중요한 건 **틀림없다**는 겁니다. 이게 머리를 그 칼 밑에 넣는 것이고, 그 칼이 머리 위에서 어떤 소리를 내며 지나가는지를 듣는 것인데, 이 시간은 겨우 15초인데도 가장 끔찍하다는 거죠. 인간의 본성이 광기 없이 이걸 견뎌야 하는 상황에 있다고 누가 말했을까요? 왜 그런 저주가 추악하고, 불필요하고, 헛된 것일까요? 아마도 어떤 사람에게 판결문을 읽어 주고, 고통을 겪게 한 다음 '가라, 너를 용서하노라'라는 일이 있을 수도 있겠죠. 그런 사람이라면 아마도 이렇게 이야기할 수도 있을 겁니다. 그리스도께서 이 고통과 이 공포에 대해 말씀하시곤 하셨죠."

도스토옙스키는 혹독한 노동형을 순종적으로 받아들였다. 다른 사람들이 그를 동정했을 때도, 그는 불평하지 않았으며, 그 상황을 좋아하지도 않았다. 그는 이 혹독한 노동형의 경험을 어린 시절의 추억처럼 아름답게 승화시키려 애썼고, 그 안에서 운명이 주는 혹독하면서도 유익한 교훈을 발견했다. 이를 통해 그는 새로운 삶의 길로 나아갈 힘을 얻었다. 시베리아에서 그는 형에게 이렇게 쓴다. "난 불평하지 않아. 이게 내 십자가야. 그래서 내가 십자가를 질 수 있었던 거지."[190] 그러나 그가 정말로 불평하지 않았다 하더라도, 이 순종이 그에게 요구한 대가를 결코 잊어서는 안 된다.

"나는 거의 절망 상태에 있어. 내가 얼마나 고생했는지를 전달하기는 어려워."[191] "난 그 4년을 산 채로 관 속에

---

190) "난 불평하지 않아. … 그래서 내가 십자가를 질 수 있었던 거지." : F. M. 도스토옙스키가 1854년 7월 30일 세미팔라틴스크에서 M. M. 도스토옙스키에게 보낸 편지.

191) "나는 거의 절망 상태에 있어. 내가 얼마나 고생했는지를 …" : 1856년 5월 23일 세미팔라틴스크에서 브란겔(Александр Егорович Врангель, 1833~1915)에게 보낸 편지.

묻혀 있었던 시간으로 생각해. 이 시간이 얼마나 무서웠는지를 너에게 말할 수 없군. 매시간, 매 순간이 내 영혼에서 돌처럼 짓누르고 있었기 때문에 그건 말로 표현할 수 없는 끝없는 고통이었지. 온 4년 동안 내가 유형지에 있다고 느끼지 않았던 시간은 한순간도 없었어. 하지만 내가 뭘 말할 수 있겠는가! 심지어 내가 너에게 100쪽의 편지를 썼다 하더라도 넌 당시 내 삶을 전혀 이해하지 못했을 거야. 경험을 해 보라고 내가 말할 필요도 없이 적어도 네가 직접 보는 게 필요하지."192)

따라서 우리가 도스토옙스키에게 징역이 이로웠다고 생각함으로써 스스로를 조금이라도 위로하려 한다면, 그것은 직접적인 삶의 차원에서가 아니라 오직 그 이로움의 초자연적 · 형이상학적 의미에서일 것이다. 우리는 여기서 다시금, 도스토옙스키의 모든 세속적 운명을 보이지 않게 감시하며 그를 어떤 특별한 목표로 이끌어 가는 듯한 신비한 힘들과 마주하고 있는 것은 아닐까? 이런 의미에서 징역은 실로 그 자신이 때때로 요구했던 것처럼 보이는

---

192) "난 그 4년을 … 경험을 해 보라고 내가 말할 필요도 없이 적어도 네가 직접 보는 게 필요하지." : 1854년 11월 6일 세미팔라틴스크에서 A. M. 도스토옙스키에게 보낸 편지.

하나의 타격이었다. 그것은 그의 자리에 있었을 다른 누구라도 짓밟고 파괴했을 타격이었다. 그러나 그에게는, 예컨대 톨스토이가 누렸던 그토록 초월적이고 운명적인 행복보다도 오히려 강제노동형이 더 필요했다. 왜냐하면 바로 이러한 타격들이야말로, 톨스토이가 창조했던 것과는 다른 방식의 창조를 가능케 한 영혼을 도스토옙스키 안에서 형성했기 때문이다.

> 엄청나게 무거운 망치는,
> 유리를 부수며, 다마스크 강철을 단련한다[193)]

톨스토이가 꿈꾸고 추구했으며, 아마 때로는 심오하기도 했을 사색 속에서 이제 막 행동으로 옮겨진 모든 것은, 결국 어딘가 취미 삼아 하는 실천과 유사한 성격을 띠게 되었다. 반면 도스토옙스키는 재산의 상실, 육체노동, 민중과의 직접적인 합류를 오직 실천 속에서, 그것도 가능한 한 가장 가혹한 형태로 경험해야만 했다.

---

193) "엄청나게 무거운 망치는, / 유리를 부수며, 다마스크 강철을 단련한다." : 푸시킨의 서사시 〈폴타바(Полтава)〉(1828~1829), 제1가(歌, песнь)에서 인용.

그에게 죄수의 모피 코트와 족쇄는 결코 추상적 상징이 아니라, 민중적 죽음의 실질적 표지이자 사회로부터의 거부와 배척을 몸으로 각인시키는 표식이었다. 톨스토이가 가난한 농민들을 위해 아무리 많은 나무를 베고, 이마에 땀을 흘리며 밭을 갈았다 하더라도, 그러한 노동은 여전히 사냥이나 금욕적 수련, 혹은 체조와 같은 자발적 활동의 범주를 완전히 벗어나지는 못한다. 육체노동이든 정신노동이든 그 본질은 단순한 도덕적 필요성에 있지 않고, 육체적 생존의 필요성에 대한 의식, 다시 말해 실제적인 위협과 진정한 두려움, 굴욕과 궁핍 앞에서의 무력감 속에 있다. 만약 내가 노동을 통해 돈을 벌지 못한다면, 하루가 지나고 한 달, 혹은 일 년이 지나 결국 내 손에는 빵 한 조각조차 남지 않게 될 것이다. 이 사실은 언뜻 자명해 보이지만, 톨스토이와 같은 교육적 배경과 과거를 지닌 사람에게는 삶의 가장 깊은 층위에서 이해되기란 절대로 쉽지 않다. 잘 알려진 육체적 고통을 한 번도 경험하지 않은 사람이 아무리 그것을 상상하려 애써도 참된 관념을 가질 수 없듯이, 결핍을 한 번도 경험하지 않은 사람은 그 결핍에 대해 아무리 사유하고 논의하더라도 그것을 진정으로 이해할 수 없다.

이 관계에서 도스토옙스키는 톨스토이보다 더 행복했

다고 말할 수 있다. 그는 죽음에 대한 두려움을 추상적 사유가 아니라, 교수대 위에 서서 체험되는 실제적 접근성 속에서 알았고, 마찬가지로 징역 속에서 평범한 인간들의 노동과 필요를 몸소 경험할 기회를 운명으로부터 부여받았기 때문이다.

죄수 생활 첫해의 여름, 이르티시강 절벽에서 약 70사젠[194] 떨어진 성벽을 가로질러 공사 중이던 막사로 벽돌을 운반하는 작업이 약 두 달간 지속되었다. 도스토옙스키는 이를 회상하며 이렇게 말한다. "벽돌을 운반하는 밧줄이 내 양어깨를 끊임없이 문질러 아프게 했지만, 나는 이 일이 마음에 들었다. 그러나 무엇보다도 그 일 덕분에 분명히 내 안에 힘이 생겼다는 사실이 더 마음에 들었다." 가난한 노파의 페치카를 위해 밭을 경작하거나 벽돌을 나르던 톨스토이의 노동과 이 노동 사이에는 과연 어떤 차이가 있는가.

만약 자신 안에서 생겨나는 힘의 감각 때문에 그가 유해해졌다면, 그것은 여전히 추상적이거나 비유적인 노동이 아니며, "네 대의 마차" 가운데 한 대도 아니고, 쾌락주

---

194) 약 150미터. (역자 주)

의적 운동이나 체조도 아니다. 그는 자신의 삶과 구원, 그리고 자신이 징역을 견뎌 낼 수 있을지가 육체적 힘에 달려 있다는 사실을 알고 있었다. 또 설령 자신이 벽돌 나르기를 좋아한다 해도, 어느 순간 그 일을 거부하기로 마음먹는다면 경비병들의 욕설과 구타, 나아가 경비대장의 태형이 뒤따를 것임도 알고 있었다. 바로 이 노동의 진정성과 불가피성이 그에게 삶의 의미를 부여하고 있었던 셈이다.

도스토옙스키는 추상적이고 순수한 사유의 차원에서 문화 사회나 교양 사회의 소유와 조건을 거부할 필요가 없었다. 그는 이미 그 사회로부터 거부되어 있었기 때문이다. 반면 톨스토이는 완전히 신뢰할 수 있고 정확해 보이는 계산을 수행했지만, 그것은 결국 그의 삶에서는 아무런 성과도 낳지 못한 일종의 수학적 계산에 머물렀다. 자신의 자선금이 목수 세몬의 2코페이카와 동일해지기 위해서는, 가난한 노인에게 2000루블을 주어야 했을지도 모른다. 그는 '자신이 가난한 사람들을 도와줄 권리를 과연 가지고 있는가?'라는 의구심에 사로잡혔고, 이 의문은 당시까지도 아직 해결되지 않은 상태였던 듯하다. 그러나 죄수인 도스토옙스키에게는 이와 같은 의심이 애초에 성립할 수 없었다. 삶 자체가 그를 자선을 베푸는 위치가 아니라 자선을 받아야만 하는 위치에 놓음으로써, 그러한 의문을 이미 해결해 주었기 때문이다. 도스토옙스키는 다음과 같이 회상한다. "이 일은 내가 교도소에 도착한 직후에 일어났다. 나는 혼자 아침 일을 마치고 교도관과 함께 돌아오고 있었다. 그때 한 어머니와 딸이 내 쪽으로 지나갔는데, 열 살쯤 되어 보이는 소녀는 마치 천사처럼 착해 보였다. 나는 그들을 이전에도 한 번 본 적이 있었다. 어머니는 여군 출신의 과부였고, 젊은 병사였던 남편은 재판을 받다가 내가 병원 수감자 천막에 누워 있을 때 그곳에서 죽었다. 아내와 딸은 작별 인사를 하러 왔다가 몹시 울면서 돌아갔다. 소녀가 나를 보더니 얼굴을 붉히며 어머니에게 무언가를 속삭였고, 어머니는 곧 걸음을 멈추어 작은 보따리에서 4분의 1코페이카를 꺼내 소녀에게 주었다. 소녀는 내 뒤를 쏜살같이 따라와 내 앞에 멈춰 서서, 양손에 동전을 쥐어 주며 '불행하신 분이시여, 적은 돈이지만 부디 받아 주세요!'라고 크게 외쳤다. 내가 동전을 받자, 소녀는 완전히 만족한 표정으로 어머니에게 돌아갔다. 이 동전을 나는 오랫동안 간직했다." 톨스토이가 자신의 재산을 나누어주지 않았더라도 그것을 "사용하기를" 중단했기 때문에 본질적으로 동일하다고 그의 전기 작가들이 아무리 우리를 설득하려 하더라도, 우리는 여전히 도스토옙스키가 그 소녀로부터 자선금을 받으면서 경험했던 수치심과 자부심, 고통과 기쁨을 톨스토이는 생애에서 단 한 번도 실제 경험으로 느끼지 못했다고 본다. 즉, 생각과 의도만으로는 충분하지 않으며, 바로 이 지점에서 행위와 감정은 진정성의 차원에서 결정적으로 커다란 차이를 드러낸다.

도스토옙스키는 다음과 같이 말한다. "교회 안, 바로 그 문 옆의 맨 마지막 자리에 많은 사람들이 밀집해 있었다. 나는 어린 시절 교회에 서서, 입구 곁에 빽빽이 몰려 있던 평범한 민중을 바라보곤 했다. 그들 앞을 가로질러 언제나 맨 앞자리를 차지하려고 다툴 준비가 되어 있던 이들, 곧 두터운 자수가 놓인 견장을 단 사람들, 뚱뚱한 지주 귀족들, 지나치게 화려하게 차려입었으나 지극히 경건한 표정의 귀족 부인들에게, 평범한 민중은 말없이 길을 터 주었다. 그 입구 옆에서, 내 눈에 그들은 우리와는 다르게 기도하는 것처럼 보였다. 그들은 겸손하고 열심히, 몸을 낮추어 완전히 겸허한 마음으로 기도하는 듯했다. 이제 나는 바로 그 자리에 서 있어야 했다. 아니, 심지어 그 자리조차 아닌 곳에 서 있어야 했다. 우리는 쇠사슬에 묶인 채 명예를 박탈당했고, 사람들은 일부러 우리를 피했으며, 심지어 두려워하는 듯 보였고, 매번 우리에게 자선을 베풀었다. 그런데도 나는 이상하게도 기뻤고, 그 기쁨 속에서 언제나 섬세하고 특별한 감정을 느꼈던 것을 기억한다. '그래도 괜찮다'고 나는 생각했다. 죄수들은 매우 열심히 기도했다. 그들은 촛불을 얻기 위해 극히 적은 푼돈을 모아 헌금했다. 헌금하면서 그는 아마도 '나 역시 사람이다. 하나님 앞에서는 모두가 평등하다'고 느끼거나 생각했을 것이다. 우리는 이른 아침 예배에서 성찬을 받곤 했다. 사제가 잔을 들고 '비록 강도이오나 나를 받아 주소서'라는 기도를 읽을 때, 거의 모든 죄수는 이 말을 문자 그대로 자기 자신에게 적용하듯, 족쇄가 절그럭거리는 소리를 내며 땅에 엎드렸다."

이러한 체험은 훗날 도스토옙스키에게 자신이 민중과 함께 살았고, 민중을 알고 있다고 말할 권리를 부여했다. 그가 다른 죄수들과 함께 마음속으로 "그러나 나를 도둑같이 받아들이라"는 말을 되뇌었을 때, 그것은 추상적 사유가 아니라 전 존재로서의 체험이었다. 그는 그 순간, 톨스토이가 평생 예술적 · 도덕적 통찰 속에서 접근하려 했던 교양 사회와 민중 사이의 심연을 실제 거리로서 측량하고 있었다.

도스토옙스키는 자신의 뇌전증이 징역에서 비롯되었다고 말한 바 있다. 그러나 다른 증언들에 따르면, 이 병은 이미 그의 어린 시절에 시작되었음을 알 수 있다. 십중팔구 비정상적으로 고조되고 정제된 감수성 속에 이 질병의 근본 원인이 있었고, 징역 기간에 발현되어 심화했을 것이다. "과거의 국사범" 도스토옙스키는 알렉산드르 2세 황제에게 보낸 편지에서 자신의 병이 징역노동 첫해에 시작된 것 같다고 주장하며 이렇게 덧붙인다. "제 병은 점점 깊어지고 있습니다. 매번 발작으로 인해 기억력과 상상력, 정신적 · 신체적 힘을 잃어 가는 듯합니다. 제 병의 결말은 무기력, 죽음, 혹은 발작일 것입니다."[195] 그의 삶에서 뇌전증이 실제로 정신 능력을 완전히 흐리게 할 위협에 이르렀던 시기들이 있었다는 사실은 잘 알려져 있다. 스트라호프에 따르면, "그의 발작은 대개 한 달에 한 번 정도였으나, 드물게는 더 빈번해져 일주일에 두 번 발생한 적도 있었다."

스트라호프는 자신의 놀라운 이야기를 다음과 같이 이어 간다. "나 자신도 표도르 미하일로비치가 온 힘을 다해 발작을 일으키는 장면을 한 번 목격한 적이 있다. 아마도 1863년 부활절 전야였을 것이다. 밤 11시쯤 그가 나를 찾

---

195) "제 병은 점점 깊어지고 있습니다. … 무기력, 죽음, 혹은 발작일 것입니다." : 도스토옙스키가 1859년 10월 10~18일 트베리에서 알렉산드르 2세에게 보낸 편지.

아왔고, 우리는 매우 활발한 대화를 나누었다. 대화의 주제는 기억나지 않지만, 대단히 중요하고 추상적인 문제였다는 점만은 분명하다. 표도르 미하일로비치는 몹시 흥분한 상태로 방 안을 오가기 시작했고, 나는 테이블에 앉아 있었다. 그는 무언가 고상하고 즐거운 이야기를 하고 있었다. 내가 어떤 말로 그의 의견에 공감을 표하자, 그는 자신의 열의가 절정에 이르렀음을 보이는 영감에 찬 얼굴로 나를 돌아보았다. 그는 마치 자기 생각을 표현할 적절한 단어를 찾는 듯 잠시 멈춰 서더니 입을 열었다. 나는 그가 지금 무언가 비범한 말을 하리라, 어떤 신적 계시를 듣게 되리라 느끼며 숨을 죽이고 바라보고 있었다. 그러나 갑자기 그의 벌어진 입에서 이상하고 느리며 의미 없는 소리가 흘러나왔고, 그는 의식을 잃은 채 방바닥으로 쓰러졌다."

도스토옙스키 자신은 《백치》에서 발작을 다음과 같이 묘사한다. "그 순간, 얼굴, 특히 시선이 갑자기 극도로 일그러진다. 그의 몸과 얼굴 전체가 경련한다. 무섭고, 상상할 수 없으며, 그 어떤 것과도 비교할 수 없는 비명이 가슴 깊은 곳에서 터져 나온다. 이 비명 속에서는 마치 인간적인 모든 것이 한순간에 사라지는 듯 보이며, 그 비명을 지르는 자가 바로 그 사람이라는 사실을 관찰자가 인정하기란 거의 불가능하거나, 적어도 극히 어렵다. 마치 그 사람의 내부에 있는 다른 누군가가 비명을 지르고 있는 것처럼 보이기 때문이다. 실제로 많은 사람들은 자신의 인상을 그렇게 표현했다. 뇌전증 발작 상태에 있는 인간의 모습은 보는 사람들로 하여금 무언가 신비로움을 내포한, 선명하고 견딜 수 없는 공포를 불러일으킨다."

고대인들은 뇌전증을 **신성한 질병**이라 불렀다. 도스토옙스키가 말하듯, "무언가 신비로운 것"이 이 질병에는 깃들어 있다. 동방의 민족들 역시 이 병에서 예언 능력과 비범한 통찰과 연관된, 신성하거나 혹은 악마적인 어떤 신비를 보았다. 위대한 종교 운동들의 역사 속에서 우리는 종종 이 질병과 마주친다. 특히 그러한 운동의 시작, 즉 그 가장 어두운 지하의 원천들 속에서, 이 질병은 거의 연구되지 않았거나 적어도 충분히 설명되지 않은 채 모습을 드러낸다.

도스토옙스키는 자신의 가장 심오한 작품 가운데 하나인 《백치》에서, 예언자 무함마드의 유명한 '항아리' 전설로 반복해서 돌아간다. 곧 예언자가 알라의 말을 타고 하늘과 지하 세계를 날아다니는 동안에도, 항아리의 물이 쏟아질 시간이 없었다는 이야기다. 도스토옙스키가 끝내 찾아내지 못했다고 말한, 어떤 "고상하고 즐거운", 분명 종교적인 성격의 "계시"와, 그 직후에 이어진 발작 사이의 이 연결이 이미 스트라호프의 이야기 속에 예견되어 있다는 사실은 주목할 만하다.

어쨌든 이 "신성한 질병"은 도스토옙스키의 모든 예술적 창조뿐 아니라, 그의 추상적 철학 사유, 육체적 삶과 정신적 삶 전반에 걸쳐 놀라운 영향을 미쳤다. 그는 작품 속에서 이를 마치 신비로운 공포에 가까운, 극도로 절제된 흥분 속에서 말하곤 한다. 그의 가장 중요하면서도 부정적인 인물들인 버림받은 자이자 냉혈한 스메르댜코프, "신성한" 미시킨 공작, "인신의 예언자"이자 허무주의자인 키릴로프는 모두 뇌전증 환자들이다. 도스토옙스키에게 발작은 마치 어둠 속에서 번쩍이는 무서운 빛줄기, 갑자기 열리는 공포의 구멍이나 창문과 같았으며, 그는 그것들을 통해 피안의 빛을 엿보곤 했다. "그런 다음 갑자기, 마치 무언가가 그의 앞에 활짝 펼쳐진 듯했다. 전례 없이 놀라운 '내적 빛'이 그의 영혼을 환히 비추었다"[196]라고 그는 한 묘사에서 말한다. 스트라호프는 이렇게 회상한다. "표

196) "그런 다음 갑자기, 마치 무언가가 그의 앞에 활짝 펼쳐진 듯했다. … '내적 빛'이 그의 영혼을 환히 비추었다" : 장편 《백치》에 나타난 간질 발작의 묘사

도르 미하일로비치는 발작 직전에 몇 분 동안 황홀한 상태를 느낀다고 내게 말하곤 했다." 도스토옙스키는 스스로 이렇게 말한다. "어떤 순간 동안 나는 평범한 상태에서는 불가능하고, 다른 사람들은 결코 이해하지 못할 행복을 경험한다. 나는 나 자신 속에서, 그리고 온 세상 속에서 완전한 조화를 느낀다. 이 감각이 너무도 강렬하고 달콤해서, 그런 행복의 몇 초를 위해서라면 십 년, 어쩌면 평생을 바칠 수도 있다." 그러나 발작 이후, "그의 정신 상태는 몹시 고통스러웠다. 그는 자신의 우울과 극도로 예민해진 감수성을 간신히 견뎌 냈다. 그의 말에 따르면, 이 우울의 특징은 그가 자신을 일종의 범죄자처럼 느꼈다는 데 있었다. 알 수 없는 죄책감과 커다란 간악함이 그를 짓누르는 듯 보였다는 것이다."

위대한 신성함과 위대한 간악함, 피안의 기쁨과 피안의 슬픔이라는 이 두 극단의 감정은, '모하메드의 항아리'가 아직 쏟아질 틈조차 없는 마지막 "사분의 일 초" 안에서 서로 맞닿는다. 바로 그 순간, "귀신 들린 자의 가슴에서는 끔찍한 비명"이 폭발하는데, 그것은 마치 그 자신이 아니라, 그의 내부에 현존하는 어떤 다른 존재—**인간이 아닌 무엇인가**—가 외치고 있는 듯한 느낌을 불러일으킨다. 이 지점에서 이 모든 대립은 번개처럼 눈을 멀게 할 섬광 속에서 갑작스럽게 서로 연결되며, 동시에 해소된다.

우리는 여기서 도스토옙스키의 본질, 곧 그의 육체적 · 정신적 총체의 가장 깊고도 아직 해명되지 않은 근원에 거의 손을 대고 있는 것은 아닐까. 이 실타래의 모든 실이 바로 이 매듭에서 만나고 있는 것은 아닐까. 살과 피 뒤에 숨은 것에서 영혼을 분리해 내는, 도스토옙스키의 그 육체적 막에 해당하는 살과 피의 덮개가 다른 사람들의 것보다 훨씬 더 미세하고 투명해진 이유가, 어쩌면 바로 이 발작들 때문은 아닐까. 우리의 분석과 조사로는 도달할 수 없는, 갑작스럽게 몰아치는 어떤 종류의 폭풍우들이 그를 통해 지나갔고, 그로 인해 그는 누구도 보지 못한 것을 꿰뚫어 볼 수 있게 되었던 것은 아닐까.

여기서 다시, 톨스토이와의 비교, 즉 도스토옙스키의 "신성한", 동시에 악마적인 질병과의 대비가 거의 무의식적으로 떠오른다. 이 질병은 결코 나약함이나 결핍이 아니다. 오히려 그 반대로, 축적된 활력의 과잉, 극도로 세련되고 한계에 이른 치밀함과 예민함, 영성의 극단적 집중이 뇌우처럼 폭발하는 형태다. 이는 톨스토이에게서 보이는, 덜 신성하고 덜 악마적인 **육체성**의 과잉, 즉 강함과 건강의 과잉과 대비된다. 결국, 도스토옙스키에게 이 질병은 뇌우와 같지만, 다만 다른 방식으로, 급작스럽게 분출되는 활력의 과잉일 뿐이다. 반면 톨스토이는 후에 깊은 신앙에 도달하게 되는데, 그것은 상상 속의 신앙도, 사이비 기독교적인 신앙도 아니다. 그것은 이 육체성의 신비, 곧 '**신성한** 동물성'의 무한한 심화에서 비롯된, 진정한 의미의 이교적 종교성이다. 내가 이것을 '신성하다'고 부르는 이유는 다음과 같다. 종교적 관점에서 볼 때, 인간 내부의 동물적인 것은 영적인 것만큼이나 거룩하고 천상적이다. 육체와 영혼은 현상 속에서만 서로 대립할 뿐, 궁극적인 내세적 본질에서는 동일하다. 그러나 바울주의에 뿌리를 둔, 구태의연하고 왜곡된 사이비 기독교의 습관은 오늘날 거의 모든 현대인, 심지어 깊은 믿음을 이미 잃어버린 이들까지도 육체적인 것을 저급하고 죄 많은 것, 혹은 거칠고 부끄럽고 짐승 같은 것으로 멸시하도록 강요해 왔다. 참된 종교적 통찰의 심연은 분리가 아니라 연합에 있다. 그것은 상징적이다. (내가 사용하는 "상징"은 언제나 "연합"을 의미한다.) 이 관점에서 육체는 정신만큼이나 초자연적이다. 어둡고 열등해 보이는 동물적 심연은, 빛나고 고귀해 보이는 영적 심연과 동일해진다. 밤하늘의 반구는 낮의 반구와 같다. 사상가이자 예술가로서의 톨스토이는 바로 이 동물적 심연들 속으로 깊이 파고들다가, 그 최후의 경계에서 그것과 영원히 대립하는 "듯 보이는" 또 하나의 근원—곧 동물적 인격 자체를 위협하는 파괴 의식, 죽음의 의식을 마주하게 된다. 바로 여기서 그의 비극이 시작된다. 동시에 여기서, 그에게 새로운 기독교적 "부활"의 빛이 어렴풋이 떠오른다. 그것은 아우스터리츠 전투 전날 밤, 방 안에서 안드레이 공작에게 큰 충격을 안겼던 그 "차가운 하얀 빛"이 처음으로 희미하게 반짝이던 순간이기도 하다.

"그리고 이 관념의 절정, 즉 죽음에 대한 사유의 정점에서, 한때 그를 사로잡고 괴롭히던 모든 것은 갑자기 그림자도, 전망도, 윤곽도 잃은 채 차가운 흰 빛 속에서 드러난다. 그에게 생명은 마치 마법 등불처럼 보였고, 그는 오랫동안 인공조명 아래서 유리를 통해 그 등불 속 그림들을 들여다보고 있었다. 그러나 이제 밝은 대낮의 빛이 비치자, 그는 그 그림들을 유리 없이, 있는 그대로 보게 된다. '그래, 바로 이것들이군. 나를 흥분시키고, 황홀하게 하고, 괴롭히던 그 거짓 이미지들 말이야.' 그는 자기 생명의 마법 등불 속 주요 장면들을 떠올리며, 이제 대낮의 차가운 햇살 아래에서, 죽음에 대한 맑은 사유 속에서 그것들을 바라보며 혼잣말한다. '이 모든 게 무섭고, 그저 역겹기까지 해.'"

이처럼 톨스토이에게서 죽음의 빛은 삶의 색채와 형상

들을 변형하고 소멸시키며, 외부에서 삶을 향해 비춘다. 반면 도스토옙스키에게 그것은 내부에서 빛난다. 그에게 생명과 죽음의 빛은 여러 현상의 "마법 등불" 안에 켜진 단 하나의 불꽃이다. 톨스토이에게 삶의 종교적 의미는 삶에서 죽음으로의 전환, 즉 **다른 빛 속에** 놓여 있다. 도스토옙스키에게는 그러한 전환이 존재하지 않는 것처럼 보인다. 그는 살아 있는 동안 끊임없이 죽어 가고 있다. 늘 사람을 삼킬 듯 입을 벌리고 있는 심연들, 번쩍이는 빛줄기들, "신성한 질병"의 발작들은 그의 동물적 삶의 윤곽을 더욱 또렷하고 투명하게 만들었고, 그 삶을 희귀하게 하여 내면의 빛으로 모든 것을 조명하게 했다. 톨스토이에게 죽음의 비밀은 삶의 너머에 있다. 도스토옙스키에게 삶 자체가 이미 죽음과 같은 비밀이다. 톨스토이는 세속의 눈으로 내부에서 죽음을 바라본다. 도스토옙스키는 피안의 눈으로, 살아 있는 자에게는 죽음처럼 보이는 내부에서 삶을 바라본다.

그렇다면 이들 가운데 과연 누가 진리에 더 가까운가? 그리고 이 두 가지 삶 가운데 어느 쪽이 더 아름다운가?

나는 이 연구의 첫 장에서, 독자가 내가 도스토옙스키를 옹호하기 위해 톨스토이에 대해 편견을 갖고 있다고 의심할 수 있음을 잘 알고 있다. 실제로 내가 의도한 것은 그러한 편파가 아니었다. 나는 단지 기독교, 더 정확히 말해 현대 유럽에서 지나치게 좁고 일방적이며 배타적으로 금욕적이고 지적으로 해석되는 기독교에 의해, 반대 방향으로 과도하게 당겨져 휘어진 톨스토이의 활을 바로잡고자 했을 뿐이다. 만약 나의 서술이 일방적이고 심지어 부당해 보였다면, 그것은 우연이 아니라 의도된 것이며, 하나의 예비적 단계였다. 나는 이 단계에 머물 생각이 없다. 앞으로 두 작가의 예술적 · 철학적 · 종교적 저작을 더욱 깊이 탐구하며 논의를 확장해 나갈 것이다. 지금까지 나는 이 두 작가를, 현대인들에게서 이른바 "기독교적"이라고 불리는 것을 고갈시키고 있는 기독교적 관점, 혹은 적어도 명백히 기독교적인 관점에서 비교해 왔다. 그러나 만약 이 두 삶을 정반대의 관점, 즉 이교적이거나 적어도 이교도로 보이는 관점에서 비교한다면, 시들지 않는 신선함과 굳건함, 무궁무진한 생명력, 지상적이며 세속적인 기쁨으로 충만한 톨스토이의 삶이 도스토옙스키의 삶보다 덜 완전하거나 덜 아름답다고 결론을 내리기 어려울지도 모른다.

더 나아가 세 번째이자 마지막 관점, 즉 두 상반된 종교적 극을 결합하는 상징적 관점에서 본다면, 톨스토이의 삶과 도스토옙스키의 삶은 비록 서로 대립하고 각각 불완전한 아름다움을 지니고 있을지라도, 동등하게 보이지 않을 수 없을 것이다. 러시아 문화에서 푸시킨이 예언한 조화는 이들 중 누구에게도 온전히 구현되지 않았기 때문이다. 톨스토이에게서는 육체가 정신을 압도하기 때문에, 도스토옙스키에게서는 정신이 육체를 압도하기 때문에 그렇다. 그럼에도 이 두 삶은 똑같이 위대하며, 똑같이 러시아적이다. 그들은 서로를 완성하고 보완하며, 마치 예언적 대비와 비교를 위해 의도적으로 창조된 것처럼, 하나의 삶이 다른 삶을 필요로 한다.

이는 마치 한 점에서 갈라져 서로 다른 방향으로 뻗어나간 두 선과 같다. 이 선들은 아직 닫히지 않았지만, 닫힐 수 있으며 닫혀야만 하는 하나의 원을 예시한다. 우리는 이 두 선이 다시 합쳐져 반대편의 최고점에 이르러 완전한 원을 형성할 것임을 알고 있다. 지금은 이 두 예언이 서로 모순되는 것처럼 보이지만, 사실 톨스토이와 도스토옙스키는 이미 푸시킨에게서 비롯되었으며, 동시에 아직 이름 붙여지지 않은, 그러나 우리가 기대하고 있는 또 하나의 러시아 천재, 즉 푸시킨만큼 근원적이고 민중적이며, 동시에 더 의식적이고 더 보편적인, 두 번째이자 최종적이며 통합적이고 상징적인 '푸시킨'으로부터도 나온다. 이 두 위대한 기둥은 아직 서로 연결되지 않은 채 사원의 입구 앞에 서 있다. 건물은 이미 착공되었으나, 전체 모습은 아직 드러나지 않았다. 그것은 러시아적이면서 동시에 세계적인 종교·문화의 건축이며, 그 두 부분이 서로 마주 보며 긴장 속에서 대립하고 있다.

제7장

푸시킨이 죽었을 때 도스토옙스키는 열여섯 살이었다. 그의 동생 안드레이 미하일로비치는 다음과 같이 회상하고 있다. "어떤 이유로 푸시킨의 사망 소식이 어머니 장례식 이후에야 우리 가족에게 전해졌는지 모르겠다. 아마 우리가 슬퍼하고 있었고 온 가족이 집에만 계속 있어서 그랬을 것이다. 내가 기억하기로는 형제들이 이 죽음과 모든 세부 사항에 대해 듣고 거의 정신이 나갔다. 형 표도르(도스토옙스키)는 동생과 대화 중에 만약 우리 가족의 상복이 없었다면, 푸시킨의 사망으로 인한 상복을 입어도 될지 아버지에게 허락을 구했을 거라고 몇 번이나 되풀이했다."197)

어머니의 죽음조차도 푸시킨의 죽음에 대한 도스토옙스키의 슬픔을 억누르지는 못했다. 비록 그가 그 의미를

---

197) "어떤 이유로 … 우리 가족에게 전해졌는지 모르겠다. … 푸시킨의 사망으로 인한 상복을 입어도 될지 … 몇 번이나 되풀이했다." : A. M. 도스토옙스키의 《회고록》에서 인용.

아직 의식적으로 자각하고 있지는 못했을지라도, 그는 훗날 예순 살에 이르러 푸시킨과 자신 사이의 생생한 정신적 혈통의 연속성을 느꼈던 것처럼, 이미 열여섯 살의 나이에도 그러한 감각을 지니고 있었다. 그는 푸시킨을 공경했을 뿐만 아니라, 가장 가깝고 소중한 사람처럼 사랑했다.

똑같은 시기에 톨스토이에게 푸시킨과 러시아 작가들은 그가 《청년 시절》에서 고백하고 있듯이 "어렸을 때 읽고 암송하던 노란색 제본의 작은 책들"(의 저자)에 불과했을 뿐이다. 그는 자신의 당시 나쁜 취향을 모스크바 대학 학우들의 취향에 비해 부끄럽다고 느꼈다. "푸시킨과 (바실리) 주콥스키(Жуко́вский)는 그들에게 문학이었다. 그들은 뒤마, (외젠) 쉬, (폴) 페발[198]을 경멸하고 비판했는데… 나보다는 문학에 대해 훨씬 더 명료했다." "당시에 몬테크리스토와 다양한 미스터리가 막 나타나기 시작했다. 나는 쉬, 뒤마, 폴 드 코크의 소설을 읽는 데 열중했다.

---

198) (폴) 페발(Paul Féval, père, 1816~1887). 프랑스 대중 소설가, 연재 소설(푀이통) 작가이며, 역사소설, 모험소설, 범죄 · 미스터리를 씀. 대표작 《르 로로(Les Habits Noirs)》 연작, 범죄 · 비밀결사 소설 《라지용 드 라르자크(Lagardère)》, 검객 · 복수 서사 《르 보스(Le Bossu)》. 참고로 흔히 아들과 구분하기 위해 Paul Féval père(폴 페발 부친)라고도 표기함. (역자 주)

나에게는 가장 부자연스러운 모든 얼굴과 사건들이 현실처럼 생생했다. 나는 저자가 거짓말을 하고 있다는 것을 감히 의심하지 않았다. 소설들을 바탕으로 내가 성취하고 싶었던 도덕적 가치의 새로운 이상들이 나에게 형성되기도 했다. 나는 내가 예전에 좋아했던 자신의 모든 일과 행위가 '제대로, 마땅히, 필요한 대로'[199] 잘되기를 원했다. 나는 심지어 외모와 습관까지 이 소설들의 주인공을 닮으려고 노력했다."

톨스토이와 도스토옙스키의 예술 교육이 그와 같다. 물론 도스토옙스키는 이미 16세의 나이에도 뒤마와 폴 드 코크의 무례함과 저속함을 이해하고 있었다. 소년에게 문학적 취향과 판단력은 놀라울 정도로 예리하고, 성숙하며, 독립적이다. 러시아 문학에도 서유럽 문학에도 그는 똑같이 접근하기 쉬웠다. 공병학교에서 보낸 다소 열정적인 젊은 시절의 편지 한 통에서 그는 형에게 다음과 같이 알리고 있다. "우리는 호메로스, 셰익스피어, 실러, 호프만에 관해 이야기하곤 했어." "난 실러의 작품을 외고 있었고, 그들에게 말했고, 그들에게 열중했어." "실러의 이

---

199) comme il faut(프랑스어) : как следует, как надо,прилично(제대로, 마땅히, 필요한 대로)

름은 나에게 소중해졌다."[200] 그러나 그는 낭만주의와 고딕 양식에 홀딱 반했던 당시 러시아 젊은이들이 비교적 더 접근하기 쉬웠던 셰익스피어와 (프리드리히) 실러뿐 아니라, 나중에 (비사리온) 벨린스키가 매우 피상적으로 판단했던 17세기의 위대한 프랑스 고전파 작가인 (장) 라신과 (피에르) 코르네유의 가치를 평가할 수 있었다. 도스토옙스키는 이제 당시 우리나라에서 유행하는 독일 비평에서 영감받은 소위 '사이비 고전주의 문학'에 대해 융통성 없이 경멸적인 태도를 취하지 않는다.

그리고 가장 멀고 낯선 문화에 대한 깊은 직관은 바로 이 러시아 소년에게서 나타난다. 그는 병원 의사의 아들이며, "경건한 모스크바 가정" 출신이다. 이 소년은 프랑스 고전주의 작가들의 내적 작위성과 모방성을 인식하면서, 루이 14세 당시 궁정 시인들이 구현한 외적 형식의 완벽성과 조화에 감탄한다. 그는 편지에서 이렇게 썼다. "그럼 《페드르(Phèdre)》야, 형! 신이 만약 형에게 이 작품이 가장 높은 본질의 시가 아니라고 말한다면, 형이 어떻게

---

200) "… 그는 형에게 다음과 같이 알리고 있다. '우리는 호메로스, … 나에게 소중해졌다.'" : 1840년 1월 1일 상트페테르부르크에서 M. M. 도스토옙스키에게 보낸 편지.

될지 알고 있어. 조각상이 대리석이 아니라 석고로[201] 만들어졌다고 해도, 사실 이건 셰익스피어적 윤곽에 해당하는 거야." 이 두 줄은 아마 전체 러시아 문학에서 《페드르》에 대한 판단을 가장 간결하고 적절하게 요약한 사례일 것이다. 또 다른 편지에서 도스토옙스키는 다른 편지에서 형의 비난에 맞서 코르네유를 옹호하기도 한다. "《르 시드(Le Cid)》를 읽어 본 적 있어? 읽어 봐, 이 가련한 인간아, 읽은 뒤 코르네유 앞에서 흙먼지 속에 엎드려."[202]

만약 우리가 도스토옙스키에게서 이미 어린 시절부터 드러났고, 훗날 종교에 관해 몇 마디 경솔한 발언을 했다는 이유로 평생 벨린스키를 증오하게 만든 그의 깊은 신앙심을 고려한다면, 그리스도와 호메로스를 나란히 놓은 다음의 비교는 그 순진함과 열정에도 불구하고 매우 의미심장하게 보인다.

형에게 보내는 편지에서 그는 이렇게 썼다.

---

201) "그럼 《페드르(Phèdre)》야, 형! … 조각상이 대리석이 아니라 석고로" : 1840년 1월 1일 상트페테르부르크에서 M. M. 도스토옙스키에게 보낸 편지.

202) "《르 시드(Le Cid)》를 읽어 본 적 있어? 읽어 봐, … 코르네유 앞에서 흙먼지 속에 엎드려." : 1840년 1월 1일 상트페테르부르크에서 M. M. 도스토옙스키에게 보낸 편지에서 도스토옙스키가 한 말.

"호메로스(축복받은 사람, 어쩌면 그리스도와 마찬가지로, 인간에게 보내진 영적 존재이자 화신이라 할 수 있는 인물)는 오직 그리스도와만 비교될 수 있고, 괴테와는 결코 비교될 수 없어. 형, 그의 세계를 이해해 봐. 그리고 《일리아드》를 제대로 읽어 봐. 읽어 봐, 잘 읽으려고. (솔직히 말해, 형은 아직 읽지 않았지?) 호메로스의 《일리아드》는 고대 세계 전체에 질서와 영적 · 현세적 삶을 부여했어. 그 힘은 마치 그리스도가 새 세계에 가져온 힘과도 같아. 이제 내 말을 이해할 수 있겠어?"[203)]

도스토옙스키는 평생을, 자신의 표현에 따르면, 전 세계 모든 인간의 문화에 대한 감각을 간직하고 있었다. 이는 어디에서나 집처럼 편안함을 느낄 수 있는 능력, 다시 말해 모든 시대와 민족의 내적 · 영적 삶에 공감하고 참여할 수 있는 능력을 의미한다. 그는 푸시킨 연설에서 이 능력을 푸시킨 자신, 더 나아가 러시아 천재성 전반의 핵심적 특성으로 규정했다. 즉, 다른 유럽 민족의 천재성과 마주할 때 드러나는 러시아 민족적 천재성의 본질적 특징은

---

203) "호메로스(축복받은 사람, … 이제 내 말을 이해할 수 있겠어?" : 도스토옙스키가 1840년 1월 1일 상트페테르부르크에서 M. M. 도스토옙스키에게 보낸 편지.

바로 이 **보편적 공감 능력**이라고 도스토옙스키는 일관되게 생각했다.

도스토옙스키는 첫 해외여행을 갔던 1863년 여름, 스트라호프에게 편지를 썼다. 그는 이렇게 적었다. "내가 지금 로마에서 이 편지를 쓰고 있습니다만, 로마에 대해 한 마디도 하지 않고 있다는 게 이상합니다. 하지만 제가 당신에게 무엇을 쓸 수나 있겠습니까? 아이고 맙소사! 아니, 이걸 편지에서 표현해도 될까요? 셋째 날 밤에 도착했습니다. 어제 아침에는 성 베드로 성당을 살펴보았습니다. 니콜라이 니콜라예비치 씨, 강한 인상에 등골이 오싹하더군요. 오늘은 포럼과 그 모든 폐허를 둘러보았습니다. 그 다음에는 **콜로세움**도 보았지요! 글쎄, 제가 당신에게 대체 무슨 말을 해야 할까요?"[204)]

그는 이후 유럽을 "신성하면서도 끔찍한" 존재로 인식하게 되었으며, 자신에게는 "러시아와 유럽이라는 두 개의 조국"[205)]이 존재한다고 서술했으며, 더 나아가 "베네치

---

204) "내가 지금 로마에서 이 편지를 쓰고 있습니다만, … 제가 당신에게 대체 무슨 말을 해야 할까요?" : 도스토옙스키가 1863년 9월 18(30)일 로마에서 N. N. 스트라호프에게 보낸 편지.

205) "… 러시아와 유럽이라는 두 개의 조국 …" : 1876년 6월, 제1장 '2. 조르주 상드(George Sand)의 죽음'에서 도스토옙스키가 한 말.

아, 로마, 파리와 같은 도시들과 그곳의 과학 · 예술적 유산, 그리고 그들이 형성해 온 전체 역사가" 때로는 "러시아보다 더 친근하게" 느껴졌다고 언급했다.[206] 이러한 점에서 도스토옙스키는 푸시킨 다음으로 러시아적이면서도, 동시에 러시아적 정체성을 유지한 채 유럽적 보편성을 보여 준 작가로 평가된다. 그는 러시아인이 된다는 것이 최고 유럽인이 되는 것, 곧 보편적 유럽인이 되는 것임을 스스로 증명했다.

톨스토이는 예술에 보편적 · 세계적 의미를 부여하면서도, 동시에 러시아적 특성, 곧 민족적 정신성을 깊이 내면화한 드문 작가였다. 그는 인류 전체를 향한 보편성을 추구했지만, 그 보편성은 언제나 러시아라는 토양 위에서 형성되었다. 이러한 성향은 도스토옙스키가 말한 의미에서의 '러시아성', 더 나아가 세계 문화를 직관적으로 파악하는 능력과도 밀접하게 연결된다. 겉으로 보기에 톨스토이는 이성적이며 기독교적 보편성을 지향하는 코스모폴리탄처럼 보인다. 그러나 위대한 러시아 작가들 가운데, 장소와 시간의 조건, 자기 민족성과 자기 시대의 한계에

---

206) "베네치아, 로마, 파리가 … '러시아보다 더 친근하게' 느껴졌다고 언급했다." : 1877년 7~8월, 제2장 '2. 슬라브주의자의 고백'.

의해 그의 창작이 이처럼 강하게 규정된 경우는 드물다. 톨스토이에게 러시아적이지 않은 것, 그리고 자기 시대에 속하지 않는 것은 적대의 대상이라기보다 낯설고 이해하기 어려운 것이었으며, 결국 그의 관심의 중심에서 벗어나 있었다. 《전쟁과 평화》의 작가인 그는 이성적으로는 역사를 인정하고, 어느 정도까지는 이해하고 있었다고 말할 수 있다. 그러나 정서적인 차원에서는 다른 시대나 다른 민족의 내면적 · 정신적 삶 속으로 깊이 들어가 그것을 체험하려 하지 않았다. 그에게는 흔히 말하는 **먼 거리의 황홀**, 즉 역사가 불러일으키는 고무적 감정이 없었으며, 과거에 대한 살아 있는 슬픔이나 기쁨 역시 존재하지 않았다. 톨스토이는 존재의 가장 깊은 뿌리까지 철저히 **현재**에 속해 있었다. 그는 동시대 러시아의 현실적 활동 속에, 러시아의 노동하는 민중과 귀족 사회 속에 완전히 자리하고 있었다. 바로 이 점에서 그의 위대함과 동시에 한계가 드러난다. 우리는 톨스토이가 젊은 시절 이탈리아에 머물렀다는 사실을 알고 있다. 그러나 그는 그 경험으로부터 거의 아무런 인상도 가져오지 않았다. 만일 그의 전기를 통해 그가 실제로 알프스를 넘었다는 사실을 알고 있지 않았다면, 과연 그가 그곳에 다녀왔는지조차 의심하게 되었을 것이다. 성스러운 기적들의 파편들은 그에게서 아무런 전율도 불러일으키지 못했다. "오래되고 낯선 돌들"은 그에게 끝내 죽은 것들로 남아 있었다. 만일 그가 어느 날 무심코, 가벼운 마음으로, 뒤늦은 러시아 니힐리스트 V. 스타소프[207]처럼 미켈란젤로의 〈최후의 심판〉을 '어처구니없는' 작품이라고 부른 적이 있다면, 그것은 자신의 직접적인 기억에 따른 판단이 아니라, 우연히 본 어떤 사진에 근거한 것이었다.

모든 문화에서 '조건적'인 것으로 보이는 요소들은, 역사적 관점에서는 자연 그 자체만큼이나 자연스러울 수 있다. 그러나 톨스토이에게 이러한 것들은 항상 인위적으로 느껴졌고, 따라서 거짓처럼 보였다. 그는 모든 "조건적인 것"에 대해 과도한 두려움을 가지고 있었으며, 이러한 두려움은 결국 모든 것에 대한 두려움으로 확장되었다. 결과적으로, 그에게 산문은 시보다 더 자연스럽게 느껴졌고, 리듬 있는 표현이나 가장 열정적이고 자연스러운 정신 상태에서 나오는 시적 · 노래적 표현은 충분히 고려되지 않았다. 그는 시 작품이 모두 조건적이므로 본질적으로 거짓이라고 판단했다. 톨스토이의 독일 전기 작가는 이를

---

207) 블라디미르 바실리예비치 스타소프(Владимир Васильевич Стасов, 1824~1906). 미술 · 음악 비평가, 예술사학자.

다음과 같이 설명한다. 젊은 시절, "그는 러시아 문학의 가장 위대한 작품들을, 그것들이 줄거리(서사) 속에서 쓰였다는 이유만으로 비웃곤 했다. 그의 눈에 세련된 형식은 아무런 의미도 지니지 않았다. 왜냐하면 그는 이 견해에 **언제나 충실했는데**, 그러한 형식은 사유에 족쇄를 씌우기 때문이었다."

이처럼 세계 문화에 대한 감각의 결여는, 톨스토이의 후기 저작 가운데 하나에서 가장 또렷하게 드러난다. 그것은 그가 평생에 걸쳐 형성해 온 자신의 예술관과 사유를 총괄적으로 정리한 (미학적 · 윤리적 논저) 《예술이란 무엇인가?》에서다.

그는 소위 "퇴폐적" 경향의 새로운 예술에 대해 겸손을 약속했지만, 실제로는 이를 지키지 않았다. 그는 "19세기 전반의 교육을 받은 나는 새로운 예술을 이해하지 못하기 때문에, 그 예술을 비난할 권리도 없고 비난할 수도 없다. 다만 이해되지 않는다는 사실만을 말할 수 있다. 내가 이해할 수 있는 예술의 장점은, 내가 이해할 수 있는 만큼 더 많은 사람들이 이해할 수 있다는 점이다"라고 밝혔다. 그러나 톨스토이는 자신의 이해 부족에 만족하지 않고, 뵈클린과 클링거, 입센, 보들레르, 니체, 바그너 등 다양한 작가와 예술가들을 아무런 구분 없이 평가하고 비난했다.

마테를링크와 카우프만의 신비주의에 대해서는 "해변에 앉아 반복적으로 어떤 일을 수행하는 시각장애인"이나 "호수로 날아가 거기서 울리는 종"에 비유하기도 했다. 그의 관점에서 니체는 가장 부자유한 러시아 신문기자들처럼, 단지 반쯤 어리석은 사람으로 보였다.

적어도 20세기 전반기의 교양 교육을 받은 사람이라면, 지난 세기들에 속한 비(非)"퇴폐적인" 예술가들과 시인들이야말로 특별히 존중되고 이해되어야 할 존재라고 생각하기 쉽다. 그러나 톨스토이는 이러한 통념과는 전혀 다른 태도를 보인다. 그는 새롭고 아직 검증되지 않은 예술적 영광들보다도, 오히려 의심의 여지가 없는 고전적 위대성 자체를 훨씬 더 단호하게 부정한다. 그의 예술관에 따르면, "예를 들어, 괴테의 《파우스트》와 같이 인용과 차용에 기반한 작품은 아무리 치밀하게 구성되고 지성과 미적 요소로 가득 차 있다 하더라도, 예술 작품의 핵심 속성인 전일성(全一性), 유기성(有機性)을 결여하고 있기 때문에 참된 예술적 인상을 줄 수 없다. 그러한 작품을 두고 '시적이기 때문에 훌륭하다'고 말하는 것은, 동전을 가리켜 '진짜와 비슷하기 때문에 좋다'고 평가하는 것과 다를 바 없다는 것이다."(전집 15권, 124쪽). 이 논리에 따르면 《파우스트》는 지나치게 문화적이고 관습적인 작품이며,

결국 위조 주화와 같은 지위에 놓이게 된다. 톨스토이는 이와 같은 금욕주의적 · 기독교적 관점에서 보카치오의 사랑 이야기들을 "성적 추행을 빈틈없이 채색한 것"으로 간주한다.[208] 더 나아가 아이스킬로스,[209] 소포클레스, 에우리피데스, 단테, 셰익스피어의 작품들, 그리고 바그너와 베토벤의 후기 음악에 대해서도, 처음에는 그것들을 "감정이 결여된 이지적 · 인위적 구성물"이라 부르고, 이어서는 "조잡하고 거칠며 때로는 무의미한 작품"으로까지 평가절하한다(전집 15권, 136~137쪽). 이러한 판단은 실제 감상 경험에서도 반복된다. 그는 《햄릿》 공연을 관람하는 동안, "(부자연스러운) 위조된 작품들이 낳는 특유의 고통"을 느꼈다고 고백한다. 반면 보골 극장에서 상연된 사냥 드라마에 대해서는,[210] 그것이야말로 "진정한 예술

---

208) "톨스토이는 … 보카치오의 사랑 이야기들을…" : 《데카메론》.

209) 아이스킬로스(BC 525?~BC 456?). 고대 그리스의 비극 작가로, "비극의 아버지"라 불리며, 소포클레스의 스승. (역자 주)

210) "… 보골 극장(Театр Боголов/Богуловский театр)에서 상연된 사냥 드라마에 대해서는, …" : 보골 극장은 러시아 지방 도시에서 성행하던 민중적 통속 극장으로, 사냥극 · 민속극 · 도덕극 등 단순하고 명료한 감정 전달을 목표로 한 공연이 이루어지던 공간이었다. 톨스토이에게 이러한 극장은 예술적 세련됨이나 형식적 완결성보다, 감정의 직접성과 전염성, 그리고 도덕적 명료성을 구현하는 예술의 본질을 보여 주

작품"이라고 단언한다(전집 15권, 167~168쪽).

서유럽 문화권의 인간에게는, 겉으로 보기에 "러시아적 야만"으로 보일 수 있는 이러한 소박한 신성 모독들이, 실제로는 현대의 민주주의적이고 겉으로만 기독교적인 취향의 퇴행에서 비롯된 범유럽적 야만성에 불과함에도, 아이기나 대리석들[211]을 부수고, 모나리자의 초상을 난도질하는 칼리반(Калибан)[212]이라는 야만인의 광포한 발작처럼 받아들여질 수밖에 없다.

그러나 악마는 사람들이 그려 놓은 것만큼 그리 무서운 존재는 아니다. 아이스킬로스와 단테를 향해 손을 들어 올리는 이 헤로스트라투스[213]는, 오늘날 푸시킨을 "노란 제본"[214]의 교과서쯤으로 여기거나, 기껏해야 "사랑에 대해 외설적인 시를 쓴 방탕한 인간"로 격하하면서도, 베

는 사례였다.(역자 주)

211) 아티카 앞 사로니코스만에 위치한 아이기나섬의 아파이아 신전(Aphaia)(BC 약 500년)에서 나온 조각군.

212) 칼리반은 셰익스피어의 희곡 《폭풍우》의 주인공.

213) 헤로스트라투스는 기원전 356년 에페소스의 아르테미스 신전에 방화를 저질렀다. 그의 이름은 이후 '악명 높은 인물'을 지칭할 때 일반명사화되어 사용될 정도로 널리 알려졌다.

214) 19세기 유럽과 러시아에서 값싸고 도덕적으로 의심스러운 통속적 · 선정적 출판물을 가리키는 관용적 표현. (역자 주)

르톨트 아우어바흐와 조지 엘리엇, 그리고 《톰 아저씨의 오두막》 앞에서는 지극히 순진한 태도로 고개를 숙인다.[215] 결국 핵심은 그가 무엇을 부정하느냐가 아니라, 무엇을 긍정하느냐에 있다. 자신에게 낯선 예술 영역에 대해 의식적으로 내리는 그의 판단 속에서, 만년의 톨스토이는 사실상 페발, 뒤마, 폴 드 코크를 읽던 자신의 초기 청년기에서 크게 벗어나 있지 않음을 드러낸다. 그리고 아마도 가장 씁쓸한 점은, 칼리반이라는 위협적인 가면 아래에서 1860년대 러시아의 실증주의적 지주 귀족, 다시 말해 '지주-민주주의자'의 너무도 익숙하고 전혀 무섭지 않은 얼굴이 은밀히 모습을 드러내고 있다는 사실일 것이다.

더욱 주목할 점은, 레프 톨스토이가 자신의 작품에 대해 보인 태도에서 그의 문화적 의식 속 무력감이 드러난다는 것이다. 그는 《참회록》에서 스스로 다음과 같이 단언한다. "나는 허영심과 탐욕, 교만 때문에 글을 쓰기 시작했

---

215) "베르톨트 아우어바흐와 조지 엘리엇, 그리고 《톰 아저씨의 오두막》 앞에서는 지극히 순진한 태도로 고개를 숙인다." : 톨스토이는 독일 작가 베르톨트 아우어바흐(1812~1882)의 (연작 단편집) 《슈바르츠발트 이야기들》, 조지 엘리엇(본명 메리 앤 에번스)의 작품 세계, 그리고 해리엇 비처 스토의 소설 《톰 아저씨의 오두막》에 깊이 감탄했다.

다. 예술가이자 시인으로서 나는 무엇을 모른 채 글을 썼고, 무엇을 가르쳤다. 나는 그에 대한 대가로 돈을 벌었으며, 훌륭한 음식과 주거, 사교 모임, 명예를 누렸다. 따라서 내가 가르친 내용은 매우 훌륭했다. 가능한 한 더 많은 돈을 벌고 칭찬을 받고자 하는 것이 우리의 진심이었다. 이를 위해 우리는 책을 쓰고 신문을 만드는 일 외에는 다른 무엇도 할 수 없었다. 우리는 그 일을 했다."[216] 또 그는 1880년대의 종교적 격변 직후, 과거 자신의 예술 활동을 다음과 같이 회상한다. "예술 활동이라고 불리던, 과거에 내가 온 힘을 쏟았던 그 활동은 이전에 부여된 중요성을 상실했을 뿐만 아니라, 그것이 내 삶에서 차지하고 있었고 대체로 부유층의 관념 속에서 차지했던 특이한 위치 때문에 곧바로 불쾌함을 느끼게 했다."[217] 톨스토이가 '기독교적' 관점에서 이전 작품을 해롭다고 판단한 이유는, 그 안에서 사랑이 성적 욕망과 폭력의 의미로 묘사되었기 때문

---

216) "나는 허영심과 탐욕, 교만 때문에 글을 쓰기 시작했다. … 우리는 그 일을 했다." : 톨스토이의 《예술이란 무엇인가?》(16)에 실린 하단 주석에서의 인용이다.

217) "예술 활동이라고 불리던, 과거에 내가 온 힘을 쏟았던 그 활동은 이… 대체로 부유층의 관념 속에서 차지했던 …" : 레프 톨스토이, (비평 산문 저작) 〈기 드 모파상 작품들에 대한 서문들〉(1893~1894).

이라는 베르스의 증언으로 확인된다. 이 판단은 톨스토이의 예술관 전반과 논리적으로 일관되므로 더욱 신뢰할 만하다. 삶의 말년에 그는 자신의 모든 예술 활동을 타고난 진정성과 무의식적 위선이 혼합된 독특한 행위로 요약하며, 다음과 같이 말한다. "단편 〈신은 진실을 본다〉와 단편 〈캅카스의 죄수(포로)〉를 제외하고는 나의 예술 작품들을 '나쁜 예술'의 영역에 넣는다." 즉, 의도적으로 가장 약한 교훈적 작품 두 편을 제외하고 나머지는 자신이 부정적으로 평가했던 것이다.

흥미로운 점은, 톨스토이가 말년뿐 아니라 창작력이 최고조에 달했던 훨씬 이른 시기에도, 자신의 작품에 대해 거의 동일한 판단을 하고 있었다는 것이다. 그는 1875년 페트에게 보낸 편지에서 이렇게 쓰고 있다. "'나는 내 자리와 다른 활동을 위한 여가를 가능한 한 빨리 확보하기 위해' 지루하고 저속하다고 느꼈던 《안나 카레니나》를 떠나야 한다."[218]

톨스토이가 정말 《안나 카레니나》를 "지루하고 저속하

---

218) "그는 1875년 페트에게 보낸 편지에서 이렇게 쓰고 있다. … 《안나 카레니나》를 떠나야 한다." : 톨스토이가 1887년 8월 25일 야스나야 폴랴나에서 A. 페트에게 보낸 편지.

다"고 생각했을까? 혹은 글을 쓰는 동안에도 그녀를 진심으로 사랑하지 않았을까? 설사 사랑했다 하더라도, 괴테가 《파우스트》를, 푸시킨이 《예브게니 오네긴》을 사랑했던 만큼 의식적이거나 깊게 사랑하지는 않았을 것이다.

이러한 문화적 의식의 차이가 바로 톨스토이와 도스토옙스키의 중요한 차이점 중 하나다. 톨스토이는 위대한 문학가였지만, 푸시킨, 괴테, 도스토옙스키처럼 단어의 주인이자 노동자였던 작가는 아니었다. 여기서 내가 사용하는 의미에서 문학은 시적 창작의 본능적 성격보다 더 인위적이거나 관습적인 것이 아니라, 단지 더 의식적인 형태일 뿐이다. 그것은 시와 마찬가지로 자연적인 것이며, 일반적으로 문화가 인간 의식의 세계에서 인간 이전의 자연과 대립하는 것이 아니라, 그것을 연장하는 것인 것과 같다. 이런 관점에서, 문화와 자연은 동일하며, 문화의 관습이나 조건성에 반하는 것은 곧 인간 본성과 자연의 가장 아름답고 영원한 힘에 반하는 행위로 여겨졌다.

톨스토이가 자신의 예술 활동을 경멸한 이유에는 복잡하고 어두운 심리가 작용했다. 아마도 자신조차 이를 완전히 이해하지 못했기 때문일 것이다. 그의 문학적 자존심에는 이상한 동요와 모순이 있었다. "나만큼 자신의 성공에 무관심한 작가는 일찍이 없었네"라고 그는 어느 날 페트에게 단언했다.[219] 그러나 《전쟁과 평화》가 세상에 나오자, 그는 솔직하게 페트에게 부탁했다. "사람들이 무엇을 말할지, 중요한 점은 대중에게 어떻게 전할지를 써 주십시오. 나는 단지 사람들이 험담하지 않기만을 바라랍니다."[220] 이 말에서 알 수 있듯, 톨스토이에게는 항상 "자신이 작가이자 귀족이라는 유쾌한 의식"[221]이 있었다. 그는 "자유로운 예술가"였지만, 푸시킨이나 괴테와 같은 **문학가**는 아니었다. 그는 평생 동안 민중적 관점에서는 문학을 부끄러워했고, 귀족적 관점에서는 문학을 거룩하지도 고귀하지도 않은 모호하고 속물적인 무엇으로 경멸했다. 그러나 이러한 수치심과 경멸 속에는 솔직한 귀족 정신이나 자기 계급에 대한 자랑이 드러나 있지는 않았다. 은밀하게 자리한 계급적 귀족주의, 즉, 자신을 부정하고 부끄럽게 여기면서도 외부로 발현되는 지주 계급주의가 그의 내면 깊이 뿌리박혀 있었지만, 결코 추하지 않았다.

---

219) "나만큼 자신의 성공에 무관심한 작가는 일찍이 없었네." : 톨스토이가 1875년 2월 22일 야스나야 폴랴나에서 A. A. 페트에게 보낸 편지.
220) "사람들이 무엇을 말할지, … 써 주십시오.… 사람들이 험담하지 않기만을 바랍니다." : 톨스토이가 1865년 1월 23일 야스나야 폴랴나에서 A. A. 페트에게 보낸 편지.
221) "자신이 작가이자 귀족이라는 유쾌한 의식" : 베르스.

스트라호프는 도스토옙스키에 대해 이렇게 말했다.

"그는 문학을 사랑했다. 문학의 모든 조건에도 불구하고 문학을 있는 그대로 받아들였고, 결코 문학에서 멀어진 적이 없었으며, 문학을 깔보듯이 바라본 적도 없었다. 이 작은 **문학적 귀족주의**의 부재가 그의 아름답고 감동적인 특징이다. 러시아 문학은 도스토옙스키가 자란 땅이며, 그는 그것에 대한 절실한 사랑과 헌신을 품고 있었다. 그는 대중 속으로 뛰어들어 문학을 펼칠 때, 시장과 광장으로 나간다는 것을 잘 알고 있었으며, 자신의 직업과 그 과정에서 생기는 사건들을 부끄러워하지 않았다. 오히려 그는 자신의 직업을 자랑스러워했고, 그것을 위대하고 신성한 것으로 여겼다."

톨스토이처럼 전통적 지주 귀족 계층 출신인 사람들은, 손으로 하는 노동으로 생계를 꾸리는 것을 굴욕적으로 여겼다. 이와 마찬가지로, 그의 세계관—즉 세상과 인간의 역할을 바라보는 근본적 관점—에서는, 비록 새로운 형태일지라도 지적 노동에 대한 보수를 받는 행위 역시 수치스러운 것으로 여겨졌다. 여기서 '세계관'을 수식하는 '혐오감을 느끼는'이라는 표현은, 그가 특정 행위나 사회적 조건에 대해 본능적으로 느끼는 거부감을 뜻한다. 즉 톨스토이에게, 지적 노동을 돈으로 환산하는 관행 자체가 부자연스럽고 불쾌한 대상이었던 것이다. 그는 필요와 노동에 대한 이해가 미성숙한 상태에서, "진정한 예술가라면 돈을 위해 창작할 수 있다"라는 말을 들으면, 이를 가볍게 멸시하며 어깨를 으쓱하는 정도로 반응했다. 돈과 창작의 관계를 실용적 · 합리적으로 평가하지 않았고, 예술적 가치와 물질적 보상의 결합을 본능적으로 불쾌하게 여긴 것이다.

도스토옙스키는 이렇게 말했다. "나는 평생에 단 한 번도 작품을 팔아넘기거나 선불로 돈을 받은 적이 없다. 나는 프롤레타리아 작가다. 따라서 누군가 내 노동을 원한다면, 먼저 나의 생계를 보장해야 한다."[222] "사람들이 그의 피부를 벗길 때 공기로 인해 그는 고통스럽다"라는 표현에서처럼 도스토옙스키는 그러한 오만과 허영심을 가지고 있고, 톨스토이보다 예술가의 자유를 훨씬 덜 소중히 여기는 사람이지만, "돈을 위해 창조하는 것"을 부끄러워하지 않으며, 마치 단순한 일용직 노동자처럼 노동에 대한 대가를 받는 것을 부끄러워하지 않았다. 그는 자신을 "우체국의 허약자"로 불렀다.[223] 그는 이틀 낮과 이틀 밤 만

---

222) "나는 평생에 … 먼저 나의 생계를 보장해야 한다." : 도스토옙스키가 1863년 9월 18(30)일 로마에서 N. N. 스트라호프에게 보낸 편지.

에 인쇄용지 세 장 반을 써 내려가기도 했다. 그리고 도스토옙스키는 레프 니콜라예비치가 보기에 후자가 그토록 경멸하는 "작가들"이 보여 주는 시장적 뻔뻔스러움의 한계로 여겨지는 솔직함을 다음과 같이 고백한다. "나의 문학 생활에서 장편소설이나 중편소설 한 장의 시작은 이미 인쇄소와 조판 상태에 있었다. 그 끝은 아직도 내 머릿속에 있었지만, 반드시 내일까지 써야만 했던 일이 매우 자주 일어났다."[224] "가난 때문에, 돈 때문에 한 일이 나를 짓밟고 괴롭혔어."[225] "내 불행이 과연 언제 끝나게 될까? 아, 돈이 있다면, 담보물이 있다면 (좋을 텐데)!"[226] 이는

---

223) "그는 자신을 '우체국의 허약자'로 불렀다." : 이 표현은 도스토옙스키가 1864년 9월 10일 자 잡지 《에포하》의 주석에서 사용한 것이다.

224) "나의 문학 생활에서 … 반드시 내일까지 써야만 했던 일이 매우 자주 일어났다." : 1864년 9월 자 《에포하》에 실린 주석에서 인용.

225) "가난 때문에, 돈 때문에 한 일이 나를 짓밟고 괴롭혔어." : 도스토옙스키가 1865년 4월 14일 로마에서 A. E. 브란겔에게 보낸 편지.

226) "내 불행이 과연 언제 끝나게 될까? 아, 돈이 있다면, 담보물이 있다면 (좋을 텐데)!" : 서로 다른 편지들에서 인용한 문장들의 결합이다. "이 빈곤은 과연 언젠가 끝날까?…"(F. M. 도스토옙스키가 1859년 10월 2일 트베리에서 M. M. 도스토옙스키에게 보낸 편지에서.) "… 아, 돈만 있다면, 생활의 안정을 보장받을 수 있을 텐데!"(F. M. 도스토옙스키가 1859년 9월 19일 트베리에서 M. M. 도스토옙스키에게 보낸 편지에서.)

그의 평생에서 가라앉는 고통과 신음이 아니다. 그는 가끔 가난과의 투쟁으로 기진맥진해져서 가난을 저주는 하지만, 전혀 부끄러워하지는 않는다. 그는 현대 부르주아 사회에서 지적인 노동자가 처하는 고유한 외적인 수치 상태에도 특별한 내적인 긍지를 지니고 있다. 어느 날 그는 유사한 긍지를 느끼던 순간에 "내 이름은 백만 루블의 가치가 있다"[227]라고 외쳤다.

징역에서 풀려나자마자 거의 즉시 경험한 기독교적 깨달음 이후, 그는 가장 거칠고 냉소적인 시기심으로 보이는 죄에 빠진다. "나는 내가 투르게네프보다 더 못 쓴다는 걸 아주 잘 알고 있지만, 사실 바로 그다지 못 쓰지 않는다는 것도 아주 잘 알고 있어. 그리고 결국, 내가 완전히 못 쓰지 않기를 바라. 대체 왜 나는 내 필요에 따라 100루블만 가져가는데, 2000명의 농노를 가진 투르게네프가 400루블씩 가져가는 걸까? 나는 가난해서 돈을 벌기 위해 **하는 수 없이** 서둘러 글을 쓸 **수밖에 없었고**, 따라서 **필연적으로 작품을 망치게 되었어**."[228] 추신에서 그는 (미하일 니

227) "내 이름은 백만 루블의 가치가 있다." : 도스토옙스키의 발언은 스트라호프에 의해 전해졌으며, N. N. 스트라호프의 《회고록》에 근거하여 인용된 것이다.

키포로비치) 캇코프에게 100루블씩 총 15장(1500루블)을 보낼 것이라고 언급하고 있다. "그에게서 500루블을 받았고, 게다가 장편소설 4분의 3을 보낸 후 여행 준비금으로 200루블을 요청했음. 총 700루블을 받았음. 나는 돈 한 푼 없이 트베리에 도착할 것이지만, 그런 이유로 최단 시간에 캇코프로부터 700루블이나 800루블을 받을 거야. 아직은 괜찮아. 곤경을 타개할 수 있어." 기타 등등, 모든 게 똑같다. 도스토옙스키의 모든 편지는 끝없이 이어지는 일련의 숫자와 계산으로 가득 차 있으며, 중간중간 도움을 청하는 절박한 간청으로 가득 차 있다. 어느 날 그는 형에게 "제발, 날 구해 줘"라고 편지를 쓰고 있다.[229] 이는 완전한 수난자 열전이며, 지적 노동의 수난자에 관한 가장 위대한 전설 중 하나다.

1865년부터 1869년까지의 4년은 도스토옙스키에게

---

228) "나는 내가 투르게네프보다 더 못 쓴다는 걸 아주 잘 알고 있지만, … 필연적으로 작품을 망치게 되었다." : F. M. 도스토옙스키가 1859년 5월 8일 세미팔라틴스크[현재 카자흐스탄의 '세메이(Semey): 역자 주]'에서 M. M. 도스토옙스키에게 보낸 편지.

229) "제발, 날 구해 줘"라고 편지를 쓰고 있다. : F. M. 도스토옙스키가 1856년 5월 26일 세미팔라틴스크에서 M. M. 도스토옙스키에게 보낸 편지.

특히 힘든 시기였다. 이 기간은 아마도 그의 4년형 징역과 맞물린 것으로 보인다. 이전의 첫 번째 불행 때와 마찬가지로, 운명은 먼저 그에게 잠깐의 안정을 허락했다. 그는 자신이 발행하는 잡지 《브레먀(시대, Время)》[230] 덕분에 일정한 수입을 올리고 있었고, 그 덕분에 가난에서 벗어날 꿈을 꾸고 있었다. 그러나 예상치 못한 부당한 검열이 그를 덮쳤다. 잡지 《브레먀》는 폴란드 사건과 관련해 사실과 다른 기사 때문에 발행 금지 처분을 받았다. 이 사건은 페트라솁스키 사건을 조사할 때와 유사한 오해에서 비롯된 것이었다. 처음에는 사형과 중노동, 이후에는 사회적 파멸로 이어질 뻔한 이 두 차례의 오해는 매우 주목할 만하다. 권력자들은 도스토옙스키를 신뢰할 만한 동맹으로 인정하지 않은 것이다. 어쩌면 현실에서는 그들의 판단이 완전히 틀린 것도 아니었을 수 있다. 그들에게는 미래의 "대심문관" 창조자[231]가 보였거나, 적어도 보이기를 바랐던 만큼, 도스토옙스키가 믿을 만한 동맹이 아니라는 확실한 감각이 있었는지도 모른다.

230) 잡지 《브레먀(시대, Время)》 : 본 잡지는 M. M. 도스토옙스키와 F. M. 도스토옙스키가 1861년부터 1863년까지 공동으로 발행했다.

231) "대심문관" 창조자 : "대심문관" 에피소드의 창조자. (역자 주)

도스토옙스키는 잡지 《브레먀》의 참사에도 낙담하지 않았고, 거의 즉시 새 잡지 《에포하(세기, Эпоха)》를 발간하기 시작했지만, 예전처럼 성공할 수는 없었다. 그가 한때 느꼈던 행복의 순간은 되돌릴 수 없이 사라진 것이었다. 잡지 《브레먀》는 정부의 직접적인 검열 때문이 아니라, 당시 러시아 사회에서 항상 존재하던 '자유주의적' 검열로 인해 억제되고 처벌되었다. 이 검열은 늘 그의 곁에 있던 동반자와 같았으며, 앞으로도 계속 존재할 것이 분명했다. 비록 이 검열이 정부 검열의 그림자처럼 보일지라도, 사실상 러시아 사회에서 가장 정확하고 진실한 반영이 되는 것이었다. 결과적으로, 정부 검열과 자유주의적 검열은 동일한 극단적 지점에서 하나로 합류하는 것처럼 보였다.

모든 일에서 극단까지 나아가기를 좋아했던 도스토옙스키는, 인생의 끝까지도 자신이 속하지 못할 위치, 즉 정부와 그 적대자 사이에 자신이 놓여 있음을 발견했다. "그 자신이 다음과 같이 말한다. 잡지 《에포하》는 무수한 적들보다 더 약했고, 예를 들어 자기 적들을 **악당**, **샌드위치**, **스트리지**(стрижи)[232] 등으로 부르는 등 온갖 조롱과 비방을 허용했을 뿐 아니라, 우리가 부정직하다는 것에 대한 암시, 정부의 추종자, 밀고자 등을 스스로에게 허용했던 적들보다 약했다. 가난한 미하일 미하일로비치가 자신의 '구독자들과의 합의'가 어딘가에서 비난받았고, 그가 '자신의 구독자들에게 계산을 속였다'는 것이 증명되었을 때, 얼마나 괴로워했는지를 나는 기억한다."[233] "그는 훗날 《(작가의) 일기》에서 다음과 같이 회상했다. '그들, 즉 '자유주의적 적대자들'은 나를 형사 작가라고 선언했다.'"

동시에, 그의 삶에는 연속적인 상실이 닥쳤다. 형 미하일 미하일로비치, 비평가 아폴론 그리고리예프, 잡지 《브레먀》의 가장 가까운 동료, 첫 번째 아내 마리야 드미트리예브나 도스토옙스카야가 연이어 세상을 떠났다.

도스토옙스키는 (남작) A. E. 브란겔[234]에게 보낸 편지에서 이렇게 토로한다. "그렇게 해서 나는 갑자기 혼자

---

232) 제비집 수프, 또는 연와탕. (역자 주)

233) "그 자신이 다음과 같이 말한다. 잡지 《에포하》는 … 그가 '자신의 구독자들에게 계산을 속였다'는 것이 증명되었을 때, 얼마나 괴로워했는지를 나는 기억한다." : 이 말들은 도스토옙스키의 것이 아니라, 그에 관한 《회상록》의 저자 스트라호프의 것이다. p.['쪽수'를 의미하는 영어의 p가 아니라, 러시아어 문자 'p(에르)' : 역자 주] 13, 〈《에포하》와 그 몰락〉.

234) 알렉산드르 브란겔(Александр Егорович Врангель, 1833~1912). 법학자, 국제법 전문가, 외교관이었다. 1854년 세미팔라틴스크에서 도스토옙스키를 만났다.

가 되었고, 공포가 엄습했어. 내 삶 전체가 한순간에 두 동강 난 것 같았지… 말 그대로, 살아갈 이유가 아무것도 남아 있지 않았어. 새로운 인연을 만들고, 새로운 삶을 꾸며 나간다는 생각조차 나에게는 견딜 수 없을 만큼 역겨웠어… 모든 게 무너지고, 아무것도 내 안에서 설득력을 갖지 못했지. 형네 가족은 말 그대로 아무런 생활 수단도 남지 않은 상태였어. 말하자면, 구걸하러 떠나야 할 지경이었지. 나만이 그들에게 남은 유일한 희망이 되었던 거야. 과부인 형수와 아이들까지 모두가 내 곁으로 몰려들어, 내가 그들을 구해 주기를 기다리고 있었지. 나는 형을 무한히 사랑했어. 내가 그들을 버릴 수 있었겠어?"235)

잡지 《에포하》의 출판을 계속하면서, "물론 아침부터 밤까지 일하며, 평생 그들뿐 아니라 나 자신까지 먹여 살릴 수 있었으면 더없이 좋았을 거야. 그러나 나는 형의 빚까지 떠안아 갚아야 했어. 형의 이름에 좋지 않은 기억이 남는 일만은 피하고 싶었던 거지… 나는 잡지 《에포하》의 마지막 소책자들을 세 곳의 인쇄소에서 동시에 인쇄하기

---

235) "그렇게 해서 나는 갑자기 혼자가 되었고, 공포가 엄습했어. …_내가 그들을 버릴 수 있었겠어?" : 도스토옙스키가 1865년 3월 31일 상트페테르부르크에서 A. E. 브란겔에게 보낸 편지.

시작했고, 비용도 아끼지 않았으며, 건강과 노력도 아끼지 않았어… 나는 사실상 혼자 편집장 역할을 맡아 교정쇄를 읽고, 저자들을 독촉했으며, 검열 당국과도 끈질기게 접촉했어. 기사들을 수정·보완하고 원고료를 송금하느라, 새벽 6시까지 책상 앞에 앉아 있던 날들이 이어졌지. 하루에 다섯 시간 남짓 잠을 자며 저널을 정리했지만, 그럼에도 이미 모든 게 늦어 버린 뒤였어."236)

잡지는 결국 실패로 끝났다. 도스토옙스키가 스스로 "일시적 파산"이라고 표현했듯, 그는 마지못해 파산을 선언할 수밖에 없었다. 구독자들에게 진 빚뿐 아니라, 그는 최대 1만 루블에 달하는 약속어음 빚과 5000루블 규모의 명예 서약서까지 떠안고 있었음을 알게 되었다.그는 브란겔에게 이렇게 편지를 쓴다. "오, 나의 친구여, 나는 단지 빚을 갚고 다시 자유를 느끼기 위해서라면, 기꺼이 바로 그만큼의 징역을 살고도 싶네. 이제 나는 강제로, 말하자면 가난 때문에 급히 다시 소설을 쓰기 시작할 수밖에 없

236) "물론 아침부터 밤까지 일하며, 평생 그들뿐 아니라 나 자신까지 먹여 살릴 수 있었으면 더없이 좋았을 거야. … 이미 늦어 버린 뒤였어." : 도스토옙스키가 1865년 4월 9일 상트페테르부르크에서 A. E. 브란겔에게 보낸 편지.

을 걸세… 내가 지니고 있던 모든 힘과 에너지의 축적에서, 이제 내 영혼 속에 남아 있는 것은 불안하고 흐릿한 어떤 것, 그리고 거의 절망에 가까운 무엇뿐이었네. 불안과 쓰라림, 그리고 가장 차갑고 공허한 분주함—이것이 나에겐 가장 비정상적인 상태였지. 그런데 그 위에 한 가지가 더해졌네. 나는 혼자가 된 거지. 이제 내 곁에는 외지인도 없고, 외지에서 온 마흔 살의 그 사람도 더는 남아 있지 않았다네."[237] 그의 채권자 중 가장 냉혹한 사람이며, 노골적인 악당이며, 출판업자이자 서점 주인인 (표도르 티모페예비치) 스텔롭스키[238]가 그를 투옥하겠다고 위협했다. "그래서, 심지어 구경찰서 보조관까지도 나를 체포하러 찾아왔더군"[239] 하고 표도르 미하일로비치(도스토옙

---

237) "오, 나의 친구여, 나는 단지 빚을 갚고 다시 자유를 느끼기 위해서라면, 기꺼이 바로 그만큼의 징역을 살고도 싶네. … 외지에서 온 마흔 살의 그 사람도 더는 남아 있지 않았다네." : 도스토옙스키가 1865년 4월 14일 상트페테르부르크에서 A. E. 브란겔에게 보낸 편지.

238) 표도르 티모페예비치 스텔롭스키(Фёдор Тимофеевич Стелопский, ?~1875). 출판인이며, 1866년에 도스토옙스키 작품 출판권을 취득한 사람이다.

239) "… 그래서 구경찰서 보좌관까지 나를 체포하러 찾아왔더군." : 1869년 10월 27일(11월 8일) 자, 도스토옙스키가 A. N. 마이코프에게 보낸 편지에서 인용.

스키)는 말한다. 나머지 채권자들도 같은 방식으로 그를 압박하며 독촉했다. 도스토옙스키에게 남은 선택지는 단 하나였다. 악질 채무자가 가는 감옥에 갈 것인가, 아니면 도망갈 것인가. 그는 후자를 택하여 해외로 도망쳤다.

여기서 그는 말 그대로 빈곤 속에 하루하루를 버티며, 4년이라는 세월을 보내야 했다.

1869년 드레스덴에서 A. N. 마이코프에게 보낸 도스토옙스키의 편지들은, 그의 극심한 가난을 생생하게 보여 준다. 사실 그는 이미 《죄와 벌》의 저자였고, 러시아에서는 위대한 작가였으며, 가장 예민한 감상자들에게는 세계적인 작가로 여겨질 수도 있었다. 그럼에도 편지에는 단지 가장 평범하고 일상적인 사소한 일들만 기록되어 있다. 그러나 나는 이 사소한 일들을 회피할 수 없다. 마치 환자의 얼굴을 보고 그의 신음을 듣지 않고서는 고통을 느낄 수 없는 것처럼, 다른 사람의 가난을 **이해하려면** 이런 세세한 현실을 직접 들여다보아야 한다. 평범한 민중의 노동과 빈곤에 대한 추상적 논의나, 지적 노동자들의 게으름과 사치에 대한 추상적 비판으로는 결코 이러한 현실을 충분히 설명할 수 없다.

도스토옙스키는 (아폴론 니콜라예비치) 마이코프에게 편지를 다음과 같이 썼다. "최근 반년 동안 저는 아내와 함께 마지막 속옷까지 이제 전당포에 잡힐 정도로 가난했습니다(아무에게도 이 사실을 말하지 마십시오)"라고 부끄러움을 숨기듯 괄호 안에 덧붙였다. "저는 당장 마지막의 가장 필요한 것들을 팔아야만 할 것이고, 100탈러 가치가 있는 것을 위해 20루블을 가져가야만 할 건데, 비록 만족스러운 것이라 하더라도, 그가 대답을 **지체**한다면, 물론 저는 세 존재의 목숨을 구하기 위해 그렇게 하지 않을 수 없을 겁니다." **그가**, 이 마지막 희망, 그가 물에 빠진 사람처럼 붙잡는 지푸라기는, 그가 전혀 모르는 잡지 《노을》의 발행인인 카시피료프라는 사람인데, 도스토옙스키는 "기독교식으로" 요청한다. 즉, 그리스도를 위해, 자신을 구제하기 위해, 200루블을 보내 달라고 요청한다. "하지만 지금 당장은 아마 어려우실 수도 있으니, **지금 당장은** 총 75루블만 보내 주시길 부탁드립니다(이것은 지금 당장 물에서 나오고 더 물에 빠지지 않기 위한 겁니다)… 카시피료프 씨의 성격을 전혀 알지 못하지만, 나는 다소 단호하면서도 매우 정중한 어조로 글을 쓰고 있습니다(비꼬아 말하지 않을까 두렵습니다. 왜냐하면 경의가 너무 강한 데다가, 편지가 매우 어리석은 문체로 써진 것 같아서이죠)."[240]

약 한 달 후, 그는 다시 마이코프에게 편지를 보냈다.

"지금까지 카시피료프에게서 **한 푼도 받지 못했습니다**. 여전히 약속만 남아 있을 뿐입니다! 우리가 지금 어떤 상황에 있는지 당신이 꼭 알아주셨으면 합니다. 저희는 셋입니다. 즉, 저 자신, 가족을 돌봐야 하는 아내(도스토옙스키의 두 번째 아내, 안나 그리고리예브나), 우리의 극심한 가난 때문에 생명이 위태로울 수도 있는 갓난아이(갓 태어난 딸 류바)입니다."[241] "우리는 류바에게 세례를 주어야 하지만, 그 아이는 아직 한 번도 세례를 받지 못했습니다. 지금 도저히 방법이 없습니다."[242]

---

240) "반년 동안 저는 아내와 함께 우리의 마지막 속옷까지 이제 전당포에 잡힐 정도로 가난했습니다(아무에게도 이 사실을 말하지 마십시오)…" : "최근 반년 동안… 아내와 나는 정말로 어려움에 처해 있었습니다… 아무에게도 이걸 말하지 마십시오."[1868년 2월 26일(구력)/3월 10일(신력), 피렌체에서 도스토옙스키가 N. N. 스트라호프에게 보낸 편지에서.]; "나는 당장이라도 팔 수밖에 없을 겁니다… (어리석은 문체로 쓴 것입니다)"(1869년 9월 17/29일 드레스덴에서 A. N. 마이코프에게 보낸 편지.)

241) "지금까지 카시피료프에게서 한 푼도 받지 못했습니다. … 생명이 위태로울 수도 있는 갓난아이(갓 태어난 딸 류바)입니다." : 도스토옙스키가 1869년 10월 16(28)일 드레스덴에서 A. N. 마이코프에게 보낸 편지.

242) "우리는 류바에게 세례를 주어야 하지만, 그 아이는 아직 한 번도 세례를 받지 못했습니다. 지금 도저히 방법이 없습니다." : 도스토옙스

그 후에도 비슷한 사소한 일들이 계속되지만, 이러한 일들의 비극적 힘은 오직 가난을 직접 체험한 사람만이 이해할 수 있다. 예를 들어, 1864년 4월 형에게 보낸 또 다른 편지에서 그는 이렇게 쓴다. "나는 여름 덧신은 살 엄두도 못 내고, 여전히 겨울 덧신을 신고 다니고 있습니다… 그(카시피료프)는 정말로 제가 문체의 아름다움만을 위해 그에게 저의 가난에 대해 편지를 썼다고 생각할까요? 배가 고플 때, 전보를 치기 위한 2탈러를 구하러 바지를 전당포에 맡겼을 때, 제가 어떻게 글을 쓸 수 있겠습니까? 악마가 저와 내 배고픔과 함께 지옥으로 가기를 바랍니다! 하지만 그녀(안나 그리고리예브나)가 아이에게 젖을 먹여 준다면, **그녀가** 자신의 마지막 따뜻한 모직 치마를 스스로 전당포에 맡기러 간다면, 얼마나 좋을까요! 사실 이틀째 눈이 내리고 있는데(거짓말이 아닙니다. 신문을 확인해 보십시오!), 어쩌면 그녀가 감기에 걸릴 수 있습니다! 이 모든 걸 설명한다는 게 **부끄럽다는 것**을 그는 정말로 이해할 수 없는 걸까요?" "하지만 그게 다가 아니라 **훨씬 더 부끄러운** 일이 있습니다. 즉, 우리 집 할머니도, 안주인도 지

키가 1869년 12월 7(19)일 드레스덴에서 A. N. 마이코프에게 보낸 편지.

금까지 돈을 받지 못했는데, 이 모든 게 그녀의 출산 후 첫 달에 일어난 일입니다. 저 스스로 제 **아내의 가난에 대해** 그에게 편지를 쓴 후, 그가 저를 그토록 부주의하게 대해서 저뿐만 아니라 **바로 제 아내를 모욕했다**는 걸 정말로 이해하지 못하는 걸까요? 모욕했습니다, 모욕했다고요…! 그는 저에게 자기 말로 **그렇게 했습니다**! 따라서 그에게는 제 배고픔에 침을 뱉는다고, 그리고 제가 감히 그를 재촉할 수 없다고 말할 권리가 없습니다. 물론 그는 분명 제 굶주림에는 관심도 없고, 제가 감히 그를 재촉해서는 안 된다고 말하겠지요."[243]… 기타 등등 무의미한 고통의 신음 같은 불필요하고 단조로운 것이 계속 반복되고 있다. 이는 이미 사무적인 편지가 아니라 실없는 소리다.

---

243) "여름 덧신은 살 엄두도 못 내고, 여전히 겨울 덧신을 신고 다니고 있습니다… 그(카시피료프)는 정말로 제가 문체의 아름다움만을 위해 그에게 저의 가난에 대해 편지를 썼다고 생각할까요? … 그는 분명 제 굶주림에는 관심도 없고, 제가 감히 그를 재촉해서는 안 된다고 말하겠지요." : "나는 여름 덧신은 살 엄두도 못 내고, 여전히 겨울 덧신을 신고 다니고 있습니다…"(M. M. 도스토옙스키에게 1864년 4월 5일 모스크바에서 보낸 편지.) "… 그(카시피료프)는 내 굶주림에는 신경도 쓰지 않으면서, 제가 감히 그를 다그칠 수는 없다고 여기는 건 아닐까요?"[A. N. 마이코프에게 1869년 12월 7(19)일 드레스덴에서 보낸 편지.]

즉, (불평이나) 푸념이 아니라 절망의 외침이다. 나중에 밝혀진 바에 따르면, 이 말은 아무 죄가 없는 카시피료프에 대해 부당하기까지 한데, 그 이유는 (그러한 송금) 지연은 그의 과실 때문이 아니라, 송금을 한 은행 직원의 이해 부족으로 인해 발생했기 때문이다. 여기에는 도스토옙스키의 긴장된 목소리 자체의 소리, 마치 간질 발작 이전의 것처럼 억제가 되지 않고 거의 미친 듯한 흥분이 존재한다.

그는 격렬하게 결론을 내린다. "그런데 그들이 이제 저에게 문학을 요구하고 있습니다! 과연 지금 제가 이 순간 글을 쓸 수 있을까요? 저는 걸어가며 제 머리카락을 쥐어뜯기도 하고, 밤마다 잠을 잘 수 없습니다! 저는 계속 생각하며 격노하고 있습니다! 저는 기다리고 있습니다! 오, 하나님, 맙소사! 신에게 맹세코, 신에게 맹세코, 저는 제 가난의 모든 세부 사항을 설명할 수 없습니다. 그것들을 설명하기가 부끄럽습니다! 그들은 저에게 예술성, 시의 순수성, 열광 없음을 요구하고 나서. 투르게네프, 곤차로프[244]를 가리키고 있습니다! 제가 어떤 상황에서 일하는

---

244) 곤차로프(Иван Александрович Гончаров, 1812~1891)는 19세기 러시아의 대표적 소설가이자 문학 평론가였다. 곤차로프와 도스토옙

지 그들이 보게 해 주십시오!"

모든 삶 아니 모두는 아니라도 그의 거의 모든 삶이 그와 같았다.

톨스토이는 다음과 같이 말했다. "예술가이자 시인이었던 나는 무엇을 가르쳐야 할지도 모른 채 가르치고 있었다. 나는 그 대가로 돈을 받았고, 훌륭한 식사, 주택, 여자들, 사교(생활)가 있었고, 명성까지 누리고 있었다."[245] "문학은 독점 판매와 마찬가지로 이용의 참여자들에게만

스키는 동시대 문인으로, 서로의 작품을 알고 있었지만, 문학적 스타일과 세계관이 매우 달랐다. 전자는 후자보다 비교적 안정된 삶과 경제적 기반이 있었고, 작품 또한 사회적 관찰과 심리적 분석을 중시했다. 도스토옙스키는 자신이 처한 극심한 가난과 창작 압박 속에서 곤차로프를 '안정적 위치에 있는 성공한 작가'로 바라보았고, 자신의 불안과 대비하여 곤차로프를 언급했다. 즉, 전자에게 후자는 외부의 요구와 평가를 견디며 작품을 생산해야 하는 환경의 상징적 인물이었다. 도스토옙스키가 편지에서 곤차로프를 언급한 것은, 단순히 개인적 비난이 아니라 그가 처한 경제적 · 사회적 압박 속에서 자신의 창작 활동이 얼마나 어려운지를 강조하기 위한 장치다. 특히 《에포하》 지 발행과 관련된 가난, 편집, 검열 등 여러 압박 상황에서 자신이 받는 요구와 비교하며, 곤차로프 같은 '안정적 작가'와 대비함으로써 자신의 고통과 불가피성을 부각한 것이다. (역자 주)

245) "예술가이자 시인이었던 나는 … 명성까지 누리고 있었다." : 《참회록》 제2장.

이익이 되고, 민중에게는 불리한 교묘한 이용에 불과할 뿐이다."[246] "문학적인 (노력이나) 일만큼 쉽게 보답을 받는 일은 없다."[247] 글쎄, 만약 그가 여전히 진정한 예술가라고 여겼던, 심지어 "자신에게 가장 필요하고 가까운 사람"이라고 여겼던 도스토옙스키를 자신의 눈으로 (직접) 보았더라면, 전보를 치기 위해 2탈러를 구하러 바지를 전당포에 맡기러 갔던 사람을, 거의 모든 유사한 사변적 추상론 속에서처럼 진정한 예술가조차도 가끔 "돈을 위해 창작한다"라는 말과 정신적 노동과 육체노동의 구분 속에는 삶을 억압하는, 협소한 무언가가 존재한다는 말을 들으면서, 여전히 경멸하듯 양어깨를 으쓱했을까? 그러나 나는 문학에 대한, 노동과 가난에 대한 톨스토이의 그러한 피상적인 감정과 생각 속에는 굶주린 사람들을 이해하지 못하는 배가 부른 자들에게 타고난 거칠고 완악한 마음이 아니라, 도덕적 추론에서 매우 중요하고 유명한 의미를 지닌 현실의 삶에 대한 완전한 무지, 즉 완전한 경험 부족이 나

---

246) "문학은 … 민중에게는 불리한 교묘한 이용에 불과할 뿐이다." :톨스토이의 논문 〈진보와 교육의 규정〉(〈마이코프 씨에게 답함〉), 《루스키 베스트니크(Русский вестник, 러시아 전령)》, 1862년, 제5호.

247) "문학적인 (노력이나) 일만큼 쉽게 보답을 받는 일은 없다." : Ibid.

타나 있다고 생각한다.

도스토옙스키에게 타고난 예술적 양심의 만족, 무한한 완벽성에 대한 갈망은 삶과 죽음의 문제다. 그는 바로 그 무서운 해인 1869년에 마이코프에게 편지를 쓴다. "제가 블린을 굽는다고 생각하지는 마십시오. 제가 쓰는 글이 아무리 나쁘고 역겨운 것으로 판명될지라도, 장편소설의 생각과 그것의 작품은 여전히 저에게, 가난한 자인 작가에게 있고, 세상의 그 무엇보다 더 소중합니다! 이건 블린이 아니라, 저에게 가장 소중한 아이디어자 오래된 착상입니다. 물론, 망치겠지만, 대체 뭘 하겠습니까! 벌써 3년이나 열심히 쓰고 있음에도, 저는 다른 장을 다 쓴 다음에 그만두고, 새로 쓰고 또 새로 쓸 겁니다."[248] 자신의 가장 아름답고 심오한 작품 중 하나인 《백치》를 끝내면서 그는 불평한다. "저는 장편소설에 혐오스러울 정도로 불만족스럽습니다. 이제 제3부에 대한 마지막 노력을 기울일 겁니다. 제가 장편을 잘 수정한다면, 저 자신이 잘될 거고, 그러지 않으면 저는 망할 겁니다."[249] 그리고 해외로 출발하기

---

248) "제가 블린을 굽는다고 생각하지는 마십시오. … 새로 쓰고 또 새로 쓸 겁니다." : 도스토옙스키가 1869년 12월 7(19)일 드레스덴에서 A. N. 마이코프에게 보낸 편지.

전, 《죄와 벌》의 작업 기간에 다음과 같이 쓴다. "11월 말에 많이 써서 준비도 다 됐는데, 모든 걸 불태워 버렸어. 이젠 그걸 인정할 수 있어. 당시엔 내 마음에 들지 않았던 거지. 새로운 형식, 새로운 계획이 나를 사로잡아서 내가 새롭게 시작했던 걸세."[250)]

도스토옙스키는 다음과 같이 말한다. "저는 대체로 신경을 써 가며 지내고 있고, 고뇌와 근심을 가지고 작업하고 있습니다. 열심히 일하면 육체적으로도 아픕니다."[251)] 그리고 제네바에서 온 다른 편지에서 다음과 같이 말한다. "열심히, 아주 열심히 일해야 합니다. 그런데 그동안 발작으로 거의 목숨을 잃을 뻔했고, 하루가 지난 후 약 나흘 동안 정신을 차릴 수가 없습니다."[252)] 그는 상트페테르

---

249) "저는 장편소설에 혐오스러울 정도로 불만족스럽습니다. … 저는 망할 겁니다." : 도스토옙스키가 1868년 7월 21일(신력 8월 2일) 브베(Vevey)에서 A. N. 마이코프에게 보낸 편지.

250) "11월 말에 많이 써서 … 나는 새롭게 시작했던 걸세." : 도스토옙스키가 1866년 2월18일 상트페테르부르크에서 A. E. 브란겔에게 보낸 편지.

251) "저는 대체로 신경을 써 가며 지내고 있고, … 육체적으로도 아픕니다." : 도스토옙스키가 1880년 8월 8일 스타라야 루사에서 I. S. 악사코프에게 보낸 편지.

252) "열심히, 아주 열심히 일해야 합니다. … 정신을 차릴 수가 없습니

부르크에서 보낸 마지막 날들을 이렇게 회상한다. "발작이 매주 반복하기 시작했습니다. 신경과 **뇌의** 장애를 분명히 느끼고 또 **의식해야 하는 일은** 참으로 견디기 어려웠습니다. 제 이성은 실제로 혼란에 빠져 있었습니다. 이건 사실입니다. 저는 그걸 똑똑히 느꼈습니다. 때때로 신경의 무질서는 저를 광란에 가까운 순간으로까지 몰아가곤 했습니다."

"발작이 이제 거의 매주 반복되기 시작했습니다. 신경과 뇌의 장애를 분명히 느끼고 또 의식해야 하는 일은 참으로 견디기 어려웠습니다. 내 이성은 실제로 혼란에 빠져 있었고, 나는 그것이 사실임을 똑똑히 느꼈습니다. 때때로 신경의 무질서는 나를 광란에 가까운 순간으로까지 몰아가곤 했습니다."253) "어떤 내부의 열, 오한, 체열이 매일 밤 나에게 화상을 입히고 있고, 체중도 무섭게 줄었어."254)

다." : 도스토옙스키가 1867년 10월 9(21)일 제네바에서 A. N. 마이코프에게 보낸 편지.

253) "발작이 매주 반복하기 시작했습니다. … 때때로 신경의 무질서는 나를 광란에 가까운 순간으로까지 몰아가곤 했습니다." : 도스토옙스키가 1867년 8월 16(28)일 제네바에서 A. N. 마이코프에게 보낸 편지.

254) "어떤 내부의 열, 오한, 체열이 매일 밤 나에게 화상을 입히고 있고, 체중도 무섭게 줄었어." : 도스토옙스키가 1865년 10월 16(28)일 비스

"저는 열흘마다 발작을 일으키고, 그다음에 약 5일 동안 정신을 차리지 못하고 있습니다. 저는 망가진 사람입니다!"[255)]

그는 가장 절망적인 편지 중 하나에서 이렇게 인정한다. "하지만 사실 그럼에도 이제 막 내가 살려고 하는 것 같습니다. 정말 우습지 않습니까? 불사신이죠!"[256)] 스트라호프는 다음과 같이 말한다. 나는 그를 가장 혹독한 순간들에 보게 되었다. 잡지 폐간 이후, 형의 죽음 이후, 끝없는 빚의 심각한 곤경 속에서도. 내 생각에, 그를 눌러 버릴 수 있는 상황을 상상하기는 불가능하다. 그것은 그의 엄청난 감수성 속에서 더욱 놀라운 일이었다. 그는 보통 스스로를 억제하지 않고, 자신의 감정을 완전히 내버려두곤 했는데, 서로 다른 감정들이 서로를 방해하는 대신 오

바덴[독일의 도시 이름. 온천(스파)과 휴양지로 유명하며, 19세기에도 유럽 지식인과 상류층이 건강을 위해 자주 찾던 도시 : 역자 주]에서 A. E. 브란겔에게 보낸 편지.

255) "저는 열흘마다 발작을 일으키고, 그다음에 약 5일 동안 정신을 차리지 못하고 있습니다. 저는 망가진 사람입니다!" : 도스토옙스키가 1867년 9월 15일 제네바에서 A. N. 마이코프에게 보낸 편지.

256) "하지만 사실 그럼에도 이제 막 내가 살려고 하는 것 같습니다. … 불사신이죠!" : 도스토옙스키가 1865년 4월 14일 상트페테르부르크에서 (A. N. 마이코프에게) 보낸 편지.

히려 돕는 것 같았다. "내 안에 이렇게 많은 활력이 남아 있습니다, 다 써 버릴 수도 없을 정도예요!"[257] 도스토옙스키 자신이 젊은 시절 편지 한 통에서 이렇게 말한다. "내 안에는 다 펴내지 못할 만큼 강한 생명력이 있다!" 그리고 죽기 전날 밤 그는 드미트리 카라마조프의 입으로 자신에 대해 바로 그 자기 말을 반복하고 싶었을 수도 있다. "나는 모든 걸, 모든 고통을 극복할 거다. 단지 자신에게 끊임없이 '나는 존재하고 있다!'고 말하고 싶다. 천 번의 고통 속에서도 나는 존재하고 있으며, 고문 상태에서 경련하지만 나는 존재하고 있다! 망루에 앉아 있지만, 나는 존재하고 있으며, 태양을 보고 있다. 태양을 보지 못한다 해도 그것이 존재한다는 사실을 나는 알고 있다. 그리고 태양이 존재한다는 것을 아는 것이 이미 모든 삶이다."

그리고 바로 이 4년 동안 그는 친구, 형, 아내의 죽음에 커다란 충격을 받고, 채권자들에 의해 억압받으며, 당국과 당국의 적들에 의해 박해를 받고, 독자들에게 오해를

---

257) "내 안에 이렇게 많은 활력이 남아 있습니다, 다 써 버릴 수도 없을 정도예요!" : 도스토옙스키가 1849년 9월 14일 페트로파블롭스카야 요새(성 베드로 · 바울 요새는 1703년 표트르 1세가 건설했고, 상트페테르부르크 초기 요새이자 감옥, 정치범 수용소로 사용되었음: 역자 주)에서 (A. N. 마이코프에게) 보낸 편지.

사고, 외로움과 빈곤 및 질병 속에서 계속 자신의 위대한 작품들을 창조한다. 즉, 1866년에는 《죄와 벌》을, 1868년에는 《백치》를, 1870년에는 《악령》을 창조하고, 《카라마조프가의 형제들》을 구상한다. 그뿐 아니다. 게다가, 그가 창작한 모든 것에도 불구하고, 그것이 무한하지는 않았다. 다른 문화적 조건에서 그가 무엇을 창작하고자 했으며, 또 아마 실제로 창작할 수 있었을지를 상상하기는 어렵다. "물론 그는 썼다"라고, 그의 창작 내적 역사에 친숙한 스트라호프는 말한다. "그가 이미 숙고했고, 때로는 여러 해 동안 내면에 품고 있었던 소설의 단 10분의 1만 쓴 것이다. 일부는 자세히 이야기했고, 큰 열정을 담아 전하기도 했다. 그러나 그가 충분히 다루지 못한 주제들에 대해서는 결코 결핍이 없었다."

스트라호프의 평가는, 친근한 과장이나 비범한 장례식상의 찬사가 아니라, 도스토옙스키라는 문학가의 본질에 실제로 존재했던 것을 다음과 같이 편견 없이, 정확하게 표현한 것으로 보인다. "그는 단순한 문학가가 아니라, 문학적 영역의 진정한 **영웅**이다." 그렇다. 도스토옙스키의 삶 속에서, 그의 실수와 약점이 무엇이었든 간에, 적어도 몇몇 순간은 진정한 영웅적 행위와 성스러움의 후광으로 둘러싸여 있었다.

톨스토이는 젊은 시절 자신이 만나야 했던 러시아 작가들에 대해 이야기하면서, 그중 도스토옙스키는 우연히 존재한 것은 아니지만, 동시에 그는 존재할 수 있었던 사람이라고 다음과 같이 말한다. "나는 확신하게 되었다, 나는 확신하게 되었다. 거의 모든 작가가 도덕성이 결여가 되고, 성격이 보잘것없는 사람들이었음을… 하지만 동시에 자신감 넘치고 자기 자신에 만족하는, 마치 완전히 성스러운 사람들이 가질 수 있는 정도로 만족하거나, 또는 **성스러움**이 무엇인지조차 모르는 사람들처럼 만족해 있었다. 이제 그때의 시간과 내 기분, 그리고 그 사람들의 기분을 떠올리면… 나는 측은하고 부끄럽다. 마치 정신 병원에서 느끼는 바로 그 감정이 솟구친다."[258]

그는 평생 러시아 문학을 정신 병원 같은 집으로 보는 관점에 충실했다. 평생 그는 자신의 정당성과 성스러움을 찾기 위해, 문화 사회로부터 스스로를 단절하고, 민중에게 달려가며, 육체를 억제하고, 엄격한 노동에 몰두했다. 그러나 그것은, 마치 하나님이 인정한 바와는 관계없는 일처럼 보이는 모든 일이었다.

---

258) "나는 확신하게 되었다, … 마치 정신 병원에서 느끼는 바로 그 감정이 솟구친다." : 《참회록》 제2장.

도스토옙스키는 자신의 평생을 통해 보여 주었다. 과거 몇 세기 동안에는 황제, 입법자, 전사, 예언자, 성인이 영웅이 될 수 있었듯이, 현대 문화 속에서 마지막 남은 영웅 중 하나는 바로 말의 영웅, 곧 문학가라는 것을.

미래가 결정할 것이다. 누가 옳은지, 그리고 말의 영웅들 가운데, 마치 다른 예술과 지식의 영웅들 가운데에서처럼, 사람들을 다스릴 권능을 가진 선택받은 자들이 나타날 것인지는 아직 정해지지 않았다. 이는 바로 영혼의 세 번째이자 마지막 왕국에서 일어날 일이다.

제8장

오직 그리스도교적 거룩함만을 인정하는 사람의 눈에는, 또한 육체보다 영혼의 우월성을 강조하며, 육체와 영혼을 억누르고 강제로 수행하는 사람들의 눈에도, 톨스토이가 자신에게 내린 삶에 대한 판단은 정당한 것으로 드러날 것이다.

"나는 농민들의 노동을 생활비로 사용했고, 그들을 괴롭혔으며, 음란한 생활을 했고, 기만했다. 거짓말, 도둑질, 온갖 종류의 간음, 만취, 폭행, 살인 등… 내가 저지르지 않았을 범죄는 거의 없었다."[259] 그러나 만일 우리가 영혼의 거룩함 외에, 그리스도교적 거룩함 외에 **육신의 거룩함**을, 그만큼의 영원한 이교도의 거룩함을, 또는 적어도 폐지된 것이 아니라 오직 (하나님의) 아들에 의해 변형된 구약의 거룩함을 인정한다면, 아마 이러한 관점에서 볼 때, 그럼에도 민중적인 의미에서 톨스토이의 삶은 **가장 조화**

259) "나는 농민들의 노동을 생활비로 사용했고, … 내가 저지르지 않았을 범죄는 거의 없었다." : 《참회록》 제2장.

롭고, **통합적이며**, **아름다운** 삶으로 나타날 것이다. 그런데 현대 사회에서, 문화 사회에서, 러시아 사회에서뿐만 아니라, 유럽 사회에서는 그의 삶이 **화려한 삶**으로 나타날 것이다. 이러한 관점에서 볼 때, 그는 "도둑"이 아니라 검소한 가장이자 집을 짓는 자였으며, "폭력을 행사한 자"가 아니라 자기 종들과 하인들의 좋은 주인이었고, "살인자"가 아니라 용감한 군인이었으며, "술주정뱅이"가 아니라 삶의 가장 순수한 기쁨에 도취한 현명하고 금주하는 쾌락주의자였으며, "간통자"가 아니라 흠 없는 순결로 신방 잠자리를 보존하는 믿음직한 남편이었으며, 구약성서의 족장인 아브라함과 이삭과 야곱, 즉 족장들과 유사한, 자녀를 사랑하는 가정의 아버지였다. 마치 늙은 푸른 나무에서 나오듯이, 차갑고 투명한 지하의 샘에서 나오듯이, 그의 모든 삶에서 처녀의 것이 아니라 쾌락 자체의 순결한 순수함과 신선함이 배어 나오고 있다. 톨스토이의 삶 자체 속에, 행위들 자체 속에, 그리고 심지어 감정들 자체 속에는 병적인 모순과 거짓말이 없고, 모순들과 거짓은 우리가 그의 완전한 이교도적 삶과 그의 불완전한 기독교적 의식을 비교하기 시작할 때만 나타나기 시작한다. 그의 행위는 행위로써가 아니라 오직 말과 생각으로써 나타난다. 톨스토이의 삶이 흠잡을 데 없이 아름답게 보이기 위해서,

우리는 그가 행하고 느끼는 것이 아닌, 단지 그가 자신의 행위와 감정에 대해 말하고 생각하는 것만을 잊어야 한다. 그는 옛 율법[260]을 이행했다. 그런데 그의 모든 비극은 그가 자신의 믿음과 의식으로 자신의 율법 행위를 정당화하지 못했다는 데 있을 뿐이다. 그리고 대체로 구약의 모든 백성과 모든 영적 이스라엘의 비극은 바로 그들이 성취된 율법의 마지막 영역에서 율법에 만족하지 못하고 해방자를 기다리고 있지만, 메시아가 오실 때, 역시 율법의 멍에에 지나치게 예속된 자들이 그분을 알아볼 힘이 없어서, 그것의 모든 불가사의한 무서운 자유 속에서, 그를 배척하고 다시 그를 영원히 기다리고 있다는 사실에 있지 않을까? 바로 이러한 기다림 속에 그들의 거룩함이 있다. 오직 이 고대의 거룩함의 관점에서만, 이와 더불어 우리에게 영원하고 썩지 않으며, 아마 바로 기독교 그 자체 속에 포함해 있는 것 같지만(왜냐하면 성부와 성자는 하나이기 때문이다), 아직 그곳에서, 즉 기독교 안에서 이해되지 않고 인지가 되지 않은 거룩함의 관점에서만, 톨스토이는 그러한 두려움 없는 자부심을 가지고 자신에 대해 말할 권리

---

260) 모세의 율법. (역자 주)

를 지니고 있었던 셈이다. "나는 사람들에게 숨길 게 아무것도 없다. 내가 하고 있는 모든 걸 사람들에게 알리라." 그리고 그의 삶은 실제로 이 시험을 견뎌 냈다. 즉, 그의 삶에서 마지막 베일들이 벗겨지자, 그의 삶이 온 세상의 눈앞에서 드러났다. 그럼에도 그는 부끄러워할 게 아무것도 없다. 그의 모든 삶은 그가 원하고, 그에게 그리고 많은 동시대인에게 기독교적으로 여겨지는 그러한 거룩함이 아닐지라도 순수하고 거룩하다. 만약 그가 무언가를 부끄러워해야만 했다면, 그것은 자신의 행동이나 감정이 아니라 단지 그의 말과 생각일 것이다. 그러나 과연 이 70세 노인의 영적 벌거숭이가 갓난아기의 벌거숭이처럼 순수하다는 것 그것뿐일까? 우리 현대 사회에서 또 누구의 삶이 그러한 시련을 견뎌 낼 수 있을까?

여하간 도스토옙스키의 삶은 아닌 것 같다.

톨스토이의 생애를 도스토옙스키의 생애와 비교 시 오류에 빠지거나 틀리기가 매우 쉽다. 왜냐하면 우리는 전자에 대해 모든 것을 알고 있지만 사실은 후자에 관해서는 모든 것을 알지 못할 뿐 아니라, 어쩌면 매우 중요한 것을 알지 못하며, 오직 그의 편지들 속의 암시를 통해, 구전을 통해, 결국 특히 그의 인격이 작품에 어떻게 반영되었는가를 통해 그 인격의 숨겨진 모든 측면을 단지 추측하기 때문이다. 우리는 표도르 미하일로비치(도스토옙스키)의 전기를 우리에게 남기려고 노력한 그의 가장 친한 친구들을 정당하게 인정해야 한다. 그들은 지극히 예의가 바르고, 고인의 기억에 경의를 표하며, 심지어는 지나칠 정도로 경의를 표하는 사람들이며, **사탄의 심연**이라고 부르는 묵시록과 유사한 것이 도스토옙스키에게 있다는 것을 충분히 이해하지 못하는 사람들이다. 심지어 스트라호프처럼 매우 예리하고 통찰력 있는 지성조차도 도스토옙스키의 인격을 고결하게 만드는 것이 아니라, 지나치게 단순화하고, 부드럽게 하고, 무디게 하고, 매끄럽게 하고, 일반적이고 평균적인 수준으로 만들어 버리는 경향이 있다.

어쨌든 한 인간으로서 도스토옙스키의 인격을 이해하려면, 예술가로서 그가 지닌 극복하기 어려운 욕망을 고려해야 한다. 또 우리는 인간 마음속 가장 위험하고 범죄적인 심연, 특히 관능성(官能性, sensuality)의 심연을 탐구해야만 한다. 가장 고상하고 영적인, 종교적 황홀경에 가까운 "천사" 알료샤 카라마조프의 관능적 모습에서 시작하여, "자기 수컷을 게걸스럽게 먹어 치우는 암거미"와 같은 사악한 곤충의 관능적 장면으로 끝난다. 이 과정에서 인간 욕망의 훨씬 더 날카롭고 병적인 왜곡 속에서도, 가장 신비로운 욕망의 끝없는 무지개 색과 그림자를 포함한 전체 영역이 드러난다. 괴물 같은 스메르댜코프뿐 아니라, "신과 싸우는" 이반뿐 아니라, "타란툴라[261]에 물린 듯한" 잔인한 호색가 드미트리뿐 아니라, 육체적으로 그들의 아버지이자 "버림받은 인간"인 표도르 파블로비치 카라마조프와 바로 그와 같이 정신적으로 그들의 아버지인 도스토옙스키가 함께 존재하는 순결한 게루빔[262]인 알료샤 간 불가피한 혈연관계도 똑같이 주목할 만하다. 사실, 이것은 주로 **그의** 가족이며, 그리고 그는 아마도 사람들 앞에서 가족을 버렸을지도 모르지만, 자신의 양심과 하나님 앞에서는 그렇지 않았을 것이다.

원고에는 아직 출판되지 않은《악령》의 한 장(章)이 존재한다. 스타브로긴의 고백으로, 그 안에서 그는 소녀를 타락시키는 이야기를 털어놓는다.《악령》은 도스토옙스키가 창조한 가장 강력한 작품 중 하나로, 그 안에서는 너무나 끔찍할 정도로 진실한 소리가 들려, 왜 어떤 이들이 도스토옙스키 사후에도 이 부분을 출판할 엄두를 내지 못하는지 이해하게 된다. 여기에는 실제로 예술의 "경계"를 넘어서는 무언가가 존재하는데, 그게 **너무 생생하다**.

---

261) 러시아, 남유럽, 아시아의 땅속에 사는 독거미. (역자 주)
262) 날개가 달린 동자 모양의 제2위의 지품천사. (역자 주)

그러나 스타브로긴의 악행들 속에는, 그의 가장 마지막이며 비천한 타락들 속에조차도, 적어도 한때 아름다움이었던 것의 꺼지지 않는 듯한 악마적 반광이 남아 있다. 그곳에는 악의 위엄이 존재한다. 그러나 도스토옙스키는 여기에서 멈추지 않고, 이미 어떠한 위엄도 남아 있지 않은, 가장 일상적이고도 하찮은 방탕 그 자체의 형상들까지도 묘사한다. 《지하 생활자의 수기》의 영웅 또는 "반영웅"은 도스토옙스키의 가장 위대한 영웅들의 지적인 높이에, 그의 마음에 훨씬 더 가까운 영웅들의 지적인 높이에 서 있다. 그는 예술가의 종교적 고투와 의심의 본질 자체를 표현하고 있다. 이 고백에서는 가끔 자기 비난, 자책이 느껴지며, 톨스토이의 《참회록》에서보다 덜 무자비하지 않고 다소 더 끔찍한 것이 있다고 느껴진다. 바로 여기에서 이 "영웅"이 다음과 같이 고백하고 있다. "때때로… 나는 갑자기 어두운, 지하의, 역겨운 것 속으로 잠기곤 했다. 이는 방탕이 아니라, 사소한 방탕이다. 내 안의 사소한 열정들은 평소의 병적인 짜증으로 인해 예민했고, 강렬했다. 충동들은 눈물과 경련이 수반된 히스테리적인 것들이었다… 그 위에 우울함이 쌓여 있었다. 나에게 여러 모순과 정반대의 히스테리적 갈망이 나타나자 나는 방탕한 생활을 하기 시작했다… 나는 고독하게, 밤마다, 비밀리에, 겁에 질려, 더럽게, 가장 역겨운 순간에 나를 사로잡고 있었고, 심지어 그런 순간에 저주의 지점에 도달하고 있었던 수치심을 느끼며 방탕한 생활을 했다. 나는 이미 그때도 내 영혼에 지하를 지니고 있었다. 나는 사람들이 나를 보지 않을까, 만나지 않을까, 알아보지 않을까 봐 몹시 두려웠다…"

이 모든 형상화 속에서 도스토옙스키에게서는 그러한 힘과 대담성, 그러한 발견과 계시의 새로움이 드러나기에, 때로는 다음과 같은 광기 어린 질문이 떠오른다. 그가 과연 이 모든 것을 **오직 외적인** 경험**만으로,** 오직 다른 사람들을 관찰한 것만으로 알아낼 수 있었을까 이는 **단지** 예술가**만**의 호기심일까? 물론 그 자신이 라스콜니코프의 감정을 느끼기 위해 노파를 살해할 필요는 없었다. 물론, 여기에는 많은 부분이 천재의 뛰어난 통찰력으로 돌려져야만 한다. 하지만 많은 부분이지 그게 **전부**일까? 그러나 도스토옙스키 자신의 행위에서조차도, 도스토옙스키 자신의 삶에서도, 예술가의 이 범죄적 호기심이나 적어도 예술가의 "경계"를 넘어서는 호기심에 해당하는 자신의 것은 아무것도 없었다. 그의 상상 속에서 유사한 이미지들이 떠오를 수 있다는 것은 정말 주목할 가치가 있다. 바로 이것이 비록 다른 관능성의 심연이라 할지라도, 그러나 보다

적지 않게 심오한 관능성의 심연으로 침투했던 톨스토이의 상상력이 아마 결코 할 수 없었을지도 모를 그 무엇이다. "타란툴라란 독거미에 물린 상처들", 즉 소녀의 정조를 더럽힌 행위, 표도르 카라마조프와 리자베타 스메르댜샤야의 엽기적 연애 사건에 대한 도스토옙스키의 예술적 호기심을 톨스토이는 결코 이해하지 못했을 것이다. 그에게 그런 호기심은 무의미하거나 역겨운 것으로 보였을 것이다. 성적 관능은 그에게서 때때로 잔인하고, 조잡하고, 심지어 짐승 같은 힘으로 나타나지만, 결코 부자연스러운 힘이나 변태적인 힘으로 나타나지는 않는다. 인간의 가장 중대한 범죄들, 곧 자비가 아니라 신적 정의에 의해 처벌되어야 할 범죄, 다시 말해 "복수는 내 것이니, 내가 갚으리라"라는 말로 표현되는 그러한 범죄는《안나 카레니나》와《크로이처 소나타》창작자에게는 부부의 신의를 저버리는 행위다. 도스토옙스키 자신이 믿었듯이, 성적 삶의 모든 현상은 자연적이고 단순하며, 건강하고, 소박하고 가정적이며, 정결한 감각성이라는 척도에 종속된다. 이것은 여호와께서 인간에게 주신 법, 곧 "생육하고 번성하라"[263]라는 계명에 따라 판단될 수 있다. 레빈은 자신이 평생 결혼이라는 형태 외에 여자와의 행복을 달리 상상할 수 없었고, 다른 사람의 아내를 유혹하는 것은 키티의 소유자인 그에게, 고급스럽고 푸짐한 저녁을 먹은 한 남자가 노점상 가판대에서 칼라치[264]를 훔치는 것만큼 불합리한 것 같다고 어느 날 고백한다. 톨스토이가 자신이 행한 것으로 보이는 간통들에 대해 아무리 뉘우친다고 하더라도, 우리는 이 분야에서 도스토옙스키와 비교해 볼 때, 그가 레빈 또는 하녀 사샤와 사랑에 빠진 16세의 이르테니예프(낯가림할 정도의 수줍음이 그가 그녀에게 키스하는 것을 방해한다)만큼 순진하다고 느낀다.

그러나 거듭 말하거니와, 도스토옙스키의 삶을 연구하는 자인 나는 이곳 어둠 속에서 손으로 더듬거리며 헤매고 있다. 근거로 삼아도 될 만한 명확하고 정확한 증거들이 없다. 단지 암시들뿐이다. 나는 그것 중 하나를 이미 인용했다. 그는 자신의 "미누시카, 클라라, 마리안나"에게 마음을 빼앗긴 것에 대해(당시 도스토옙스키는 스물다섯 살이었다), 그리고 투르게네프와 벨린스키가 "무질서한 삶에 대해 그를 책망했다"[265]는 것에 대해 형에게 말한 후,

---

263) "생육하고 번성하라" : 창세기 1장 28절 중 일부.

264) 러시아 전통 빵, 고리 모양의 흰 빵. (역자 주)

265) "무질서한 삶에 대해 그를 책망했다" : 도스토옙스키가 1845년 11월 16일 상트페테르부르크에서 M. M. 도스토옙스키에게 보낸 편지.

이 같은 결론을 전한다. "나는 신경이 곤두서고 열이 나 신경열이 두렵다. 나는 점잖게 살 수 없고, 너무 방탕하다."[266] 정중하고 순수한 전기 작가 O. F. 밀러는 여기서 언급되는 "방탕함"은 표도르 미하일로비치의 금전적 무질서일 뿐이라고 서둘러 추정한다. 그러나 바로 이 성급한 정당화가 독자의 마음에 의심을 불러일으킨다.

그리고 여기에는 비록 다른 분야에서 왔지만, 도스토옙스키가 상상에서뿐만 아니라 현실에서도 도달할 수 있었던 그 극단들의 척도에서 역시 제공되는 또 하나의 힌트가 있다. 그는 1867년 해외에서 마이코프에게 편지를 쓴다. "친애하는 아폴론 니콜라예비치, 저는 이제 당신을 제 심판자로 여길 수 있을 것 같습니다. 당신은 따뜻한 마음을 지니신 분이며, 인간의 고통을 헤아릴 줄 아는 분입니다… 당신 앞에서라면 저는 굳이 변명하거나 참회할 일이 없습니다. 나는 오직 **당신 한 분만**을 위해 편지를 쓰고 있습니다. 부디 저를 세상 사람들의 심판에 맡기지 말아 주

---

266) "나는 신경이 곤두서고 열이 나 신경열이 두렵다. 나는 점잖게 살 수 없고, 너무 방탕하다." : 도스토옙스키는 이 사실을 앞선 편지의 끝에서 언급한 게 아니라, 1846년 2월 1일 상트페테르부르크에서 M. M. 도스토옙스키에게 보낸 편지에서 언급하고 있다.

십시오. 바덴 근처를 지나가다가 갑자기 그곳에 들르고 싶어졌습니다. '10루이도르[267]를 잃으면, 아마도 2000프랑을 더 딸 수 있을지도 모르지…' 하는 유혹적인 생각이 저를 괴롭혔기 때문입니다. 제가 전에 가끔 판돈을 따곤 했던 것이 무엇보다도 더 혐오스럽습니다. 그런데 무엇보다도 더 나쁜 건 제 성격이 비굴하고 지나치게 열정적이라는 겁니다… 악마는 즉시 저를 조롱하더군요. 저는 사흘 만에 4000프랑을 특별히 쉬운 방법으로 땄습니다. 중요한 건 바로 도박 그 자체입니다. 그게 얼마나 저를 괴롭히는지 아십니까! 아니요, 당신에게 맹세컨대, 여기에는 단 한 점의 사리사욕도 없습니다. 저는 계속해서 도박을 해 돈을 잃었습니다. 저는 흥분할 정도로 초조해하면서 **마지막 남은** 것들을 잃기 시작해 돈을 다 잃었습니다. 저는 옷을 저당 잡히기 시작했습니다. 안나 그리고리예브나(도스토옙스카야)는 자신의 **모든 것**을, 마지막 물건들(정말 천사였어요! 그녀가 저를 얼마나 위로해 주었는지 모릅니다)을 저당 잡혔습니다."[268] 이어서 돈에 관한 간청이 나오는

---

267) 프랑스 금화 단위, 루이 금화. (역자 주)

268) "친애하는 아폴론 니콜라예비치, … 안나 그리고리예브나는 자신의 모든 것을, 마지막 물건들(정말 천사였어요! 그녀가 저를 얼마나 위

데, 도스토옙스키와 마이코프 사이의 모든 친밀한 우정을 고려한다고 할지라도, 그것은 굴욕적으로 보인다. "아폴론 니콜라예비치, 당신께 **여윳**돈이 없다는 걸 알고 있습니다. 저는 결코 당신께 도움을 청할 일이 없었습니다. 하지만 저는 사실 물에 완전히 빠져 허우적거리고 있으며, 완전히 가라앉아 버렸습니다. 2, 3주 후면 저는 완전히 한 푼도 없게 되고, 물에 빠진 사람은 생각해 볼 겨를도 없이 손을 내미는 법이죠… 저에겐 당신 외에는 아무도 없습니다. 당신이 도와주지 않으면, 저는 망할 겁니다, 저는 완전히 망할 겁니다. 친애하는 분이시여, 저를 구해 주십시오! 평생토록 우정과 사랑하는 마음으로 보답하겠습니다. 돈이 없다면, 저를 위해 누군가에게 빌려주세요. 이렇게 편지를 쓰게 된 걸 용서해 주십시오. 저를 제발 혼자 두지 마십시오! 하나님께서 이에 대해 당신께 보답하실 겁니다. 사막에서 메마른 (제) 영혼에 물 한 방울이라도 부어 주십시오! 제발!" "물 한 방울"과 "사막에서 메마른 영혼"에 대한 이 마지막 표현들 속에서 굴욕적인 언어의 화려함은 주목할 만하다. "취한(醉漢)" 마르멜라도프와 사기꾼 레뱟

로해 주었는지 모릅니다)을 저당 잡혔습니다." : 도스토옙스키가 1867년 8월 16(28)일 제네바에서 A. N. 마이코프에게 보낸 편지.

킨 대위와 같이 자존감을 잃은 우스꽝스럽고 비참한 인물들은 그의 장편소설 속에서 바로 그 굴욕적 언어의 화려함으로 자신의 가난을 이야기한다. 도스토옙스키는 스스로가 무슨 말을 하는지를 기억하지 못하며, 자기 자신을 통제하지 못한다. 그는 마이코프가 자신을 어떻게 생각할지는 전혀 개의치 않는다. 그는 감정을 주체하지 못했다. 그는 흥분 상태에 빠져 있고, 거의 히스테리에 빠져 있다. 여전히 도박의 쾌락에 취해 있는 것 같았다. 만약 거기서, 바덴바덴에서 그가 요청한 돈을 받았더라면, 그는 다시 스스로 자제하지 못하고 즉시 그것을 잃어버렸을 거라는 게 느껴진다.

톨스토이도 젊은 시절 어느 날 많은 도박에서 크게 패했다. 그러나 그는 "격앙되지" 않았고, 제때 중단할 수 있었다. 비록 그는 사색하지 않았지만, 행동에서는 특유의 자제력과 냉정함을 유지하고 있었다. 그는 도박을 그만두고 캅카스로 떠나 코사크 마을에 정착하여, 여기서 한 달에 5루블만으로 최대한 절약하며 살았고, 돈을 모아 도박빚을 갚았다. 비록 사소한 일상의 한 장면에서일지라도, 여기서 톨스토이의 진정한 힘—감정 절제, 자기 절제, 인내—이 언급되며, 따라서 널리 알려진 시각에서 보면, 도스토옙스키보다 우월한 도덕적 덕목이 언급된다.

이 모든 것은 사소한 일이다. 그러나 우리는 더 중요한 경우에도 도스토옙스키가 "격앙되곤 했다"라는 것을 알고 있다. 말하자면, 그는 젊음의 허영심에 휩싸여 자신의 (장편) 《더블》[269]에서 자신이 (고골의 장편) 《죽은 혼》을 능가했다고 상상했다. 그래서 그는 벨린스키에 대한 맹목적인 분노 때문에, 아마도 이 통찰력이 부족할지는 모르지만, 매우 선의를 지닌 사람을 "비굴한 악의"와 "악취가 나는 어리석음"을 이유로 비난했다. 마이코프에게 자신의 패배에 대해 말하는 바로 그 편지에서, 그는 자신의 도덕적 성격 전체를 놀랍도록 다음과 같이 의미심장하게 일반화한다. "어디서나, 무엇을 하든지 나는 마지막 한계에 도달하며, 평생 나는 경계를 넘곤 했다." 그는 강점뿐만 아니라 약점 때문에, 자제력 부족 때문에 "경계를 넘는" 일이 발생하곤 했다는 것을 덧붙여야 한다.

"저를 세상 사람들의 심판에 넘기지 마십시오"라고 그가 마이코프에게 간청한다. 그것은 마치 《지하 생활자의 수기》의 주인공을 떠올리게 한다. "나는 사람들이 나를 보거나, 만나거나, 알아볼까 봐 너무 두려웠다." 어쩌면 그

---

269) 《이중인격》, 《분신》으로 번역되지만, 《더블(Double)》이 더 정확한 표현이다. (역자 주)

는 자신의 본성을 "비열하고 너무나 이상한 본성"이라고 표현하듯 스스로에게 고백하거나 그것을 부끄러워하지 않을지도 모른다. 그러나 자신의 의식으로 그 본성을 "세상 사람들의 심판 앞에서" 정당화하고 거룩하게 만들 힘은 없다. 그리고 그것은 이미 나약함이며, 그것은 악에 대한 수치다. 왜냐하면 문제는 그가 무엇을 하느냐에 있는 것이 아니라, 그가 자신이 한 일을 부끄러워한다는 데 있기 때문이다. 그리고 그의 삶과 행위 속에, 그의 상상 속의 범죄적 호기심에 부합하는 무언가가 실제로 있었든지 없었든지 간에 결국 그에게 다 똑같은 게 아닐까? 중요한 것은, 그가 생각하고 느꼈던 방식이 마치 정말 원하기만 했다면 **감히 그렇게 했을** 것처럼 그러했다는 점이다. 그리고 톨스토이처럼 말할 수 있을까? "나는 사람들에게 숨길 것이 없다. 내가 하는 일을 모두 알게 하라." 자기 삶의 마지막 베일까지 벗겨 내고, 그것을 세상 모든 이의 눈앞에 드러내는 일은 도스토옙스키조차 감히 하지 못했을 것이다. 그는 우리에게 뭔가를 숨겼거나, 숨기고 싶어 했다. 그리고 우리는 그의 삶의 이 검은 면이 성스럽지도 않고, "고결하지도" 않다는 것을 느낀다. 또는, 적어도 최소한 그 자신에게는 그것이 거룩하지도 않고, 고결하지도 않게 보였다.

만약 톨스토이의 삶이 지하 샘에서 솟는 자연 그대로의 맑은 물과 같다면, 도스토옙스키의 삶은 같은 원초적 깊이에서 솟아나지만, 용암, 재, 독한 연기, 질식할 듯한 악취와 뒤섞인 불과 같다.

톨스토이가 이웃을 사랑하려고 기울인 진실한 노력은 믿지 않을 수 없다. 다만 그가 과연 실제로 누군가를 기독교적으로 사랑했는지에 대해서는 의문을 품을 수 있을 뿐이다. 도스토옙스키의 전 생애를 관통하며 스며들고 정화하는 사랑의 불꽃은 그의 삶에서 가장 일상적인 세부들 속에서도 빛나고 있다. 한 편지에서 그는 마이코프에게 자신의 의붓아들이자 고아인 아이를 부탁하며 이렇게 쓴다. "파샤는 착한 아이이고, 사랑스러운 아이지만, 그를 사랑해 줄 사람이 아무도 없습니다… 저는 그 아이와 마지막 셔츠 한 벌까지도 나눌 것이며, 평생 나누며 살 겁니다."[270] 스스로 사랑했던 사람이라면, 이것이 헛된 말이 아님을 느낄 것이며, 가난한 사람들을 도울 권리가 있는지 추상적으로 생각하지 않고도 자신의 "마지막 셔츠"를 그

---

270) "파샤는 착한 아이이고, … 그 아이와 마지막 셔츠 한 벌까지도 나눌 것이며, 평생 나누며 살 겁니다." : 도스토옙스키가 1867년 10월 9(20)일 제네바에서 A. N. 마이코프에게 보낸 편지.

소년과 나눌 준비가 되어 있음을 느낄 것이다.

딸 소냐가 죽은 뒤에 그가 이렇게 쓴다. "… 사람들은 위로의 말로, 앞으로 아이들이 또 생길 거라고 말합니다. 그런데 소냐는 어디에 있죠? 감히 말씀드립니다만, 그 아이가 살아 있기만 한다면, 저는 십자가의 고통이라도 기꺼이 받아들일 겁니다… 시간이 흐를수록 기억은 더욱더 생생해지고, 죽은 소냐의 모습은 제 앞에 점점 더 또렷이 떠오릅니다. 견딜 수 없는 순간들이 있습니다. 그 아이는 이미 저를 알고 있었습니다. 제가 그 아이가 죽던 날, 두 시간 뒤에 그녀가 죽게 되리라는 사실을 전혀 모른 채 신문을 읽으러 집을 나섰을 때, 그 아이는 그렇게 제 뒤를 눈으로 따라오며 배웅했고, 그렇게 저를 바라보았습니다. 그 모습은 지금까지도 점점 더 선명하게 떠오릅니다. 저는 결코 잊지 못할 것이며, 결코 이 고통에서 벗어나지 못할 겁니다! 설령 다른 아이가 생긴다고 해도, 제가 어떻게 그 아이를 사랑할 수 있을지, 어디에서 사랑을 찾아야 할지 알 수가 없습니다. 저에게는 소냐가 필요합니다."[271] 그는

271) "딸 소냐가 죽은 뒤에 그가 이렇게 쓴다. '… 사람들은 위로의 말로, … 저에게는 소냐가 필요합니다.'" : 도스토옙스키가 1868년 5월 18(30)일 제네바에서 A. N. 마이코프에게 보낸 편지.

자기 육체의 아이인 그녀를 사랑한다. 그 아이를 단순히 육체적 사랑만이 아니라 영혼으로, 즉 **기독교식으로** 사랑한다. 자신을 위해서가 아니라, 그녀를 위해서, 독립적이고 영원하며, 대체할 수 없는 존재로서 그 아이를 사랑한다. 바로 그는 구약의 족장 욥[272]처럼 죽은 아이로 인한 슬픔을 다른 새로운 아이들로 결코 위로받을 수 없는 사람이다. "그런데 소냐는 어디에 있죠? 저에게는 소냐가 필요합니다." 톨스토이가 행하고 말하고 생각하고 느낀 모든 것에서, 단순한 사랑이라는 이 단순한 말만큼 유사한 말은 없다.

한때 자신의 친구 중 가장 충실한 친구였고, 그에게 평생을 바쳤고, 그를 사랑했을 뿐만 아니라 그를 **불쌍히 여겼으며**, 30년 동안 어머니 같은 부드러움으로 그를 아이처럼 돌보았던 자기 아내 소피아 안드레예브나가 문득 떠올랐을 때 레프 니콜라예비치가 어느 국외자에게 말했다.

---

272) 욥 : 우스 땅 출신의 구약성경에서 고난을 받는 의인. 욥에게는 아들 일곱과 딸 셋이 있었으나, 그는 그들을 모두 잃었다. 욥은 하나님의 결정을 인내로 받아들였으며, "그는 죄를 짓지 않았고 하나님에 대하여 어리석은 말을 하지 않았다."(개역개정 기준 성경에는 이렇게 쓰여 있다. "이 모든 일에 욥이 범죄하지 아니하고 하나님을 향하여 원망하지 아니하니라" : 역자 주)(욥기 1장 22절)

"나는 친구들 남자들 사이에서 찾을 겁니다. 그리고 어떤 여자도 내 친구를 대신할 순 없습니다. 그렇다면 왜 우리는 아내에게 우리가 그녀를 진정한 친구로 생각한다고 확신시키면서 거짓말을 할까요? 정말 그렇지 않나요?" 얼마나 차갑고 잔인한 말인가! 잔인하지만, 아마 때로는 악의적이 아니고, 순진하고, 심지어 기독교적이 아니라, 이교도적으로 아름다운 것이다. 이것은 그의 모든 삶의 냉기, 즉 지하 샘의 냉기다. 다만 그 자신이 이 냉기를 두려워하거나 부끄러워하지 않고, 끝까지 견뎌 내기만 한다면 된다. 사실 모든 게 마찬가지다. 차가운 샘은 절대 뜨거워지지 않고, 단지 미지근하고 탁해질 뿐이다. 그러므로 그가 하나님이 그를 창조하신 그대로 남아 있는 게 더 좋을 것이다. 나는 위대한 자기애(自己愛)도 두려워하지 않으며, 그의 마지막의 그리고 처녀처럼 순수한 심연의 이교도적 차가움도 두려워하지 않으나, 기독교적인 것처럼 보이려는 미지근한 열, 즉 피상적이거나 중간적인 따뜻함을 두려워한다.

그러므로 본질적으로 톨스토이와 도스토옙스키는 모두 자기 삶 속을 관통해 지나갔으나, 끝까지는 이르지 못했다. 왜냐하면 지하의 냉기 외에도 하늘의 푸른 빛 같은 냉기가 있으며, 지하의 불 외에도 태양의 불이 있기 때문이다. 톨스토이도, 도스토옙스키도 그 누구도 영원한 하늘빛이 태양으로 스며 있는 그 가장 높은 **합일의** 영역에 이르지 못했다. 그곳에서는 **둘이 하나**다.

어쨌든 도스토옙스키의 불은 레프 톨스토이의 냉기만큼이나 하나의 빛이다. 나로서는, 설령 내가 도스토옙스키의 삶과 행적에 대해 격렬하고 범죄적이며 심지어 수치스러운 어떤 사실을 알게 된다 하더라도 – 만일 그런 것이 실제로 존재한다 해도 – 그의 형상은 조금도 흐려지지 않으며, 그를 둘러싼 성스러움의 후광 또한 빛을 잃지 않을 것이다. 왜냐하면 나는 그 안에서 타올랐던 불이 모든 것을 정복했고, 모든 것을 정화했음을 느끼기 때문이다. 그리고 그는 스스로 이 정화하는 불(길)의 힘을 느끼곤 했다. 그 불(길)로 살았고, 그 불(길)로 죽었다. "내 안에서 어떤 내부 열병이 나를 태운다네. 오한과 열이 매일 밤 찾아오고, 살이 빠지고 있다네." 그는 죽기 몇 년 전에 글을 썼다.[273] 1880년 하반기에 그가 《카라마조프가의 형제

273) "'내 안에서 어떤 내부 열병이 나를 태운다네. … 나는 살이 빠지고 있다네.' 그는 죽기 몇 년 전에도 글을 썼다." : 정정. 도스토옙스키는 이것을 죽기 몇 년 전에 쓴 게 아니라, 1865년에 비스바덴에서 브란겔에게 보낸 9월 16일(28일) 자 편지에서 쓴 것이다.

들》을 완성했을 때, 스트라호프의 회고에 따르면, 그는 극도로 야위고 쇠약했다. "그는 분명 신경만으로 살아갔고, 나머지 그의 몸은 너무 연약해져, 이제는 아주 작은 충격에도 부서질 수 있는 상태였다. 무엇보다도 놀라운 것은 그의 지적 작업의 지칠 줄 모르는 불굴이었다. 그는 1년에 25~30쪽 분량의 원고를 썼는데, 그가 스스로 나에게 말한 대로 그 작업은 점점 더 힘들어졌다." 1881년 초에 그는 심한 폐기종 발작으로 병에 걸려, 카타르[274] 때문에 삶의 마지막 9년 동안 고통을 겪었다. 1월 26일 목의 출혈이 발생했다. 죽음이 다가옴을 느낀 그는 고해와 성찬을 받고 싶어 했다. "스트라호프는 말한다. "안나 그리고리예브나에 따르면, 표도르 미하일로비치는 평생, 결정적인 순간마다 감옥에서 그와 함께 있었던 바로 그 복음서를 무작위로 펼쳐, 펼쳐진 페이지의 맨 윗줄을 읽는 습관이 있었다." 그는 이번에도 그렇게 했는데, 아내에게 읽어 보라고 주었다. 그것은 마태복음 제3장 14~15절[275]이었다. "요한이 말려 이르되 내가 당신에게서 세례를 받아야 할 터인

---

274) 19세기 의학에서 호흡기 질환 전반을 지칭하는 포괄적 용어. 현대 용어로는 기관지염, 폐렴, 만성 기관지 질환에 해당한다. (역자 주)
275) 원문에는 제3장 2절. (역자 주)

데 당신이 내게로 오시나이까 예수께서 대답하여 이르시되 이제 허락하라 우리가 이와 같이하여 모든 의를 이루는 것이 합당하니라." 안나 그리고리예브나가 이 대목을 읽었을 때, 표도르 미하일로비치는 이렇게 말했다. "들려? '붙잡지 말라'고 했어. 그렇다면 나는 죽게 될 거야." 그리고 그는 책을 덮었다. 몇 시간 뒤 그는 실제로 폐동맥 파열로 순식간에 사망했다.

그가 마지막 순간에 생각했던 "위대한 진리"는 그의 삶 전체를 관통하는 진리였다. 우리는 그가 죽음 이후 이 진리를 완수했을 것이며, 이 진리가 **영원한 심판** 앞에서 그를 최종적으로 정당화했을 것이라고 기대할 수 있다.

도스토옙스키는 문학의 밤이란 모임에서 푸시킨의 〈예언자〉276)를 낭독하기 좋아했다. 그의 낭독을 들은 사람은 결코 그의 목소리를 잊지 못할 것이다. 그는 마치 찬양받는 듯한, 끊어지고, 둔탁하고, 조용한, 마치 쇠약해진 목소리로 낭독하기 시작했다. 그러나 군중의 (숨죽인) 침묵 속에서도 그의 목소리에서 흘러나오는 모든 소리가 또렷이 이해되었다. 그러자 그의 목소리는 점점 더 커졌고,

---

276) 1826년 발표. 영적 각서, 신적 계시, 인간과 신의 관계를 주제로 한 서정 서사시, 상징적 · 종교적 시. (역자 주)

마치 초인적인 힘을 얻은 듯했으며, 마지막 음절을 더 이상 발음하지 않고 놀라운 소리로 외쳤다.

말 한마디로 사람들의 마음을 불태워라!

그리고 회색빛의, 비참한, 보수적 · 자유주의적인 상트페테르부르크 군중은, 4세기 전 마리아 델 피오레에서 지롤라모 사보나롤라[277] 형제의 설교를 듣던 군중처럼, 그 끔찍한 외침에 몸서리치며 떨었던 이 세상에서 가장 차갑고 가장 (평범하고) 일상적인 군중처럼 보인다. 그 순간 나는 문득 도스토옙스키가 단순히 위대한 작가 그 이상의 존재며, 그리고 그의 내부에서는 세계사적 · 종교적 불길을 일으키는 그 불꽃이 타오르고 있다는 것을 느꼈다.

어느 날 스트라호프가 그에게 자신의 시를 읽어 주었는데, 그 시에는 그 밖의 내용 중 특히 당시의 러시아인들에게 바치는 한 구절이 있었다.

---

277) 지롤라모 사보나롤라(1498년 사망)는 도미니코회 수도사로, 1494년부터 사실상 중세적 수도 정치의 형태로 피렌체의 최고 통치자가 되었다.

여러분이 힘의 담지자임을 단지 깨닫기만 하십시오!

도스토옙스키는 이렇게 외쳤다. "네, 네, 단지 깨닫기만 하세요! 정말, 정말로 단지 이해하기만 하시면 됩니다! 하지만, 그러나 아니오, 이해하지 못할 겁니다…."

스트라호프는 이렇게 말하곤 한다. "외침이 끝난 뒤, 공개 낭독 자리에서 그에 바친 함성과 박수, 화환 속에서도, 그는 다시 한번 말을 이어 갔다.

'네, 네, 이 모든 게 좋습니다만, 결국 가장 중요한 것을 이해하지는 못하시는군요.'"

도스토옙스키 스스로 이같이 말한다. "설령 당신이 그 많은 책을 모두 베껴 쓰고, 자기 생각을 35년 동안 설명했음에도, 누군가의 머릿속에는 언제나 어떠한 방법으로도 전달할 수 없는 어떤 것이 남는다. 즉, 무엇인가가 당신의 머릿속에서 벗어나기를 거부하며, 결국 당신 곁에 영원히 남는다. 그리하여 당신은 결국 누구에게도 아무것도 전하지 못한 채 죽게 될 것이다. 아마도 그것은 당신의 사상 중 가장 **본질적인 것**일지도 모른다."

이 예감이 실현되지 않았을까? 우리에게 전하고자 했던 가장 **중요한 말**을 하지 않은 채 죽은 게 아닐까? 그리고 이제 그가 죽은 지 20년이 지난 뒤에도, 그리고 어쩌면 특히 **지금** 그의 말이 모든 것을 압도하는, 점점 더 눈부시게 빛나는 위대한 경쟁자의 힘 앞에서 희미해질 때조차도, 그가 다시 한번 "가장 중요한 것을 이해하지 못한다"라고 외칠 권리를 가질 수 있지 않을까, 하는 생각이 든다. 하지만 만약 톨스토이에게서 "가장 중요한 것"이 더 많이 느껴지고 인식된다면, 그것이 도스토옙스키에게서 더 인식되고 이해된 것보다도 더 크고 분명할까? 어쨌든 현재는 도스토옙스키에게가 아니라 톨스토이에게 속하는 것처럼 보인다. 그런데 만약 정말 그렇다면, 만약 톨스토이가 현재의 지배자라면, 그렇다면 미래는 도스토옙스키에게 속하는 게 아닐까? 나는 톨스토이를 깎아내리려는 뜻으로 이 말을 하는 것이 아니다. 나는 현재가 미래보다 작지 않다고 생각한다. 오늘의 것은 이미 내일의 것이고, 단지 아직 알려지지 않았을 뿐이지만, 그만큼 깊고, 어쩌면 더 클 수도 있는데, 그 이유는 오늘의 것이 은밀하게 존재하기 때문이다. 나는 단지 다음과 같이 말하고 싶을 뿐이다. 우리는 이미 알려지지 않은 제3의 존재를 예감하고 있으며, 그 존재는 그들을 뒤따르며, 그들보다 더 크고, 현재와 미래를 **연결할** 존재다. 즉, 현재를 미래로 만들 존재다. 그에게 마지막 승리의 왕관이 주어지지 않을까? 그가 바로 톨스토이와 도스토옙스키 내부에 있었던 가장 중요한 것(본질적인 것)을 알고 드러낼 자가 아닐까? 그리고 그때가 되면, **그가** 이미 그들 안에 있었다는 것이 모든 이들에게 분명해질 것이다.

톨스토이가 이렇게 말한다. "푸시킨, 고골, 투르게네프, 데르자빈의 작품들은… 민중에게 알려지지 않았고, 불필요했다. '우리 문학은 민중에게 뿌리내리지 않았으며, 또 결코 뿌리내리지 못할 것이다. 이 작품들은 우리가 그토록 소중히 여기는 것들이지만, 민중에게는 여전히 타자인 채 남아 있다.'[278]" 어느 날 니콜라예비치(톨스토이)가 마부와 대화를 한 후 《유년 시절》과 《소년 시절》을 달라는 요청을 받았을 때, 그는 이렇게 대답했다.

"안 돼, 그건 시시한 책이야. 젊었을 때 나는 허접한 글을 많이 썼어. 《빛이 있는 동안, 빛으로 들어가라》를 주겠네. 이게 《유년 시절》과 《소년 시절》보다 훨씬 더 좋다네."[279]

도스토옙스키는 이같이 말한다. "바울처럼 내가 나를

---

278) "푸시킨, 고골, 투르게네프, 데르자빈의 작품들은 … 민중에게는 여전히 타자인 채 남아 있다." : 톨스토이의 평론 〈진보와 교육의 규정〉(마이코프에게 답함)에서. 《루스키 베스트니크》, 1862년, 제5호.

279) "어느 날 니콜라예비치(톨스토이)가 마부와 대화를 한 후 … 《유년 시절》과 《소년 시절》보다 훨씬 더 좋다네." : 세르게옌코.

칭찬하지 못하니까, 내가 날 스스로 칭찬하겠어."[280] 그리고 그가 죽기 얼마 전에, 기록된 공책 한 권에서, "나"라는 제목의 단락 아래에, "나는, 물론, 민중적이다(내 방향성은 바로 민중의 기독교 정신의 깊은 곳에서 흘러나오기 때문이다). 비록 내가 지금의 러시아 민중에게는 알려지지 않았지만, 미래에는 알려지게 될 것이다."[281]

하지만 이러한 관점들의 모든 상반되는 점에도 불구하고, 그 관점 각자는 나름대로 옳다.

물론, 두 사람 모두 민중적이다. 그 의미는 러시아 민중의 정신을 러시아 문화의 정 속에서 이어 가며, 언젠가는 러시아 민중의 정신이 진정으로 민중의 것이 되면서, 동시에 세계 문화적인 것이 돼야 함을 지향한다는 뜻이다. 그들이 그렇게 지향하지만, 과연 그것을 이룰 수 있을까? 보

---

280) "도스토옙스키는 이같이 말한다. '바울처럼 내가 나를 칭찬하지 못하니까, 내가 날 스스로 칭찬하겠어.'" : 이 말들은 도스토옙스키가 두 차례에 걸쳐 쓴 것이다. 하나는 1868년 12월 11일(23일), 피렌체에서 A. N. 마이코프에게 보낸 편지에서이며, 다른 하나는 1879년 1월 30일, 상트페테르부르크에서 N. A. 류비모프에게 보낸 편지에서인데, 두 경우 모두 거의 문자 그대로 동일하다.

281) "나는, 물론, 민중적이다 … 미래에는 알려지게 될 것이다." : 도스토옙스키의 1880~1881년 기록 수첩.(원문에는 '도스토옙스키의 1881~1881년 기록 수첩'으로 나와 있으나, 이는 오기임. : 역자 주)

아하니, 그들은 문화를 민중과 갈라놓는 심연을 겨우 깨달았거나, 적어도 온전히 느꼈을 뿐이며, 민중이 되고자 하는 것 같다. 그러나 이 심연을 훨씬 덜 인식했던 푸시킨조차도 그들보다 민중에 더 가까웠다. 톨스토이도 도스토옙스키도 호메로스의 《일리아드》, 아이스킬로스의 《프로메테우스》, 단테의 《신곡》과 같은 예술 작품을 세계의 정신으로서의 민중 정신의 최종적인 표현으로 만드는 완전한 단순성을 가지고 있지 않다. 그들 둘 다 아직 너무 복잡하고 심지어 계급적이기까지 하다. 아마도 바로 그들이 너무 서둘러 계급을 벗어나 "단순해지려고" 하기 때문일지도 모른다. 스스로 단순해지려는 사람은 아직 단순하지 않다. 민중이 되고자 하는 사람은 아직 민중이 아니다. 앞으로 지금껏 해 왔던 것처럼 계속된다면, 푸시킨, 톨스토이, 도스토옙스키는 여전히 오랫동안 "민중에게 쓰레기"로 남을 것이다.

스스로를 "정통 기독교 교회"라고 부르는 새로운 "종파"의 창시자, 사할린에 살고 있는 과거의 유형수로, 자신과 자신의 추종자들을 그리스도로 여기는 농부 티혼 벨로노스킨은 최근에 한 민속 연구자인 소위 "교양 있는" 러시아인에게 이렇게 말했다.

"당신은 기름을 모으시나요? 이해합니다. 램프 기름을

많이 모으셨군요. 램프에 불을 붙여 사람들에게 빛을 비추세요. 그러지 않으면 기름이 무슨 소용이 있죠?"

우리는 모두 문화와 의식의 소유자들인데, 아니 불 없이 기름이 무슨 소용이 있겠는가? 민중은 자연력과 믿음의 소유자들인데, 아니 기름 없는 불이 무슨 소용이 있겠는가? 만약 기름이 불과 결합하지 않으면, 기름은 사라지고 불도 꺼질 것이다. 내게는 톨스토이와 도스토옙스키는 등심(燈心)을 기름에 담가 불을 밝히는 이의 위대한 선구자들처럼 보인다.

이 두 러시아적 삶이 그러하고, 이 두 러시아적 얼굴이 그러하다.

각각을 따로 바라보면 나는 그들을 판단하고 비교할 수 있는데, 한쪽을 다른 쪽보다 더 낫다고 판단할 수 있지만, 그들을 동시에 바라보면 그들 중 누가 내게 더 가깝고 누구를 더 사랑하는지 도무지 판단할 수가 없다.

한 목격자가 톨스토이의 외모를 다음과 같이 묘사한다. "그는 농민적이고, 소박하며, 시골스러운 얼굴, 넓은 코와 햇볕에 그을린 피부, 숱이 많고 처진 눈썹 아래 또렷하게 드러난 작은 회색의 날카로운 눈을 지니고 있었다." 때때로 갑자기 번뜩이며 빛나는 이 눈은 마치 **꿰뚫고 관통하는** 시선으로 상대방을 바라보는 것 같다. 그의 얼굴이 지닌 모든 서민적 특성에도 불구하고, 같은 목격자는 "레프 니콜라예비치에게서 곧바로 상류층 인물임이 느껴졌고", 상류사회의 인물, 러시아 지주임이 느껴졌다고 덧붙인다.[282)]

대체로, 러시아 문화의 위인들 얼굴에는, 예를 들어 노년의 투르게네프의 얼굴에서처럼 특별한 무언가가 느껴진다. 그 얼굴에는 "시골풍의" "농민적인" 소박함과 고귀한 귀족성, 가장 혈통 있는 러시아 "지주 귀족 계급" 및 유럽적 세속성의 이러한 결합이 있다. 더구나 그 결합은 겉으로 보기에는 자연스럽고 거스르지 않는 듯하지만, 오히려 진정한 조화는 소박한 민중성의 깊은 곳에서 비롯된다. 그 얼굴 속에는 극도의 귀족성이 깃들어 있다. 그것은 천한 신분의 구분에서 나오는 것이 아니라, 가장 고상한 의미의 인간다운 **주인의** 품격에서 비롯된 것이며, 귀족적

---

282) "'그는 농민적이고, 소박하며, 시골스러운 얼굴, 넓은 코와 햇볕에 그을린 피부, 숱이 많고 처진 눈썹 아래 또렷하게 드러난 작은 회색의 날카로운 눈을 지니고 있었다.' 때때로 갑자기 번뜩이며 빛나는 이 눈은 마치 꿰뚫고 관통하는 시선으로 상대방을 바라보는 것 같다. 그의 얼굴이 지닌 모든 서민적 특성에도 불구하고, 같은 목격자는 '레프 니콜라예비치에게서 곧바로 상류층 인물임이 느껴졌고', 상류사회의 인물, 러시아 지주임이 느껴졌다고 덧붙인다." : 세르게옌코.

이고, 권위가 있고, 선택되고, 동시에 세련되고 우아하고 교양 있는 것, 즉 전 세계적인 것이다.

톨스토이의 외모에 대한 묘사에서 한 가지 중요한 특징이 빠져 있다. 이 얼굴은 길고, 어쩌면 폭풍우가 몰아치고, 하지만 드물게 행복하고 "고귀하게" 삶을 살아온 사람의 얼굴이며, 자연의 이치에 따르면, 대주교나 늙은 "이교도"의 얼굴, 거인 니므롯,283) 예로시카 삼촌의 얼굴이다. 일흔 살의 주름에도 불구하고 그에게서는 여전히 시들지 않는 젊음과 신선함, 그리고 약간은 오만하면서도 무관심한 냉기가 느껴진다.

그리고 그 곁에는 젊은 시절에도 "결코 젊어 보이지 않았던" 도스토옙스키의 얼굴이 있다. 움푹 들어간 뺨에는 고통스러운 그림자와 깊은 주름이 드리워져 있다. 거대한 벌거벗은 이마 위에서 이성의 모든 명료함과 위엄이 느껴진다. 그리고 그의 가엾은 입술은 "성스러운 병"의 경련에 일그러진 것처럼, 마치 "신성한 질병"의 경련으로 일그러

---

283) "거인 니므롯" : 성경전서 개역개정판 창세기 10장 8, 9절에는 "8 구스가 또 니므롯을 낳았으니 그는 세상에서 첫 용사라 9 그가 여호와 앞에서 용감한 사냥꾼이 되었으므로 속담에 이르기를 아무는 여호와 앞에 니므롯 같이 용감한 사냥꾼이로다 하더라"라고 쓰여 있음. (역자 주)

진 것 같은 가련한 입술이다. 그리고 눈빛은 흐릿하고 마치 내면으로 향한 듯한 형언할 수 없이 무거운 그림자를 띤, 약간 비켜선 눈빛, 예언자 또는 악마 같은 사람의 눈빛이다. 그리고 이 얼굴에서 가장 고통스러운 것은 극한의 힘을 다한 순간 갑자기 멈춰 굳어 버린 열망처럼 마치 움직임 속에서 잠시 멈춰 선 듯한 정지다.

이 두 얼굴의 모든 상반성에도 불구하고, 때때로 그들은 이상하게 닮아 보이는데, 혹시 그 이유가 도스토옙스키에게도 톨스토이처럼 평범한 농민 같은 얼굴이 있기 때문은 아닐까? 스트라호프는 "표도르 미하일로비치는 완전히 군인 같은 모습, 즉 평민적인 얼굴의 특징을 가지고 있었다"라고 말한다. 그러나 여기에 질문이 있다. 만약 우리, 문화인들에게, 이 얼굴들이 매우 평민적으로(평범하고 소박하게) 보인다면, 일반 민중 역시 그들을 똑같이 평민적인 모습으로 받아들일까? 그는 혹시 그들 속에서 러시아 농민에게 있어 러시아의 "바린(귀족)"[284]이 지닐 수 있는

---

284) 러시아의 귀족(русский барин)은 러시아적 귀족, 지주 계층이고, 러시아 농민(русский мужик)은 민중, 즉 농촌 민중의 집합적 형상임. 참고로 이 단어와 연관된 전후 문장들은 귀족과 민중 사이의 화해 가능성을 인정하면서도, 그 근본적 이질성과 역사적 단절을 끝내 부정하지 않는 러시아 사상 특유의 긴장을 정확히 표현한 대목임. (역자 주)

가장 좋은 것들이 담겨 있다고 보게 되지 않을까? 그러나 그럼에도 불구하고 그들을 여전히 낯설고, 멀리 떨어진 존재들로 – 어쩌면 과거에서 온 것이기는 하나, 결국은 다른 세계에 속한 존재들로 – 느끼게 되지 않을까?

만약 최고 천재가 가진 얼굴이 **민중의 얼굴**이라면, 톨스토이에게서도 도스토옙스키에게서도 우리는 아직 그런 진정한 러시아적 얼굴을 볼 수 없다. 그들은 아직 너무 복잡하고, 열정적이며, 반항적인 성격을 지니고 있다. 그들에게는 완전한 평정과 명료함이 없으며, 인류가 이미 수세기 동안 그들 자신과 비잔틴 예술, 자기 민족의 성인들과 수호자들을 그린 오래된 성화에서 무의식적으로 추구해 온 그 "고상함"이 없다. 그리고 이 두 사람의 얼굴은 모두 아름답지 않다. 아마도 우리에게는 예를 들어, 호메로스, 젊은 라파엘로, 노인 레오나르도의 얼굴과 같은 진정으로 아름다운 민중적이면서 보편적인 얼굴이 아직 없었던 것 같다. 우리에게 전해진 푸시킨의 외형적 이미지조차, 즉 차일드 해럴드의 외투를 입고, 나폴레옹식으로 가슴에 팔짱을 끼고, 눈에는 다소 상투적인 바이런식의 사색적인 표정을 띠고, 흑인이나 사티로스를 연상시키는 곱슬머리와 두툼하고 감각적인 입술을 지닌[285] 이 1830년대의 상트페테르부르크 멋쟁이가 과연 가장 러시아다운 러시아인의 내면적 이미지와 일치할까? 과연 이것이 푸시킨의 참얼굴일까? 동시대 사람들은 그가 갑자기 완전히 변모하여 알아볼 수 없게 된 순간들이 있었다고 전한다. 바로 그런 순간에 플라톤이 알키비아데스[286]를 통해 소크라테스의 얼굴에 대해 말한 그 기적이 일어난 건 아닐까? 혹시 신이 풍자의 원형 껍질을 뚫고 나오지 않았을까? 푸시킨의 전체적 존재에, 그의 외형뿐 아니라 시에도 너무나 가볍고, 순간적이며, 잡을 수 없는 미묘함이 있으며, 거의 땅에 닿을 듯하면서도 날아가는 무언가가 있는데, 그것은 외형적 이미지로는 고정될 수 없는 것이다. 친구들이 그를 **불꽃**이라고 부른 것도 당연한 일이었다. 사실, 그는 정말로 자신의 빛처럼 러시아 문화 위에 흐름을 만들지는 않았고, 단지 그 자신조차 실현하지 못한, 그러나 가능했을지도 모를 러시아적 조화의, 즉 러시아적 "선한 이미지"[287]의 예시처럼 번쩍였다가 꺼졌을 뿐이다. 그리고 그

---

285) "우리에게 전해진 푸시킨의 외형적 이미지조차, … 흑인이나 사티로스를 연상시키는 곱슬머리와 두툼하고 감각적인 입술을 지닌 …" : 여기서 염두에 두고 있는 것은 키프렌스키(О. А. Кипре́нский, 1782~1836)가 1827년에 그린 푸시킨의 초상화다.

286) 기원전 5세기 아테네의 정치가, 장군으로 플라톤의 대화편 〈심포지온(향연)〉에 등장한다. (역자 주)

는 날아가듯 사라지며, 우리에게 단지 어둡고 불투명한 껍질만을 남겼다. 그 안에서 빛나고 타오르던 핵도 없이, 자신의 내적 이미지도 없이. 이제 누가 그 푸시킨의 진정한 얼굴을 다시 찾아낼 수 있을까?

하지만 아마도 바로 그 점에서 러시아 민중은 그 시기에 아직 자기 얼굴을 찾아내지 못했는지도 모른다. 우리의 위대한 희망은 바로 여기에 있다. 즉, 그의 세계는 과거에 있는 것도, 푸시킨 안에 있는 것도, 심지어 표트르 안에 있는 것도 아니며, 아직 미래 속에, 아직 미지의 것, 위대한 것 속에 있다는 뜻이 아닐까? 우리는 이 미래, 세 번째이자 마지막, 완전히 "선한 이미지의", 완전히 러시아적이고 보편적인 얼굴을 바로 여기서, 두 명의 가장 위대한 현대 러시아인 얼굴인 톨스토이와 도스토옙스키 사이에서 찾아야 하지 않을까?

그래서 우리는 그들을 연결하고 있으며, 그들 사이에서, 마치 서로 대조되는 두 줄무늬 사이에서, 그 불꽃의 섬광이, 즉 그 번개의 섬광이 위대한 화염을 만들어 내며, 서구 세계에는 인신(人神)의 현상으로, 동방 세계에는 신인

---

287) 푸시킨이나 톨스토이의 논의에서 자주 등장하는 표현으로, '러시아적 조화'와 매우 밀접히 연관된 도덕적 · 미적 개념. (역자 주)

(神人)의 현상으로 드러날 것인지, 그리고 두 세계를 인식한 사람들에게는 그들 안에서 하나가 될 것인지를 은밀히 기다리고 있기 때문이다.

해 설

인간 안의 신, 신 안의 인간, 《톨스토이와 도스토옙스키 – 인생》을 읽으며

드미트리 세르게예비치 메레시콥스키(Дми́трий Серге́евич Мережко́вский, 1865~1941)는 러시아 근대문학과 사상사에서 독보적인 위치를 차지한 인물이다. 그는 문학비평가를 넘어 종교철학과 역사철학을 결합하여 인간 존재의 본질을 탐구한 사상가였다. 그의 비평서 《톨스토이와 도스토옙스키–인생》(1901)은 두 러시아 문학의 거인을 단순히 비교하는 데 그치지 않고, '육(肉)과 영(靈)', '현실과 초월' 사이에서 인간이 어떻게 신과 자신을 이해하는가를 묻는 철학적 성찰에 관한 기록이다.

톨스토이, 현실 속에서 신을 찾는 인간

메레시콥스키는 톨스토이를 '육의 관조자'라 불렀다. 그에게서 '육'이란 단순한 물질적 삶이 아니라, 인간이 몸을 통해 체험하는 신의 현존, 곧 삶 속에서 신을 느끼는 방식을 의미한다.

톨스토이의 장편《전쟁과 평화》의 피에르 베주호프는 전쟁의 혼돈 속에서 도덕적 책임과 인간적 선택을 성찰한다. 그는 귀족적 안락함을 버리고 현실 속에서 인간으로서의 자유를 발견한다. 포로로 잡혀 눈보라 속을 헤매는 가운데서도 "나는 자유롭다"라고 깨닫는 장면은, 외적 속박 속에서도 내적 해방이 가능함을 보여 주는 상징적 순간이다. 메레시콥스키는 이를 "현실 속 선의 구현"으로 보았다.

이러한 '육의 종교'는 장편《안나 카레니나》의 레빈을 통해 더욱 구체화 된다. 레빈은 농부들과 함께 노동하며 자연의 리듬 속에서 신의 존재를 느낀다. 그는 말한다. "나는 신이 무엇인지 모르지만, 그분이 여기에 있다는 것을 안다." 이 고백은 신을 교리나 제도 속이 아니라 일상의 행위 속에서 체험하는 인간의 신앙을 보여 준다. 메레시콥스키는 이를 "땅의 신학"이라 부르며, 톨스토이를 "땅에 내린 예언자"로 묘사하고 있다.

그러나 동시에 그는 그 한계를 지적한다. "톨스토이는 하늘을 버리고 인간을 신으로 삼았다." 즉, 도덕과 윤리가 신의 자리를 대체하며, 신의 초월성이 윤리로 환원된다는 것이다. 장편 《부활》의 네흘류도프가 죄의식 속에서 구원을 찾지만, 사회개혁으로 기울어지는 이유도 그 때문이다. 인간은 선하지만, 신은 침묵하고 있다.

도스토옙스키, 영혼의 어둠 속에서 신을 찾는 인간

반면, 도스토옙스키의 세계는 빛이 아닌 어둠 속에서 신을 발견하는 여정이다. 메레시콥스키는 그를 '영의 관조자'라 부르며, 그의 작품을 "인간 없는 하늘"의 세계라 규정하고 있다.

도스토옙스키의 장편 《죄와 벌》의 주인공 라스콜니코프는 초인, 즉 "위대한 인간은 살인해도 된다"라고 믿고 범죄를 저지르지만, 죄책감 속에서 자신의 오만함과 무력함을 깨닫는다. 창녀인 소냐가 복음서를 읽어 주는 장면에서 그는 처음으로 눈물을 흘리며, "새로운 삶"의 가능성을 느낀다. 메레시콥스키는 이 장면을 통해 도스토옙스키의 신학이 '타락을 통한 구원'에 있음을 보여 준다. 이처럼 인간은 죄의 심연에서 신을 다시 만나게 된다.

장편 《카라마조프가의 형제들》에서는 무신론자 이반과 독실한 기독교 신자 알료샤의 대립이 이 사상을 더욱 명확히 드러낸다. 이반은 "신이 없다면 모든 것이 허용된다"라고 선언하며 이성을 극한으로 밀어붙이지만, 알료샤는 "그럼에도 사랑해야 한다"라고 답한다. 이 대화는 신의 부재 속에서도 사랑이 인간을 구원할 수 있음을 보여 준다. 도스토옙스키의 신은 인간으로부터 멀리 있는 절대자가 아니다. 그는 인간의 죄와 고통 속으로 내려와 함께 아파하는 신, 즉 인간을 사랑하는 하나님이다.

장편 《악령》에서 메레시콥스키는 신 없는 이상주의가 어떻게 인간을 파멸시키는지를 읽어 낸다. "신 없는 인간은 자신을 신이라 부른다"라는 그의 통찰은, 도스토옙스키 문학의 윤리적 핵심—오만의 붕괴와 은총의 귀환—을 명확히 표현하고 있다.

두 세계의 화해, 신인(神人)의 탄생

메레시콥스키는 톨스토이와 도스토옙스키를 러시아 정신의 두 극으로 보았다. 톨스토이는 '육의 종교'를, 도스토옙스키는 '영의 종교'를 상징한다. 그러나 인간은 땅과 하늘 중 어느 한쪽에만 속하지 않는다. 그는 몸을 지녔지만, 동시에 영혼을 품고 있다.

이 모순을 통합하는 것이 메레시콥스키의 '신인(神人, богочеловéк)' 사상이다. 그는 "인간은 신이 되려 하지 않고, 신은 인간이 되려 하지 않았다. 그 사이에서 세상은 고통받는다. 그러나 언젠가 둘은 만나리라"라고 썼다. 신인은 초월적 신성과 인간적 윤리가 하나로 결합한 존재다. 톨스토이의 도덕적 인간과 도스토옙스키의 신앙적 인간이 만날 때, 인간은 비로소 "신 안의 인간, 인간 안의 신"으로 완성이 된다.

메레시콥스키는 이를 "제3의 계시"라 불렀다. 구약성경의 하느님(법의 시대), 신약성경의 예수 그리스도(은총의 시대)를 넘어, 성령의 시대–인간 안에서 신이 살아 움직이는 시대–를 예언한 것이다. 이 신인 사상은 후대 러시아 종교철학의 기초가 되었으며, 베르댜예프(Никола́й Алекса́ндрович Бердя́ев)나 불가코프(Серге́й Никола́евич Булга́ков) 같은 사상가들에게 이어졌다.

문학이 사유하는 신

메레시콥스키에게 문학은 단순한 예술이 아니었다. 그것은 신과 인간이 서로를 인식하는 통로, 즉 신을 사유하는 언어였다.

그는 말했다. "문학은 인간의 내면에서 울리는 신의 목소리다." 톨스토이는 "인간은 어떻게 선하게 살 수 있는가"를 물었고, 도스토옙스키는 "신은 왜 인간에게 고통을 허락하는가"를 물었다. 두 질문은 다르지만, 결국 인간의 자유와 구원, 그리고 신의 침묵이라는 하나의 문제로 수렴

이 된다.

톨스토이의 장편 《부활》의 주인공 네흘류도프가 죄의식 속에서 새로운 삶을 찾는 과정은, 《죄와 벌》의 주인공 라스콜니코프가 고통 속에서 신을 만나는 여정과 유사하다. 한쪽은 윤리적 실천으로, 다른 한쪽은 신앙의 회심으로 나아가지만, 둘 다 타락을 출발점으로 한 구원의 서사다. 이 대칭적 구조는 메레시콥스키가 왜 두 작가를 함께 논해야 했는지를 설명한다. 그에게 톨스토이가 창조한 인물 피에르와 레빈, 그리고 도스토옙스키가 창조한 인물 라스콜니코프와 알료샤는 모두 하나의 인간, 즉 신을 향해 가는 존재의 서로 다른 얼굴이었다.

오늘의 독자를 위한 메레시콥스키의 메시지

오늘의 우리는 여전히 톨스토이와 도스토옙스키 사이를 오간다. 현실 속에서 선을 실천하려 애쓰면서도, 내면의 어둠 속에서 신의 부재를 느낀다. 우리는 피에르의 윤리적 각성과 라스콜니코프의 회심을 반복하며 살아가고 있다.

메레시콥스키는 우리에게 묻는다. "당신은 땅에서 신을 찾고 있는가, 아니면 하늘에서 인간을 찾고 있는가?" 그리고 그는 이렇게 답한다. "톨스토이는 땅 위에서 신을 찾고, 도스토옙스키는 하늘 아래서 인간을 찾는다. 그리고 그 둘이 만날 때, 비로소 인간은 자신 안의 신을 발견한다."

메레시콥스키의 비평서 《톨스토이와 도스토옙스키－인간》은 신과 인간이 서로를 향해 다가가는 여정의 기록이며, 문학이 사유하는 신학의 완성이다. 그의 사상은 오늘날에도 여전히 유효하다. 도덕이 신을 대신하거나, 신앙이 현실을 외면할 때, 인간은 분열한다. 하지만 두 세계가 화해할 때, 인간은 "신 안에서 인간이 되고, 인간 안에서 신을 발견"한다.

톨스토이와 도스토옙스키 작품 속의 사례 확장

아래에서는 메레시콥스키의 개념(육의 종교, 영의 종교, 신인)을 더 풍부하게 설명하기 위해, 톨스토이와 도스토옙스키의 다른 주요 작품들을 예시로 제시하고 그 의미를 간결히 해설하고자 한다.

이 예시들은 독자가 두 작가의 사상적 스펙트럼을 폭넓게 이해하도록 돕기 위한 것이다.

톨스토이 측면의 작품 예시

1) 중편(노벨라) 《크로이처 소나타(Крейцерова соната)》

결혼, 성(性), 도덕의 문제를 극한으로 몰아붙인 작품이다. 결혼의 규범과 인간의 육체적 욕망이 충돌하는 장면은 메레시콥스키가 지적한 '톨스토이적 윤리'의 딜레마를 보여 준다. 즉, 윤리와 육체적 본능의 긴장은 현실적 실천의 필요성을 드러낸다.

2) 중편 《이반 일리치의 죽음(Смерть Ивана Ильича)》

죽음 앞에서 자기 성찰과 삶의 의미 회복이 중심인 작품이다. 이 작품은 톨스토이적인 '육의 종교'가 어떻게 삶의 구체적 경험(고통, 죽음)을 통해 영적 각성으로 이어지는지를 보여 준다. 주인공의 고통과 회한은 일상의 윤리적 선택이 궁극적 의미를 지니게 되는 순간을 드러낸다.

3) 단편 〈사람은 무엇으로 사는가(Чем люди живы)〉

단편적 우화 형식으로 천상적인 은총과 일상적인 사랑의 연계를 다룬다. 여기서 톨스토이는 신적 자비가 일상의 행동을 통해 드러난다고 말한다.

4) 장편 《부활(Воскресение)》

이미 언급된 네흘류도프의 회심 외에, 이 작품은 법과 제도의 불완전함, 개인의 도덕적 책임, 사회적 속죄의 문제를 깊게 탐구한다.

우리가 메레시콥스키의 비판을 수용하면, 톨스토이의 해결책(윤리적 실천 중심)은 신의 초월적 개입을 희박하게 만드는 경향이 있음을 더 잘 이해할 수 있다.

5) 단편과 비평

톨스토이의 종교적 · 윤리적 수필(예: 《참회록》, 《하나님의 나라는 너희 안에 있다》[288] 관련 에세이)은 그의 도덕적 엄격성과 현실적 실천의 근거를 보여 주며, 동시에 메레시콥스키가 지적한 '하늘의 침묵' 문제에 대한 톨스토이 자신의 내적 성찰을 제공한다.

도스토옙스키 측면의 작품 예시

1) 장편 《백치(Идиот)》

순수하고 무고한 주인공 미시킨 공작은 현실의 부패와

---

288) 종교.윤리 철학서, 기독교 사상서, 사회비평 에세이, 비폭력 무저항 사상서.

인간의 폭력성 앞에서 끊임없이 상처받는다. 그러나 그의 순수성은 도스토옙스키가 제시하는 영적 가능성의 한 형태다. 미시킨의 최후와 주변 인물들의 파국은 영성의 이상과 현실의 충돌을 극명히 보인다.

2) 중편(노벨라) 《지하 생활자의 수기(Записки из подполья)》

주인공의 자기 고백적 독백은 동시대 인간의 비합리성과 자의식의 고통을 드러낸다. 메레시콥스키의 '영의 종교'에 관한 해석과 결합하면, 이 작품은 영적 위기와 인간의 자기 파괴적 충동이 어떻게 신의 문제와 맞닿는지를 보여준다.

3) 장편 《악령(Бесы)》

이미 언급한 바와 같이, 혁명적 이상이 신적 기반 없이 구현될 때의 파괴성을 묘사한다. 정치적 · 윤리적 공백 속에서 인간이 '신의 자리'를 자처할 때 어떤 결과가 오는지에 대한 경고다.

4) 단편과 수필

〈덤불 속의 사나이〉 같은 단편들과 도스토옙스키의 종

교적 수상록들은 죄와 자비, 구원에 대한 그의 지속적인 사유를 보완한다.

특히 그의 말년 에세이와 서간에서는 고통의 신학, 연민의 윤리, 인간 공동체의 회복에 대한 주제가 반복적으로 나타난다.

양자 비교를 통한 확장된 해설

1) 죄와 책임의 문제

톨스토이는 주로 개인의 실천과 사회적 덕성을 통해 죄를 해결하려는 경향이 있다. 반면, 도스토옙스키는 죄의 존재 자체를 인간 실존의 근본 문제로 보며, 회개와 영적 체험을 통해 해결할 수 있다고 본다. 메레시콥스키는 이 둘을 병행해서 읽으며, 각 접근의 장단점을 분석한다.

2) 사랑의 역할

톨스토이적 사랑은 종종 공동체적 · 실천적 형태로 나타난다(레빈의 노동, 네흘류도프의 속죄). 도스토옙스키적 사랑은 고통을 통해 연민과 구원으로 연결되는 개인적 · 영적 체험으로 나타난다(소냐와 라스콜니코프의 관계, 알료샤의 연민). 메레시콥스키는 두 사랑의 결합이 신인 사상의 핵심이라고 본다.

3) 정치 · 사회적 맥락

《악령》과 《부활》을 통해서 보면, 두 작가 모두 사회적 · 정치적 현실을 문학의 장으로 끌어들였으나, 해결책에 대한 신념 체계는 다르다.

톨스토이는 개인의 윤리적 변화를 통한 사회 개선을, 도스토옙스키는 영적 각성과 공동체적 사랑을 강조했다.

4) 서사 기법과 영성의 전달

톨스토이는 세밀한 행동 묘사와 현실적 장면 전개를 통해 윤리를 보여 주고, 도스토옙스키는 내적 독백과 극단적 상황을 통해 영적 진실을 드러낸다.

메레시콥스키는 이러한 형식적 차이를 사상적 차이와 연결해 해석했다.

맺음말 : 확장된 독자 지침

위의 추가 예시들은 메레시콥스키의 핵심 명제를 풍부하게 체감하도록 돕는다.

각 작품을 읽을 때 다음 질문을 함께 고려하면, 독자는 메레시콥스키의 사유를 더 깊이 이해할 수 있다.

– 이 작품에서 신은 어디에(하늘/땅/인간의 몸/고통

속 등) 있는가?

— 주인공의 윤리적 선택은 신의 존재를 어떻게 가리키는가?

— 고통과 회개, 사랑의 역할은 어떻게 연결되는가?

이 질문들을 품고 읽을 때, 톨스토이와 도스토옙스키는 더 이상 단순한 소설가가 아니라 인간 존재를 묻는 철학적 동반자가 된다.

지은이에 대해

D. S. 메레시콥스키, 인간과 신 및 '새로운 종교'의 탐구자

드미트리 세르게예비치 메레시콥스키(Дмитрий Сергеевич Мережковский, 1865~1941)는 "러시아 상징주의의 사상적 기초를 세우고, 근대 러시아문학에서 종교적 · 철학적 변혁을 시도한 사상가"다. 그는 "단순한 문학가라기보다는 시인, 비평가, 역사철학자, 예언적 사상가로서 '새로운 기독교(New Christianity)'라는 개념을 통해 서구적 이성주의와 러시아 정교의 신비주의를 통합하려고 시도"했다.

그는 상트페테르부르크의 궁정 고위 공무원의 아들로 태어나, 상트페테르부르크 대학교에서 1884년부터 1889년까지 역사 · 언어학을 공부하며 고전학과 철학적 사상에 몰두하는 등 러시아의 "전통적 교양 교육을 받은 엘리트"였다. 그러나 그는 "활동 초기부터 정통 신앙의 도식적 도덕관과 국가주의적 러시아 정교 일체에 강한 의문을 품는 등 그의 삶과 작품만큼 논쟁적이고 극단적이며 신비적 경향의 작가이자 비평가이자 사상가"다.

그는 "1880년대 후반 상징주의 운동의 선구자로서 시 〈원인 없는 기쁨(Без причины радость)〉 등을 발표했으나, 곧 시적 형식주의보다는 종교적 변혁 사상에 천착"하게 된다. 1892년 그는 비평서 《현대 러시아문학의 쇠퇴 원인과 새로운 흐름에 관하여(О причинах упадка и о новых течениях современной русской литературы)》에서 "유물론과 실증주의 및 전통적 문학 경향에 대항해 예술의 유미적이고 신비적인 사명을 강조했으며, 인간의 영적 활동의 수단으로서 예술의 역할을 강조하면서 초기 러시아 상징주의 운동을 대표하는 작가" 중 한 명이 되었다. 그는 이 비평서에서 "상징은 신비의 언어"이며, "예술은 종교의 한 형식이다"라고 선언했다. 이는 이후 "러시아 상징주의의 이론적 선언"으로 평가를 받게 된다. 이처럼 그는 "러시아 상징주의의 선구자" 중 한 명으로, "생각은 말로 표현되면 거짓이 된다"라는 식의 "직관적 인식론을 제안하며, 상징(symbol)을 통해 현상을 넘어선 의미를 획득할 수 있다"라고 주장했다. 이는 그가 "1890년대 말부터 러시아 문단에 제시한 '문학을 통한 신(神)의 인식' 논의"와 긴밀히 연관된다.

그의 사상은 평생을 통해 "세 개의 위대한 사랑(하나님, 인간, 여성)의 조화를 모색하는 방향으로 발전"하게 된다. 그는 "기독교의 금욕과 육체의 부정을 비판하고, 인간 내부의 신성(神性)을 긍정"하려 한다. 이에 대해 그는 "'제3의 계시'를 '성부'(율법), '성자'(은총)를 잇는 '성령'의 계시로 명명하며, 신과 인간의 합일, 그리고 신인동체(神人同體)의 비전을 제시"한다. 그의 이러한 사상은 "도스토옙스키의 인간 이해와 톨스토이의 도덕적 이상주의를 종합하려는 시도"로 구체화된다.

그의 대표작 중 하나인 삼부작 소설 《그리스도와 반그리스도(Христос и Антихрист)》와 함께 또 하나의 대표작인 비평서 《톨스토이와 도스토옙스키(Λ. Толстой и Достоевский)》는 바로 이러한 "신인(神人)론적 사유의 정점"에 해당한다.

그는 "전통적인 기독교적 영성을 고수하면서도, 인간 존재의 육체적 · 감각적 삶을 경시하지 않았다." 이러한 사상은 그의 소설 《그리스도와 반그리스도》의 "핵심 주제"인데, 그는 "기독교(천상의 진리)와 이교(paganism, 지상의 진리) 사이의 긴장을 탐구하며 이 둘의 융합을 모색"했다. 이 소설에서 그는 "그리스 여행에서 받은 강렬한 인상과 니체의 영향에서 유래하는 고대 그리스 문화에 대한 동경, 고대 중세 문화에 대한 해박한 지식을 바탕으로 모든 장소, 모든 곳에 두 개의 극단 원리가 대립하고 있으며, 그 통합의 관점을 독자적인 변증법의 역사관을 통해 제시할 수 있다"라는 생각을 보여 준다. 이 소설은 율리아누스, 다빈치, 표트르 등 위기의 시대를 살아온 천재들의 활동을, 그리스도와 반그리스도, 그리스도교와 그리스 정교, 영과 육, 신앙과 지식이라는 두 원리가 대립하는 장면 속에서 그린 방대한 역사적 희화물에 해당한다.

2부로 구성된 비평서《톨스토이와 도스토옙스키》의 제1부 '톨스토이와 도스토옙스키 – 인생'에서 그는 톨스토이와 도스토옙스키를 "러시아 정신의 두 극으로 대비"한다. 그는 이 비평서에서 전자를 "육의 종교적 관조자"로, 후자를 "영의 관조자"로 본다. 동시에 그는 러시아의 두 거인이자 대문호인 그들이 서로 "모순되지만, 육의 영화에 노력하고 영의 육화에 상대적으로 노력한다면, 결국 합일될 수 있다"라는 생각을 보여 준다. 또 그는 "톨스토이는 육체와 자연, 그리고 이성의 순수함을 대표하며, 도스토옙스키는 영혼과 죄, 그리고 초월의 신비를 상징한다"고 주장한다. 그에 따르면 "톨스토이는 '하늘 없는 인간'이며, 도스토옙스키는 '인간 없는 하늘'이다." 그는 이 두 세계의 대립 속에서 "'신인적 인간', 즉 영과 육이 통합된 새로운 존재 유형"을 찾고자 한다.

이 비평서의 제2부 '톨스토이와 도스토옙스키—예술'에서는 두 세계의 대립이 미학적 차원에서 논의된다. 톨스토이의 도덕주의적 예술관은 인간의 순결과 절제 속에 머무는 반면, 도스토옙스키의 예술은 죄와 구원, 인간 심연의 비극을 통해 신의 현존을 드러낸다. 그는 이 둘을 통해 예술이 신학과 철학을 잇는 매개체임을 주장하며, 예술을 현대의 성례전으로 간주한다.

20세기 초, 그는 신약성경의 묵시록(요한계시록)의 예언을 바탕으로 영과 육의 합일을 보여 주는 성령의 왕국이 지상에 도래할 것을 꿈꾸며, 새로운 종교의식을 고양하고자 잡지 《새로운 길》(1902~1904)과 '종교 철학회'에서 활동했다.

그의 후기 사상은 '신정치'와 '종교적 역사철학'으로 확장된다. 그는 《예수의 비밀(Иисус Неизвестный)》(1907),[289] 《황제와 신(Царь и Бог)》(1911),[290] 《십자가

---

289) 《알려지지 않은 예수(Jesus the Unknown)》로 번역되기도 하며, 소설이 아니라 종교철학서, 역사적 예수 해석서, 신학적 비평 에세이, 묵시록적 사상서로서, 예수의 생애를 서술하는 책이 아니라, 교회와 국

와 검(Крест и меч)》(1912)[291]으로 구성된 '신과 인간의 역사 3부작'에서 종교의 내적 진화와 문명의 종말론을 탐구했다. 특히 《예수의 비밀》에서 제시된 "그리스도의 재림은 인간의 내면에서 시작된다"라는 구절은, 개인 구원 대신 인류 전체의 영적 진화를 강조하는 메레시콥스키의 독자적 종교철학을 상징한다.

그는 "1905년 이후, 러시아 혁명의 조류를 성령의 왕국이 지상에 실현된다고 보는 종교적 혁명의 일종으로 파악"하기도 했다. 1917년 10월에 일어난 러시아 혁명은 그의 사상에 "결정적인 전환"을 가져온다. 그는 10월 러시아 혁명을 "신 없는 종교"로 규정하고, "볼셰비즘을 반(反)그리스도의 현상"으로 비판한다. 결국, 그는 1920년에 소비에트 볼셰비키 정권에 반대하여 프랑스 파리로 망명길에 올라 그곳에서 활동하며 《예언자 루시(Пророк Русь)》,[292]

가 및 역사를 넘어선 '아직 드러나지 않은 예수'를 탐구하는 사상적 장들의 연쇄다.

290) 차르 권력과 신적 원리의 관계를 다룬 종교 · 역사철학 에세이.

291) 기독교적 신앙과 폭력 · 권력의 긴장을 다룬 사상서.

292) 역사 소설, 철학소설(관념소설), 종교 및 사상 소설, 상징주의적 소설로서 예언자 문학의 특성을 가진 러시아 정신과 운명을 탐구하는 작품, 즉 역사 및 종교적 사건을 바탕으로 철학적 메시지를 전달하는 예언

《예언자 표도르 도스토옙스키(Пророк Фёдор Достоевский)》[293] 등을 집필한다. 망명 후 그는 "반공의 입장"에 서서 "무솔리니를 찬양"하기도 하고, "특히 제2차 세계대전 중 소련에 대한 비판과 나치 독일의 대(對)소련 공격을 지지했다는 평가가 있어, 전후에는 러시아 내에서 그의 문학이 오랫동안 금기시"되기도 했다. 또 그는 "'러시아의 사도'로서 서유럽 독자에게 러시아 정신의 영적 사명을 전하려 했으며", 1941년 나치 점령하 파리에서 생을 마감했다.

특기할 만한 점은 그가 단순히 "톨스토이와 도스토옙스키의 비교 문학적 연구"만 수행한 것이 아니라, "두 인물을 통해 러시아 정신의 근본적 분열과 그 극복 가능성을 탐색"했다는 데 있다. 그의 사유는 "니체의 초인사상, 블라디미르 솔로비요프의 신인동체론, 초기 기독교 영지주의의 영향을 받으면서도, 궁극적으로는 '종교와 예술의 합일'이라는 러시아적 유토피아"로 귀결된다. 특히, "메레시콥스키는 9회에 걸쳐 노벨문학상 후보에 올랐으나 수상"

적 서사.

293) 이 저작은 드미트리 세르게예비치 메레시콥스키의 도스토옙스키 해석을 집약한 사상 · 비평서로, 도스토옙스키를 문학가가 아니라 종교적 · 역사적 '예언자'로 파악하는 관점을 전면에 내세움.

하지 못했다. 그는 자신의 문학 · 사상 활동을 "제3 증언(Third Testament)"이라 칭하며, 기독교 전통의 연장선상에서 새로운 신앙과 문화를 꿈꿨다. 문학사적으로 그는 "러시아 상징주의 운동의 '이론가 겸 실천가'로서 자리매김"이 되며, 당시 "'예술을 위한 예술'과 '영성의 회복'을 모색했던 지식인 집단과 깊이 연관"돼 있었다.

본 번역 비평서《톨스토이와 도스토옙스키－인생》편은 이러한 사유의 출발점으로, "인간을 단순한 윤리적 존재나 심리적 개체로 보지 않고, 신성(神性)과 육체성의 변증법 속에서 이해"하려는 시도가 담긴 책이다. 메레시콥스키는 "톨스토이의 윤리적 '선'과 도스토옙스키의 신비적 '악'을 종합함으로써, 인간이야말로 신의 진정한 형상임을 주장"한다. 이 사상은 이후 러시아 종교 철학자 베르댜예프나 불가코프 등에게 깊은 영향을 미쳤다.

요컨대, 메레시콥스키는 "러시아 근대문학을 통해 신학적 인간학을 구축한 선구자"다. 그의 사상은 "러시아 '종교적 르네상스'의 토대를 마련하고, 예술 · 철학 · 종교를 포괄하는 총체적 인간 이해를 추구"한다. 끝으로, 비평서《톨스토이와 도스토옙스키－인생과 예술》은 단지 러시아의 대문호이자 거인들인 톨스토이와 도스토옙스키의 비교 연구가 아니라, "'신과 인간의 화해'라는 러시아 사상의 영원한 과제를 문학적으로 형상화한 위대한 종합서"라 할 수 있다.

옮긴이에 대해

이영범은 한국외국어대학교 러시아어과 학사 및 석사 과정을 수료하고, 모스크바국립대학교에서 〈푸시킨의 《대위의 딸》의 시학〉으로 박사학위를 취득했다. 청주대학교 러시아어문학과 교수로 재직하다, 현재는 같은 대학의 교양학부 교수로 재직하며, 생활러시아와 러시아문학과사상 및 문화 관련 강의 등을 하고 있다. 한국노어노문학회 회장을 지냈다.

주요 저서로는 《실용 러시아어》(공저), 《비디오 러시아문학 감상과 이해 1, 2》, 《테마 러시아 역사》(편저), 《러시아어 말하기와 듣기》(공저), 《쉽게 익히는 러시아어》(공저), 《한-러 전환기 소설의 근대적 초상》(공저), 《러시아 문화와 예술》(공저), 《러시아 문화와 생활 러시아어》, 《파워 중급 러시아어》, 《표로 보는 러시아어 문법》, 《인간의 가치》(공저), 《시와 노래로 배우는 러시아어》, 《글로벌 이주와 다문화의 이해》(공저) 등이 있다.

주요 역서로는 《러시아 제국의 한인들》(공역), 《대위의 딸》, 《인생론》, 《참회록》, 《크로이처 소나타》, 《체호프

유머 단편집》, 《톨스토이와 도스토옙스키 – 인생》 등이 있다.

톨스토이와 도스토옙스키—인생

지은이 드미트리 메레시콥스키
옮긴이 이영범
펴낸이 박영률

초판 1쇄 펴낸날 2026년 1월 26일

커뮤니케이션북스(주)
출판등록 2007년 8월 17일 제313-2007-000166호
02880 서울시 성북구 성북로 5-11
전화 (02) 7474 001, 팩스 (02) 736 5047
전자우편 commbooks@commbooks.com
홈페이지 www.commbooks.com

지식을만드는지식은
커뮤니케이션북스(주)의 고전 출판 브랜드입니다.

ISBN 979-11-430-1801-4 03890

책값은 뒤표지에 있습니다.